禹 娜 等著

国际比较视野下的高中生物学课程内容设置研究

华东师范大学出版社
·上海·

图书在版编目（CIP）数据

国际比较视野下的高中生物学课程内容设置研究／禹娜等著. —上海：华东师范大学出版社，2021
华东师范大学新世纪学术基金资助出版项目
ISBN 978-7-5760-2308-4

Ⅰ.①国… Ⅱ.①禹… Ⅲ.①生物课－高中－教学参考资料 Ⅳ.①G633.913

中国版本图书馆 CIP 数据核字(2021)第 255726 号

GUOJI BIJIAO SHIYE XIA DE GAOZHONG SHENGWUXUE KECHENG NEIRONG SHEZHI YANJIU
国际比较视野下的高中生物学课程内容设置研究

著　　者	禹　娜　等
责任编辑	丁　倩
特约审读	陈俊学
责任校对	江小华
装帧设计	高　山

出版发行	华东师范大学出版社
社　　址	上海市中山北路 3663 号　邮编 200062
网　　址	www.ecnupress.com.cn
电　　话	021-60821666　行政传真 021-62572105
客服电话	021-62865537　门市(邮购)电话 021-62869887
地　　址	上海市中山北路 3663 号华东师范大学校内先锋路口
网　　店	http://hdsdcbs.tmall.com
印刷者	常熟高专印刷有限公司
开　本	787×1092　16 开
印　张	20.5
字　数	335 千字
版　次	2021 年 12 月第 1 版
印　次	2021 年 12 月第 1 次
书　号	ISBN 978-7-5760-2308-4
定　价	75.00 元

出版人　王　焰

(如发现本版图书有印订质量问题,请寄回本社客服中心调换或电话 021-62865537 联系)

前　言

基础教育的发展是国家发展壮大的基石。随着 21 世纪全球科技的蓬勃发展，各国在高科技领域的竞争日趋激烈，各种涉及原创科技的贸易摩擦不断出现，这从国家可持续发展战略层面警示我们：应该加强基础教育的系统化研究，取各国之长，发展具有中国特色、世界水平的现代教育。21 世纪是生命科学的世纪，基础教育中生物学课程内容设置的科学与否，从某种程度上决定了未来公民在"生命科学世纪"的生活、工作舒适度，及国家科技发展立足平台的基本高度。而对当前全球各主要国家和地区基础教育阶段的生物学课程内容设置状况进行系统化研究，有助于揭示学科课程设置内容发展的主旋律，挖掘并借鉴全球各国生物学课程设置的特色，为我国基础教育阶段生物学课程内容研究的科学发展提供理论支撑。

本书聚焦于基础教育的高中阶段，历时四年，对澳大利亚、德国、英国、加拿大、日本、新加坡、韩国、芬兰、俄罗斯、法国、美国等政府层面设置的生物学课程内容进行了定性和定量的比较研究，结合它们各自的社会文化、经济背景，通过分析，挖掘出了对我国课程内容发展具有启示性价值的理论和实践样例，尝试提炼出了对我国课程内容体系完善有建设性作用的启示。本书就研究对象的广度和研究内容的深度来说，尚属我国首次，相应成果对本轮基础教育课程改革的生物学课程发展具有支撑作用，对下一轮课程改革具有一定的指导价值。

本书撰写过程中，一批非常优秀且有激情的年轻学者参与了原文资料的翻译、分析和梳理等工作中，她（他）们分别为阮宽容（第二章）、林靖哲（第三章）、邓汉彬（第四章）、张相君（第五章）、李静雅（第六章）、付宗花（第七章）、康健秋（第八章）、杨芳丽和苏钰茗（第九章）、周思明和王书琴（第十章）、赵诚(第十一章)、路依凡和叶俞聪(第十二章);此外,林秋雨、路依凡和魏缓等参与了本书的校对工作。本书还得到了华东师范大学"新世纪"学术著作出版基金和华东师范大学教育学部中文学术专著出版资助计划的资助。在此特予以致谢!

  本书由于涉及语种多,时间跨度大,同时受本书作者水平的限制,不妥与错误在所难免,敬请读者批评指正,以利今后改正。

作　者

2021 年 8 月 10 日

目 录

第一章 绪论 ……………………………………………………… 1
一、研究背景和意义 …………………………………………… 1
（一）我国学生发展核心素养的研究背景和意义 …………… 1
（二）高中生物学课程标准的研制背景和意义 ……………… 3
二、研究内容与对象 …………………………………………… 4
（一）研究内容 ………………………………………………… 4
（二）研究对象 ………………………………………………… 5
三、研究方法 …………………………………………………… 5
（一）研究内容可比性 ………………………………………… 8
（二）课程广度研究方法 ……………………………………… 11
（三）课程深度研究方法 ……………………………………… 12
（四）课程难度研究方法 ……………………………………… 18
四、我国生物学课程设置 ……………………………………… 18
（一）生物学课程性质 ………………………………………… 18
（二）生物学各主题所设课程广度、深度和难度 …………… 19

第二章 澳大利亚 ………………………………………………… 22
一、澳大利亚基础教育概况 …………………………………… 22
二、研究内容介绍 ……………………………………………… 24
三、结果与分析 ………………………………………………… 25
（一）课程类别 ………………………………………………… 25

　　　　（二）课程内容结构 ································· 27
　　　　（三）课程广度和深度 ································· 29
　　四、结论 ··· 36
　　五、对课程实践的启示 ··································· 36

第三章　德国 ··· 39
　　一、德国基础教育概况 ··································· 40
　　二、研究内容介绍 ······································· 45
　　三、结果与分析 ··· 49
　　　　（一）课程类别 ····································· 49
　　　　（二）课程内容结构 ································· 50
　　　　（三）课程广度和深度 ······························· 51
　　四、结论 ··· 59
　　五、对课程实践的启示 ··································· 60

第四章　英国 ··· 62
　　一、英国基础教育概况及课程设置 ························· 62
　　　　（一）基础教育概况 ································· 62
　　　　（二）基础教育阶段课程设置 ························· 66
　　　　（三）重要考试及其资格证书 ························· 72
　　二、研究内容介绍 ······································· 79
　　三、结果与分析 ··· 81
　　　　（一）课程内容结构 ································· 81
　　　　（二）课程广度和深度 ······························· 85
　　四、结论 ··· 97
　　五、对课程实践的启示 ··································· 98

第五章　加拿大 ··· 99
　　一、加拿大基础教育及高中生物学课程设置 ················ 100

　　　　（一）加拿大基础教育概况 …………………………… 100
　　　　（二）加拿大基础教育阶段课程设置概况 ……………… 102
　　二、研究内容介绍 …………………………………………… 105
　　三、结果与分析 ……………………………………………… 106
　　　　（一）课程内容结构 ……………………………………… 106
　　　　（二）课程广度和深度 …………………………………… 110
　　四、结论 ……………………………………………………… 118

第六章　日本 ……………………………………………………… 120
　　一、日本基础教育及高中生物学课程设置 ………………… 121
　　　　（一）日本基础教育概况 ………………………………… 121
　　　　（二）日本基础教育阶段课程设置概况 ………………… 125
　　二、研究内容介绍 …………………………………………… 131
　　三、结果与分析 ……………………………………………… 134
　　　　（一）课程内容结构及课程目标 ………………………… 134
　　　　（二）课程广度和深度 …………………………………… 136
　　四、结论 ……………………………………………………… 144
　　五、对课程实践的启示 ……………………………………… 145

第七章　新加坡 …………………………………………………… 148
　　一、新加坡基础教育及高中课程设置 ……………………… 149
　　　　（一）新加坡基础教育概况（新加坡教育体系）……… 149
　　　　（二）新加坡教育分流制度 ……………………………… 151
　　　　（三）新加坡中学后教育的课程设置概况 ……………… 152
　　二、研究内容介绍 …………………………………………… 154
　　三、结果与分析 ……………………………………………… 157
　　　　（一）课程内容结构 ……………………………………… 157
　　　　（二）课程广度和深度 …………………………………… 158
　　四、结论 ……………………………………………………… 165

五、对课程实践的启示 …………………………………………… 166

第八章　韩国 ………………………………………………………… 168
　　一、韩国基础教育及高中生物学课程设置 …………………… 168
　　　　（一）韩国基础教育概况 …………………………………… 168
　　　　（二）韩国生物学及相关课程的设置概况 ………………… 171
　　二、韩国高中生命科学课程标准组成及研究内容介绍 ……… 173
　　三、结果与分析 ………………………………………………… 180
　　　　（一）课程内容结构 ………………………………………… 180
　　　　（二）课程广度和深度 ……………………………………… 181
　　四、结论 ………………………………………………………… 188
　　五、对课程实践的启示 ………………………………………… 189

第九章　芬兰 ………………………………………………………… 193
　　一、芬兰基础教育及高中课程设置 …………………………… 194
　　　　（一）芬兰基础教育概况 …………………………………… 194
　　　　（二）芬兰的课程改革 ……………………………………… 197
　　　　（三）芬兰基础教育阶段生物学课程内容 ………………… 199
　　二、研究内容介绍 ……………………………………………… 201
　　　　（一）芬兰普通高中的修读状况及课程内容设置 ………… 201
　　　　（二）芬兰高中生物学课程内容设置 ……………………… 201
　　三、结果与分析 ………………………………………………… 206
　　　　（一）课程内容结构 ………………………………………… 206
　　　　（二）课程广度与深度 ……………………………………… 207
　　四、结论 ………………………………………………………… 215
　　五、对课程实践的启示 ………………………………………… 216

第十章　俄罗斯 ……………………………………………………… 218
　　一、俄罗斯基础教育及高中生物学课程设置 ………………… 219

　　　　（一）当代俄罗斯普通教育概况 …………………………………… 219
　　　　（二）当代俄罗斯基础教育成就 …………………………………… 228
　　二、研究内容介绍 …………………………………………………………… 230
　　三、结果与分析 ……………………………………………………………… 236
　　　　（一）课程内容结构 ………………………………………………… 236
　　　　（二）课程类别 ……………………………………………………… 236
　　　　（三）课程广度和深度 ……………………………………………… 237
　　四、结论 ……………………………………………………………………… 242
　　五、对课程实践的启示 ……………………………………………………… 243

第十一章　法国　245

　　一、法国基础教育及高中生物学课程设置 ………………………………… 245
　　　　（一）法国的教育行政体制 ………………………………………… 245
　　　　（二）基础教育学制体系 …………………………………………… 246
　　　　（三）高中教育概况 ………………………………………………… 248
　　二、研究内容介绍 …………………………………………………………… 251
　　三、结果与分析 ……………………………………………………………… 254
　　　　（一）课程内容结构 ………………………………………………… 254
　　　　（二）课程广度与深度 ……………………………………………… 255
　　四、结论 ……………………………………………………………………… 262
　　五、对课程实践的启示 ……………………………………………………… 263

第十二章　美国　267

　　一、美国基础教育及高中生物学课程设置 ………………………………… 268
　　　　（一）美国基础教育概况 …………………………………………… 268
　　　　（二）美国高中学生测评及大学招生考试 ………………………… 271
　　二、研究内容介绍 …………………………………………………………… 275
　　　　（一）《K-12科学教育框架》中的生物学核心概念
　　　　　　　设置 ……………………………………………………………… 276

（二）《美国新一代科学教育标准》中的生物学内容
　　　　设置 ·· 277
　　（三）密西西比州课程标准概况 ······························ 282
　　（四）弗吉尼亚州课程标准概况 ······························ 284
三、结果与分析 ·· 285
　　（一）课程内容结构 ······································ 285
　　（二）课程广度和深度 ···································· 289
四、结论 ·· 299
五、对课程实践的启示 ·· 299

第十三章　国际生物学课程内容设置的趋势 ······················ 301
一、坚持学科核心知识的基础性 ································ 301
二、加强学科知识体系的结构化 ································ 302
三、突出科学探究活动的重要性 ································ 305
四、关注学科前沿知识的渗透性 ································ 306
五、注重学科实用价值的引导性 ································ 307

参考文献 ·· 309

第一章 绪 论

一、研究背景和意义

(一)我国学生发展核心素养的研究背景和意义

基础教育阶段的课程改革对于国家的现代教育发展至关重要。21世纪以来,随着科学技术的迅猛发展,知识积累速度陡增,人类生存方式及社会行业结构发生了翻天覆地的变化,因此对人才的需求也随之发生了变化,这对指向未来的教育提出了更高的要求。为了能在今后全球化发展中脱颖而出,自20世纪末期,世界各国或地区政府纷纷启动了新一轮的课程改革。此次课改,核心素养(core competence,或 core literacy)或者说关键能力(key competence)的培养成为核心议题(表1-1),教育质量提升、知识时代、科技发展与信息时代、经济成长、职业需求和全球化被认为是推动全球范围达成21世纪核心素养人才培养的推动力[1],而探寻契合地区实际的培养模式成为核心素养落实的有效途径。

表1-1 未来全球公民所必需的核心素养[1]

维 度		素 养
领域素养	基础领域	语言素养、数学素养、科技素养、人文与社会素养、艺术素养、运动与健康素养
	新兴领域	信息素养、环境素养、财商素养

续表

维 度		素 养
通用素养	高阶认知	批判性思维、创造性与问题解决、学会学习与终身学习
	个人成长	自我认识与自我调控、人生规划与幸福生活
	社会性发展	沟通与合作、领导力、跨文化与国际理解、公民责任与社会参与

与此同时,全球教育发展正面临着公平和提高质量这两大主题,西方一些发达国家,如美国、加拿大等,为了在教育公平与卓越之间取得平衡,正由地方课程标准向国家课程标准推进[2]。而我国历来重视教育公平问题,已于2002年将促进全民教育发展作为重要内容写进了党的十六大报告中,值此教育公平成为我国社会发展的必然趋势和价值选择[3]。改革开放以来,我国基础教育课程改革在围绕国家教育目标培养人才的总基调下,一直向着个性化、差异化、多样化的方向演进,从"双基"教育到三维目标教育再到今天的核心素养教育,是基础教育现代化进程从知识传授迈向全面育人的质的飞跃[4]。党的十九大明确提出,努力让每个孩子都能享有公平而有质量的教育。为实现这一宏伟目标,新时代基础教育课程改革将继续在课程目标、课程内容、课程实施、课程评价等方面做出更大的调整。

在上述背景下,也为落实十八大和十八届三中全会提出的关于"立德树人"的要求,2014年教育部印发了《关于全面深化课程改革 落实立德树人根本任务的意见》,其中提出了"教育部将组织研究提出各学段学生发展核心素养体系,明确学生应具备的适应终身发展和社会发展需要的必备品格和关键能力"[5]。由此,我国正式启动了新一轮课程改革的研究工作,并于2016年9月13日正式发布了中国学生发展核心素养研究成果——"中国学生发展素养核心框架"(图1-1)。基于该框架,2018年初国家教育部正式颁布了2017年版普通高中课程方案及各科课程标准,2020

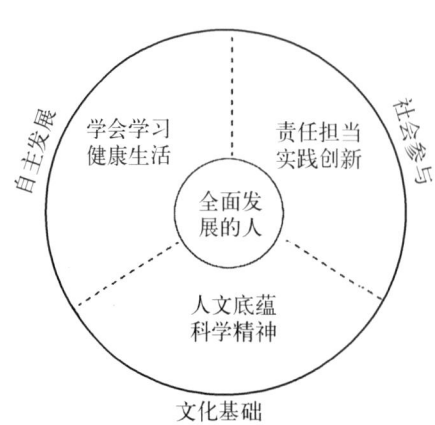

图1-1 中国学生发展素养核心框架[6]

年因社会发展的需要对此又进行了修订。课程方案及各科课程标准的颁布是我国基础教育课程改革由"全面素质"教育走向"核心素养"教育，以及核心素养教育由理论研讨走向实践应用的重要标志。这次课改的另一个重要变化是各科课程标准在全国范围的再次统一，我们可以理解为这是防止东西部地区教育质量差距扩大、追求教育公平目标的国家意志体现。

（二）高中生物学课程标准的研制背景和意义

近几十年来，全球范围内生命科学发展迅猛，其研究成果呈现井喷式增长，并带来了愈来愈大的经济和社会效益，因此引起各个国家和地区的广泛关注。生命科学与技术在许多方面显现出其巨大的优势，它在解决人口、环境、粮食、健康，乃至能源等诸多全球性热点问题方面都发挥着重要的作用。此外，随着学科交叉融合的日渐深入，生命科学有快速走向主导学科的趋势[7,8]。为了与生命科学的发展速度相匹配，我国于2001年和2003年分别对义务教育阶段初中教育和基础教育阶段高中教育的生物学课程结构和内容设置进行了改革，其中初中生物学凝炼了10个主题50个重要概念，而高中生物学聚焦分子与细胞、遗传与进化、稳态与环境3个必修模块，及生物技术实践、生物科学与社会、现代生物科技专题3个选修模块。目前本世纪的第一轮课程设置已经走过了20年的历程，从2020年初爆发的全球新型冠状病毒疫情中我国青少年的表现来看，我国基础教育阶段的生物学课程改革成效显著，这表明生物学课改为我国公民整体素质的提升做出了贡献。然而，面对全球新一轮课程改革指向的未来公民核心素养的目标，和我国自身经济和科技的快速发展以及社会深刻变化所带来的对综合人才的强烈需求，依据新形势，时时调整人才培养的阶段性目标，不断完善课程体系及内容设置，是今后课程改革的新常态。

2018年1月16日教育部颁布了《普通高中生物学课程标准（2017年版）》，2020年又对其中的个别细节进行了修订；本书出版之际，义务教育阶段初中生物学等学科的新课程标准研制工作也已接近尾声。就已颁布的高中生物学课程标准看，除了落实立德树人的教育目标外，还研制了包括生命观念、科学思维、科学探究和社会责任在内的生物学核心素养；此外，表观遗传学等内容在高中生物学课程中的设置也折射出我国基础教育对学科前沿及发展方向的关注度正在提升[9]。我们知道，课程标准在课程改革中扮演着关键的角色，它不仅是国家意志——教育目标的体现，而且是教育实践的纲要和行动准则，是国家课程实施、管理与评价之依据，也是教材编写、教师教学、考试命题，及学生学习的指南。因此在全球视域内，对体现国家意志的课程标准进行国际性比较，不仅对揭示国际课程改革发展的主旋律，而且对指导教材修订、课堂教学等教育实践活动都具有重要意义；此外，为不断深化我国生物学教育现状的改革，也需通过与时俱进地修订课程标准来指导教学实践，而通过国际比较并借鉴教育发达国家的经验是深化教育和课程改革的有效途径之一。

值此核心素养教育在我国由理论研讨步入教学实践的关键时刻，本书共对11个国家或地区的高中生物学课程内容设置与我国进行了比较，结合其社会经济背景分析了各自的特色，并基于此挖掘对教育实践活动具有可操作价值的启示。

二、研究内容与对象

(一) 研究内容

本书的研究内容主要关注各国及部分国家辖区(如德国巴伐利亚州等)关于生物学课程标准或教学大纲中设置的课程内容(未涉及课程标准的组织结构、设置理念等)。课程内容作为课程标准的重要组成部分，是实现课程理念和课程目标的内容支撑，也是教材编写、教学实践和考试评估的具体指导。因此，作为生物学课程纲领性文件(或指导性文件)的课程内容设置往往需要综合考虑多方面因素，例如：

其一，明确课程内容广度与深度，解答好"学什么""学到什么程度"等问题。近年来生物学发展迅猛，产生了大量的事实性和概念性知识。在我国，生物学曾被误解为是一门需要背诵很多繁琐内容的学科，因此其理科属性如何加强是一个十分值得思考的问题，而法国等国家设置的生物学课程始终贯穿计算工具的应用等特点，将会为我国提供借鉴。此外，我国社会上关于"减负"的呼声从未停歇，"学什么""学到什么程度"等已成为了社会与教育界普遍关心的问题,尽管各国历史文化背景不同,该问题基本不存在客观的标准答案,但日本、美国等国家在课程设置过程中贯穿的"少而精"理念,或许也能给我国生物学的课堂教学提供一些启示。

其二,明确课程内容的主题分布与组织架构。生物学是一门由多个分支的专业领域(动物学、植物学、生理学、细胞生物学、分子生物学等)的学科共同建构的科学,且目前国际上倡导的主题教学较少涉及完全意义上的跨领域(如物理、化学等),因此目前更为关键的是如何将领域内的各专业领域内容融合好,其中课程内容的组织架构及主题设置显得尤为关键。此时,芬兰、美国等在课程内容设置中明确了各个主题的相互关系与跨学段的内容组织架构,尤其是美国科学教育框架提炼的生物学四个学科核心概念及其内容设置方式,会给我们提供一些有价值的线索。当然,综合考虑学科特质、学生身心发展水平和社会需要,审慎确立跨学段课程内容的主题分布显得尤为重要,因此美国、芬兰等国家的跨学段、年级课程内容设置对我国课程内容的整合亦颇具借鉴意义。

其三,明确课程内容的呈现方式。不同国家生物学课程内容的呈现方式各不相同,总体而言,短语式、名词式或陈述句式表述是目前国际各国或地区常用的学习内容呈现方式,而在学业表现水平方面则主要以"布卢姆教育目标分类法"为原型进行适当变通,究竟如何呈现更为合适或更少引起不必要的歧义,这一科学问题同样需要回到对各国及部分国家辖区相关的文件的比较中去。

(二) 研究对象

本书选取美国、澳大利亚、德国、俄罗斯、法国、加拿大、芬兰、韩国、日本、新加坡和英国共 11 个国家,对这些国家的生物学课程内容设置与我国的进行了比较分析。分析的对象及来源见表 1-2。

三、研究方法

本书采用定性和定量相结合的分析方法。用定性方法分析各国及部分国家辖区与我国课程标准内容组织的特点,用定量方法分析课程的广度和深度。此外,本书基于定量研究结果,对已发表的文献进行文本分析,从社会经济、历

表 1-2 本书中所涉各国生物学课程内容设置的资料来源

国家或错区		相 关 文 件	时间	来 源
中 国		普通高中生物学课程标准(2017年版 2020年修订)	2020年	http://www.moe.gov.cn/srcsite/A26/s8001/202006/t20200603_462199.html
美 国	国家科学教育课程标准	Next Generation Science Standards	2013年	https://www.nextgenscience.org/get-to-know
	密西西比州	2018 Mississippi College- and Career-Readiness Standards for Science	2018年	https://www.mdek12.org/sites/default/files/Offices/MDE/OA/OSA/2018_CCRS_Science_0.pdf
	弗吉尼亚州	Science Standards of Learning: Curriculum Framework 2010 (Biology)	2010年	http://www.doe.virginia.gov/testing/sol/standards_docs/science/2010/curriculum_framewk/biology.pdf
澳大利亚	国家课程标准	Senior Secondary Curriculum: Biology — The Australian Curriculum	2014年	https://www.australiancurriculum.edu.au/senior-secondary-curriculum/science/biology/
	新南威尔士州	NSW Syllabus for the Australian Curriculum: Biology Stage 6 Syllabus	2017年	https://educationstandards.nsw.edu.au/wps/wcm/connect/657d2611-c201-49ce-a18e-ef0f786a5de0/biology-stage-6-syllabus-2017.pdf?MOD=AJPERES&CVID=
德 国	北莱茵-威斯特法伦州	Kernlehrplan für die Sekundarstufe II Gymnasium/Gesamtschule in Nordrhein-Westfalen: Biologie	2014年	https://www.schulentwicklung.nrw.de/lehrplaene/lehrplannavigators-ii/gymnasiale-oberstufe/biologie/index.html
	巴伐利亚州	Fachlehrpläne - Gymnasium: Biologie 10 - 12	2018年	https://www.lehrplanplus.bayern.de/fachlehrplan/gymnasium/
俄罗斯		Рабочая программа по биологии для 10 - 11 класса (2018 - 2019 учебный год)	2018年	http://school242.edu.ru/wp-content/uploads/2019/01/Биология 10-11_18-19.pdf
法 国		Sciences de la vie et de la Terre, enseignement commun, classe de seconde	2019年	https://cache.media.education.gouv.fr/file/SP1-MEN-22-1-2019/00/8/spe647_annexe_1063008.pdf
		Sciences de la vie et de la Terre, enseignement de spécialité, classe de première, voie générale		Programme de sciences de la vie et de la Terre de première générale

续表

国家或辖区		相关文件	时间	来源
加拿大	不列颠哥伦比亚省	Science Grade 10: Intergrated Resource Package 2008	2008年	https://www2.gov.bc.ca/assets/gov/education/kindergarten-to-grade-12/teach/pdfs/curriculum/sciences/2008sci_10.pdf
		Biology 11 and 12: Integrated Resource Package 2006	2006年	https://www2.gov.bc.ca/assets/gov/education/kindergarten-to-grade-12/teach/pdfs/curriculum/sciences/2006biology1112.pdf
	阿尔伯塔省	SCIENCE 10 Program of Studies 2005 (Updated 2014)	2014年	https://education.alberta.ca/media/3069384/pos_science_10.pdf
		BIOLOGY 20-30 Program of Studies 2007 (Updated 2014)	2014年	https://education.alberta.ca/media/3069386/pos_bio_20_30.pdf
芬兰		LUKION OPETUSSUUNNITELMAN PERUSTEET 2015	2015年	https://www.oph.fi/sites/default/files/documents/172124_lukion_opetussuunnitelman_perusteet_2015.pdf
韩国		初、中等学校教育课程总论	2015年	http://ncic.re.kr/mobile.kri.org4.inventoryList.do
日本		高等学校学习指导要领2018年	2018年	http://www.mext.go.jp/component/a_menu/education/micro_detail/__icsFiles/afieldfile/2018/07/11/1384661_6_1_2.pdf.
新加坡		BIOLOGY SYLLABUS Pre-University Higher 2 Syllabus 9744	2016年	https://www.moe.gov.sg/docs/default-source/document/education/syllabuses/sciences/files/preuniversity_h2_biology_syllabus.pdf
英国	英格兰	GCE AS and A Level Subject Content for Biology, Chemistry, Physics and Psychology	2014年	https://assets.publishing.service.gov.uk/government/uploads/system/uploads/attachment_data/file/593849/Science_AS_and_A_level_formatted.pdf
	威尔士			
	北爱尔兰	CCEA GCE Specification in Biology	2017年	http://ccea.org.uk/biology/
	苏格兰	Higher Biology Course Assessment Specification	2016年	https://www.sqa.org.uk/files_ccc/HCAS_Biology.pdf

史文化等视角客观探析了各国及其地方课程标准在课程内容设置方面的功能，及这些国家及部分国家辖区的生物学课程内容设置模式与我国相比的各自特色。

(一) 研究内容可比性

由于各国及部分国家辖区的课程标准针对课程内容的安排不同，例如美国科学教育课程标准是围绕着四个学科核心概念组织课程内容，而美国州层面的课程标准仍以学科领域内的专业领域(动物学、植物学、遗传学等)为课程内容组织形式。为保证研究内容有可比性，本书以我国《普通高中生物学课程标准(2017年版2020年修订)》中课程内容的五模块("分子与细胞""遗传与进化""稳态与调节""生物与环境"和"生物技术与工程")的划分为依据[9]，将其他各国及部分国家辖区课程标准中设置的内容进行了拆分、重组。本书将我国高中生物学课程标准的模块设置为"一级主题"，下面隶属有核心概念、重要概念和次位概念三个层级概念，具体以模块1"分子与细胞"为例(图1-2)。

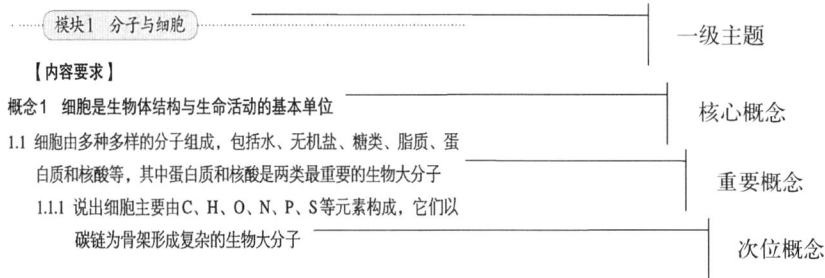

图1-2 我国2017年版课程标准"内容要求"概念层级[9]

本书实施过程参照了张莉娜和王磊对高中化学课程标准的比较研究[10]，具体实施步骤：

1. 将各课程标准中最小级别概念或知识点进行全面的梳理；

2. 以我国2017年版2020年修订的课程标准中划分的五个模块为标准，将其他各课程标准中梳理出的最小级别概念或知识点进行归类；

3. 参考各课程标准的相应解读材料，对知识点的梳理及归类进行校正；

4. 对校正后的结果，请五位课程与教学论方面的专家把关和评判；

5. 针对专家建议和意见，对知识点的梳理和归类进行修正；

6. 针对修正后的结果再次经历步骤 4 和步骤 5，经反复迭代，最终确定各课程标准中各知识点在五个模块中的分布状况。

需要注意的是，上述步骤 1～步骤 3 由至少三位具备课程与教学论背景的学者独立完成；步骤 4 中参与研究的征询专家也各自独立完成评判。

本章从我国课程标准中节选了"分子与细胞"模块概念 1 中的"1.1 细胞由多种多样的分子组成，包括水、无机盐、糖类、脂质、蛋白质和核酸等，其中蛋白质和核酸是两类最重要的生物大分子"，以日本和新加坡为例进行说明(表 1-3)。在我国课程标准中"1.1"中共包括 7 个知识点，分析日本 2018 年新修订后的《高等学校学习指导要领》及新加坡 2016 年修订后的 BIOLOGY SYLLABUS Pre-University Higher 2 Syllabus 9744 发现，在日本课程内容设置中的"7.2.(ア).㋐"和"7.2.(ア).㋑"，以及新加坡课程设置中的"H2.2.2.1(a)""H2.2.2.1(d)""H2.2.2.1(e)""H2.2.2.1(f)""H2.2.2.1(g)""H2.2.2.1(h)""H2.2.2.1(i)""H2.2.2.1(m)"和"H2.2.2.1(o)"，与我国课程标准中该模块下"1.1"相匹配，但又不完全一致，具体见表 1-3。

表 1-3 以我国生物学课程为参照对其他课程内容的归类举例——以日本和新加坡为例

日 本	中 国	新 加 坡
/	/	H2.2.2.1(a) 概述细胞理论，理解细胞是最小的生命单位，所有细胞都来自于预先存在的细胞，活的生物体由细胞组成
/	/	H2.2.2.1(d) 描述典型细菌细胞的结构（小细胞和单细胞、肽聚糖细胞壁、环状 DNA、70S 核糖体和缺乏膜结合细胞器）
/	/	H2.2.2.1(e) 描述病毒的结构成分，包括包膜病毒和噬菌体，并解释它们的图片和照片
/	/	H2.2.2.1(f) 讨论病毒如何挑战细胞理论以及被认为是生物的概念
/	1.1.1 说出细胞主要由 C、H、O、N、P、S 等元素构成，它们以碳链为骨架形成复杂的生物大分子	/

续 表

日 本	中 国	新加坡
/	1.1.2 指出水大约占细胞重量的 2/3，以自由水和结合水的形式存在，赋予了细胞许多特性，在生命活动中具有重要作用	/
/	1.1.3 举例说出无机盐在细胞内含量虽少，但与生命活动密切相关	/
/	1.1.4 概述糖类有多种类型，它们既是细胞的重要结构成分，又是生命活动的主要能源物质	H2.2.2.1(g) 描述以下单体的结构和性能： ⅰ. α-葡萄糖和β-葡萄糖(碳水化合物) ⅱ. 甘油和脂肪酸(脂质) ⅲ. 氨基酸(在蛋白质中)(不需要知道不同氨基酸的特定 R 基团的化学式)
7.2.(ア).⑦ 生物物质和细胞：基于有关生物物质和细胞的资料，将构成细胞的物质与细胞的功能联系起来进行理解	1.1.5 举例说出不同种类的脂质对维持细胞结构和功能有重要作用	H2.2.2.1(h) 描述以下键的形成和断裂： ⅰ. 糖苷键 ⅱ. 酯键 ⅲ. 肽键
	1.1.7 概述核酸由核苷酸聚合而成，是储存与传递遗传信息的生物大分子	H2.2.2.1(i) 描述以下生物分子的结构和性质，并解释这些生物分子如何与它们在活生物体中的作用相关：
7.2.(ア).④ 生命现象和蛋白质：开展有关生命现象和蛋白质的观察、实验等，把蛋白质的功能和生命现象联系起来理解	1.1.6 阐明蛋白质通常由20种氨基酸分子组成，它的功能取决于氨基酸序列及其形成的空间结构，细胞的功能主要由蛋白质完成	ⅰ. 淀粉(包括直链淀粉和支链淀粉) ⅱ. 纤维素 ⅲ. 糖原 ⅳ. 甘油三酸酯 Ⅴ. 磷脂
		H2.2.2.1(m) 解释蛋白质的一级结构、二级结构、三级结构和四级结构，并描述保持分子形状的键类型(氢键、离子键和二硫键，以及疏水相互作用)
		H2.2.2.1(o) 描述以下蛋白质的分子结构，并解释每种蛋白质的结构与其发挥的功能之间的关系： ⅰ. 血红蛋白(运输) ⅱ. 胶原蛋白(结构) ⅲ. G 蛋白偶联受体(信号)

注："/"代表课程标准中无匹配的内容。

此外，需要说明的是，各国或地区课程中对最小层级概念(或知识点)的编排序号也不同，为了便于统计分析及今后读者在原文上查找，本书对它们进行了统一化编号。例如：日本课程标准中将课程内容共划分为四个层级，表1-3中的编号"7.2.(ア).㋐"中"7"代表《理科》的第7个科目(相当于第一层级)，"2"代表隶属于前者中第2个主题(相当于第二层级)，"(ア)"代表隶属于上一层级的第1个内容(相当于第三层级)，"㋐"代表隶属于上一层级的第1个知识点(相当于第四个层级，也即最小知识点)；而新加坡课程标准中的课程内容共有两个层级，表1-3中的编号"H2.2.2.1(a)"其"H2"代表"H2 learning outcomes"，紧跟着的"2.2.1"代表第一层级，"(a)"代表隶属于第一层级的第1个概念(相当于第二层级，也即最小层级概念)；其他各国及部分国家辖区的课程内容编号类似，后面在各章中具体说明。

(二) 课程广度研究方法

在课程广度的定量方面，本书在参照张莉娜和王磊对高中化学课程标准比较研究方法的基础上略有改进。例如：本书将各课程标准中呈现的每个最小级别概念或知识点作为1个知识点，并在课程广度上赋值为"1"。为了让读者能够清晰地知道本书中课程广度最终统计结果的由来，本章仍以上述表1-3各国的课程内容为例进行课程广度赋值，具体见表1-4。其中实施过程如下：

1. 以我国课程标准中概念"1.1"为例，其包含了"1.1.1"—"1.1.7"，本书认定此概念"1.1"的课程广度为7。

2. 日本课程标准中仅"7.2.(ア).㋐"和"7.2.(ア).㋑"与我国课程标准中概念"1.1"相匹配，但由于"7.2.(ア).㋐"同时与我国课程标准中的"1.1.5"和"1.1.7"相匹配，因此日本课程标准中的"7.2.(ア).㋐"和"7.2.(ア).㋑"实际对应了我国课程标准中的"1.1.5""1.1.6"和"1.1.7"，本书即认定日本课程标准中此概念的课程广度为3。

3. 同理，新加坡课程标准中"H2.2.2.1(g)""H2.2.2.1(h)""H2.2.2.1(i)""H2.2.2.1(m)"和"H2.2.2.1(o)"交错对应于我国课程标准中的"1.1.4""1.1.5""1.1.6"和"1.1.7"，以我国课程标准划分，新加坡的课程广度应赋值为4；但同时在此概念下，新加坡课程标准中出现了我国所没有的"H2.2.2.1(a)""H2.2.2.1(d)""H2.2.2.1(e)""H2.2.2.1(f)"四条，因此在此概念下，新加坡的课程广度最终赋值为8。

表 1-4　针对表 1-3 内容的课程广度赋值结果

日 本	中 国	新 加 坡	
/	/	H2.2.2.1(a) 略 — 课程广度赋值：1	
/	/	H2.2.2.1(d) 略 — 课程广度赋值：1	
/	/	H2.2.2.1(e) 略 — 课程广度赋值：1	
/	/	H2.2.2.1(f) 略 — 课程广度赋值：1	
/	1.1.1 略 — 课程广度赋值：1		
/	1.1.2 略 — 课程广度赋值：1	/	
/	1.1.3 略 — 课程广度赋值：1	/	
/	1.1.4 略 — 课程广度赋值：1		
7.2.(ア).㋐ 略 — 课程广度赋值：2	1.1.5 略 — 课程广度赋值：1	H2.2.2.1 (g) 略 H2.2.2.1 (h) 略 H2.2.2.1 (i) 略	课程广度赋值：4
	1.1.7 略 — 课程广度赋值：1		
7.2.(ア).㋑ 略 — 课程广度赋值：1	1.1.6 略 — 课程广度赋值：1	H2.2.2.1 (m) 略 H2.2.2.1 (o) 略	
课程广度合计赋值：3	课程广度合计赋值：7	课程广度合计赋值：8	

(三) 课程深度研究方法

已有的对课程深度的研究大多依据布卢姆教育目标分类学的认知水平[10,11,12]，本书在布卢姆教育目标分类修订版的认知过程维度框架内[13]，按照记忆/回忆、理解、应用、分析、评价和创造的顺序对各国或地区课程标准中出现的行为动词进行了梳理（表 1-5）。此外，因为"深度"除了表征认知水平，还应表征学生能够"做什么"的具体学习内容，因此在实际比较研究过程中还参考了张莉娜和王磊在中澳高中化学课程内容研究中对课程内容深度的划分[10]。

课程深度的测定是以广度分析为前提，本书对各国或地区课程标准中每个最小级别概念或知识点前的行为动词按修订后的布卢姆教育目标分类中的记忆/回忆、理解、应用、分析、评价和创造划分为六个层次水平，并从低到高依次分别赋值1、2、3、4、5 和 6；最终，通过计算加权平均值的方法得到平均课程深度（$\overline{S}$），即：将每个主题（模块/单元）中所有最小级别概念（或知识点）深度的

表 1-5 各课程标准中行为动词归纳

国家及地区		记忆/回忆	理 解	应 用	分 析	评 价	创 造
中 国		说出，指出	举例，概述，阐明，说明，描述，解释，简述	应用，使用，检验，计算	分析，讨论，探讨	评价	设计，实验，探究
德 国		nemnen-说出，angeben-列举，protokollieren-记录	beschreiben-描述，erläutern-说明，erklären-解释，darstellen-表达，vergleichen-比较，ableiten-推论	ermitteln-查明，skizzieren-速写，führen-使用，anwenden-应用	analysieren-分析，begründen-论证，zusammenfassen-总结，diskutieren-讨论，erörtern-探讨，interpretieren/deuten-解说，recherchieren-研究，untersuchen-调查	bewerten-评估，beurteilen-评判，Stellung nehmen-评论，überprüfen-验证，prüfen-验证	Hypothesen entwickeln/aufstellen-生成假设
英 国	北爱尔兰	/	demonstrate-阐明，outline-概述，account for-解释	detect/exam-检测，measure-测试，draw/make drawing-绘出，calculate-计算，(stain-染色，dissect-解剖)，carry out practical work-实践	investigate-调查	/	/
	苏格兰	/	/	/	/	/	/
	英格兰	/	/	/	/	/	/
	威尔士	/	/	/	/	/	/
加拿大	阿尔伯塔省	/	describe-描述，identify-确定，compare-比较，explain-解释，summarize-概述	trace-探索，use-使用，list-列表，apply-应用	define-定义，discuss-讨论，distinguish-区分	/	/

第一章 绪 论 13

续 表

国家及地区		记忆/回忆	理 解	应 用	分 析	评 价	创 造
加拿大	不列颠哥伦比亚省	state-陈述、relate-叙述	describe-描述、identify-确定、illustrate-说明、using examples, explain-举例说明、compare-比较、recognize-识别、determine-确定、predict-预测	research-研究、classify-归类、apply-应用、conduct an experiment-做实验、demonstrate-演示、draw-绘出、name-命名	define-定义、differentiate-区分、analyse-分析	examine-检查、suggest-建议、evaluate-评价	design-设计、devise-设计
日 本		認識する-认识、认识を深める-加深认识	理解する-理解、見い だして理解する-发现并理解、見いだして表現する-发现并表达				
新加坡		/	outline-概述、interpret and recognise-解释和识别、describe-描述、explain-解释、identify and explain-查明并解释、explain with examples-举例说明、predict-预测、indicate-表明、highlight-强调	identify-鉴定、carry out-执行、solve-解决、use-使用	investigate and explain-调查并解释、discuss-讨论、define-定义、reserch-研究	test-检验	/
韩 国		알고-了解/知道	이해-理解、설명-解释、묘사-描述、예를-举例、나열-罗列、비교-比较、구분-区分	모의-模拟	논증-论证、토의-讨论、조사-调查、발표-展示、예측-预测	/	/

14 国际比较视野下的高中生物学课程内容设置研究

续表

国家及地区	记忆/回忆	理 解	应 用	分 析	评 价	创 造
芬 兰	tuntee-认识,	ymmärtää-理解, tulkitsee-解释, selittää-讲解/说明	toteuttaa-实施, toimimaan-运用, käyttää-使用	analysoida-分析, vertailla-比较, tutkii-研究	arvioida-评估	suunnitella-计划
俄罗斯	знать-知道, понимать-了解	охарактеризовать-描述(……的特性), сравнивать-比较, объяснять-解释, описывать-描述(叙述), выделить-从……指出、选出, решать-决定, выявлять-发现(查看、找出), иметь представление-形成概念(有想法)	решать-解决(决定), составлять-制定, использовать-运用, делать выводы-得到结论, определять-确定(界定), изучать-研究	анализировать-分析, обосновывать-说明理由(论证), различать-(对比)……区分, аргументировать-论证, выбирать-选择	/	/
法 国	caractériser/décrire-描述, connaître-了解(某人、某物或某地), savoir-掌握(某件事实或某种能力)	illustrer/montrer-说明/指示, expliciter-阐明, expliquer-解释, présenter-阐述/说明/表达, observer-观察, comprendre/appréhender-理解	réaliser-制作/认识, expérimenter-做实验, schématiser-绘制/概括/用图表示, mettre-实施, suivre/participer-持续关注/参与, extraire-提取……信息, relier/mettre en relation/établir des relations-建立与……的联系, envisager/considérer-预测/考虑, diriger-指导	analyser-分析, distinguer-区分, identifier/recenser-识别, quantifier-量化, comparer-比较, différencier-区分/鉴别, calculer/estimer-计算/估计, prédire-预测	critiquer-评论, évaluer-评估	concevoir-设计

续 表

国家及地区		记忆/回忆	理 解	应 用	分 析	评 价	创 造
法 国				réfléchir-思考, situer-找到/确定(地点/位置/时间), mesurer-测量, utiliser-使用, effectuer des comparaisons-进行比较, appliquer-应用, exploiter-利用, colorer-染色, permis/permettre-允许, réaliser-实施, rechercher/étudier-研究, construire-构建			
美 国	密西西比州	recognize-识别	describe-描述, identify-确定, illustrate-说明, compare and contrast-比较, explain-解释, interpret-解释, predict-预测, determine-确定, understand-了解, relate-叙述	use-使用, list-列表, apply-应用, conduct an experiment-做实验, investigate-调查	distinguish/differentiate-区分, investigate-研究, analyze-分析	evaluate-评估, engage in scientific argument-科学论证	design-设计, develop-开发
	弗吉尼亚州	recognize-识别	describe-描述, identify-确定, illustrate-说明, using examples, explain-举例说明, compare-比较, determine-确定, predict-预测	research-研究, classify-归类, apply-应用, conduct an experiment-做实验, demonstrate-演示, conduct investigations-进行调查	differentiate-区分, analyze-分析	evaluate-评估	design-设计

注:"/"代表课程标准中无相应的行为动词与之匹配。

赋值相加，它们的和除以相应主题(模块/单元)下最小级别概念(或知识点)的个数，计算公式为 $\bar{S}=S/G$，其中 S 代表课程深度，G 代表课程广度。为了让读者能够清晰地知道本书中课程深度最终统计结果的由来，这里仍以上述表1-3各国的课程内容为例进行课程深度赋值，具体见表1-6。

表1-6　针对表1-3内容的课程深度赋值结果

日　本	中　国	新　加　坡
/	/	H2.2.2.1(a) outline — 课程深度赋值：2
/	/	H2.2.2.1(d) describe — 课程深度赋值：2
/	/	H2.2.2.1(e) describe — 课程深度赋值：2
/	/	H2.2.2.1(f) discuss — 课程深度赋值：4
/	1.1.1 说出 — 课程深度赋值：1	/
/	1.1.2 指出 — 课程深度赋值：1	/
/	1.1.3 举例说出 — 课程深度赋值：2	/
/	1.1.4 概述 — 课程深度赋值：2	H2.2.2.1(g) describe — 课程深度赋值：2
7.2.(ア).㋐ 理解する — 课程深度赋值：2	1.1.5 举例说出 — 课程深度赋值：2	H2.2.2.1(h) describe — 课程深度赋值：2
	1.1.7 概述 — 课程深度赋值：2	H2.2.2.1(i) describe — 课程深度赋值：2
7.2.(ア).㋑ 理解する — 课程深度赋值：2	1.1.6 阐明 — 课程深度赋值：2	H2.2.2.1(m) explain — 课程深度赋值：2
		H2.2.2.1(o) describe — 课程深度赋值：2
平均课程深度为：4/2=2	平均课程深度为：12/7≈1.71	平均课程深度为：18/8=2.25

上述课程广度及深度的赋值均由参与研究的三位具备课程与教学论相关背景的学者分别独立完成；并邀请了两位课程与教育学方面的专家与本书作者共同评判、研讨后确定。

(四) 课程难度研究方法

本书针对个别国家(如：韩国、新加坡等)的课程设置计算了课程难度，其分析应用了数学和生物学等学科课程标准的定量分析模型[11]。该模型共涉及到总课程广度(G)、总课程深度(S)、总课时时间(T)和加权系数(α)四个变量，其中加权系数反映了课程广度和课程深度对课程难度的影响大小，在本书中默认两者的影响相同，即加权系数 α＝0.5。此外，由于各国的每节课的时长不同，例如，我国高中每节课为 45 分钟，韩国为 50 分钟，因此本书为使获得的课程难度有可比较性，统一以"分钟"作为课程时间的单位。

$$N = \alpha \times \frac{G}{T} + (1-\alpha) \times \frac{S}{T}$$

公式中 N 代表课程难度；G 代表课程总体广度；S 代表课程总体深度；T 代表课程时间；α 代表加权系数，本书默认其数值为 0.5。

四、我国生物学课程设置

(一) 生物学课程性质

2018 年初颁布的我国普通高中生物学课程标准设置了必修、选择性必修和选修三类课程。结合课程标准中的"实施建议"可知，必修课程指向高中毕业证书考试(即学业水平合格性考试，简称合格考)，学生必须完成"分子与细胞"和"遗传与进化"两个必修模块的学习并在合格考中达标才能获得高中毕业证书，因此该课程对每位高中生都具有约束力。从 2020 年起在全国推行的新高考方案来看，学生完成合格考之后，除语文、数学和外语三门必修课外，生物学又与化学等其他课程一起成为选修课程。从 2017 年正式自上海市和浙江省两地开始启动的新高考(即学业水平等级性考试，简称等级考)改革工作可以看出，新高考方案推行后各省/直辖市对选修课的科目和数量的设定应具有一定的自主权，如：上海市、山东省和北京市等的"6 选 3"模式，即从生物学、物理、化学、历史、地理和思想政治等六个科目中选三门；浙江省的"7 选 3"模式，即除上述六个备选科目之外又增加了技术(含通用技术和信息技术）；吸取了沪浙出现部分学生弃考物理现象的经验教训，在第二、第三批实施新高考省市的选考科目方案中又出现了第三种模式，即河北、辽宁、江苏、福建、湖北、湖南、广东和重庆等的"1+2"模式，是指在物理和历史两个科目中必须选考一门的基础上，再从其他科目中选考两门。自新高考实施至今的选考情况看，生物学是各省市学生选考的热门科目之一。学生若确定以生物学为高考科目，其考试内容不仅包含必修的两个模块，还包括选择性必修的三个模块的内容，因此高考对知识内容考查的范围比合格考更宽泛，同时在试题难度要求方面也由合格考的不超过学业质量二级水平提高到了四级水平。此外，学生自己是否选考生物学，除需要考虑自身优势外，还要考虑理想大学对选考科目的限定，因为某些大学指定个别科目（如物理）是理工类专业招生的必考科目。综合可以看出，在我国生物学是高中学生的必修科目，合格考是获取高中毕业证书的必经途径，其在大学招录中具有参考作用，而大学招录工作主要依据等级考成绩。由于两种考试在课程广度和深度等方面均不同，所以合格考与等级考内容实际上存在被包含和包含的关系，两考分离现象是我国生物学等高中学习科目的突出特征。

（二）生物学各主题所设课程广度、深度和难度

对我国《普通高中生物学课程标准（2017年版2020年修订）》"课程内容"表述中的行为动词进行统计，结果见表1-7。由此可以看出，我国课程标准对学生认知水平的要求绝大部分集中在理解层次，最高为分析层次，这与课程标准中学业质量水平划分和评价建议相契合。我国课程标准建议学业水平合格性考试"其内容以必修课程要求为准，难度不超过学业质量二级水平的要求。……学业水平等级性考试的内容范围以必修课程和选择性必修课程要求为准，难度不超过学业质量四级水平的要求；……"[9]。

表1-7 我国课程标准中行为动词出现频次及所占百分比

认知水平	一级主题	分子与细胞	遗传与进化	稳态与调节	生物与环境	生物技术与工程
1	记忆/回忆	2(8.70%)	/	1(4.35%)	1(4.55%)	1(3.33%)
2	理解	21(91.30%)	19(86.36%)	20(86.96%)	11(50.00%)	27(90.00%)

续 表

认知水平	一级主题	分子与细胞	遗传与进化	稳态与调节	生物与环境	生物技术与工程
3	应用	/	1(4.55%)	/	2(9.09%)	/
4	分析	/	2(9.09%)	2(8.70%)	8(36.36%)	2(6.67%)
5	评价	/	/	/	/	/
6	创造	/	/	/	/	/

依据前述的课程广度和深度研究方法，对我国课程内容中五个模块进行深入分析后发现（表1-8）：我国的课程标准中对各模块课程广度的设置相对较为均衡，除我国"生物技术与工程"模块的课程广度达30外，其他四个模块均为22和23，这应与我国课程标准对课时的均衡安排有关；课程深度在1.91～2.77之间，其中"生物与环境"模块最高；我国课程标准对必修和选择性必修的课时安排均为2学分，每学分18个课时，每课时45分钟，所以我国高中生物学课程的总学习时长为8 100分钟，课程难度N＝0.024。

表1-8 我国课程标准中单元/模块、核心概念的比较

地区	性质	模块（一级主题）	核心概念（二级主题）	课程广度（G）	平均课程深度（S）	课时（分钟）	课程难度（N）
中国	必修	分子与细胞	1. 细胞是生物体结构与生命活动的基本单位； 2. 细胞的生存需要能量和营养物质，并通过分裂实现增殖。	23	1.91	1 620	0.024
中国	必修	遗传与进化	1. 遗传信息控制生物性状，并代代相传； 2. 生物的多样性和适应性是进化的结果。	22	2.23	1 620	0.024
中国	选择性必修	稳态与调节	生命个体的结构与功能相适应，各结构协调统一共同完成复杂的生命活动，并通过一定的调节机制保持稳态。	23	2.13	1 620	0.024

续表

地区	性质	模块 (一级 主题)	核心概念 (二级主题)	课程 广度 (G)	平均课 程深度 (S)	课时 (分钟)	课程 难度 (N)
中国	选择性必修	生物与环境	生态系统中的各种成分相互影响，共同实现系统的物质循环、能量流动和信息传递，生态系统通过自我调节保持相对稳定的状态。	22	2.77	1 620	0.024
		生物技术与工程	1. 发酵工程利用微生物的特定功能，规模化生产对人类有用的产品； 2. 细胞工程通过细胞水平上的操作，获得有用的生物体或其产品； 3. 基因工程赋予生物新的遗传特性； 4. 生物技术在造福人类社会的同时也可能会带来安全与伦理问题。	30	2.10	1 620	

（表中"120"位于"课程广度(G)"列，对应两行合并单元格）

第二章　澳大利亚

一、澳大利亚基础教育概况

澳大利亚由六个州和两个领地组成，设有联邦教育部和地方（州/领地）教育部两个层级的教育行政管理主体，各州/领地均保有教育自治权，不同的教育制度也导致了澳大利亚各地区之间学生的学业成绩差异较大[14]。作为世界经济合作与发展组织（Organization for Economic Co-operation and Development，简称经合组织，OECD）成员国，澳联邦政府十分重视本国学生在 PISA 测试①中的表现，目前该测试已与 TIMSS② 一起被列入澳大利亚国家教育测评计划

---

① PISA 测试：国际学生评估项目（Programme for International Student Assessment）的缩写。是一项由 OECD 统筹的学生能力国际评估计划。主要对接近完成基础教育的 15 岁学生进行评估，测试学生们能否掌握参与社会所需要的知识与技能。第一次 PISA 测试于 2000 年举办，此后每 3 年举行一次。评估主要分为 3 个领域：阅读素养、数学素养及科学素养，由这 3 项组成一评估循环核心，在每个评估周期里，有 2/3 的时间会对其中一个领域进行深入评估，其他两个则进行综合评测。（资料来源：教育部基础教育质量监测中心。http://www.eachina.org.cn/shtml/4/jcwd/78.shtml[2020/5/6]）
② TIMSS：是国际教育成就评价协会（International Association for the Evaluation of Educational Achievement，IEA）从 1995 年开始实施的一个大型国际比较研究项目，项目每 4 年一轮，主要通过测试和问卷，测量国际学生在数学和科学成绩的状况，了解影响成绩的不同因素。该项目是自 20 世纪 60 年代以来组织的历次教育评价研究中，迄今为止影响面最广、受关注程度最高的数学教育评价项目，它对世界多个国家和地区的教育均产生了重要影响。1995 年，IEA 对 45 个国家的五个年级（3、4、7、8 和中学的最后一个年级）的学生实施了数学和科学测试，同时对参加测试的各国和课程进行了分析，并利用学校、教师和学生问卷收集了影响学生学业成绩的背景信息。在此之前，IEA 分别进行过两次数学和科学教育研究，因此 1995 年 IEA 将数学和科学结合起来的第三次研究命名为"国际数学理科教育成就趋势测评"（Trends in International Mathematics and Science Study，TIMSS）。TIMSS 的主要目标是了解各国（转下页）

(Australia's National Assessment Program)①。澳大利亚自 2000 年首次 PISA 测试起就组织学生参加了历届的测评,进而教育公平问题也在测评过程中逐渐显现,以 2015 年澳大利亚各地区学生在 PISA 测试中的表现为例[15],其首都辖区、西澳大利亚等地的学生在数学、科学和阅读三方面的成绩均明显高于 OECD 平均分,而塔斯马尼亚和北部领地的学生在这三项上的得分则明显低于 OECD 平均分;此外,PISA 测试结果还显示,无论整个联邦政府还是各州/领地的学生在 PISA 测试中的表现均呈持续下滑态势。这引起了澳大利亚政府对自身基础教育现状的关注。21 世纪以来,澳联邦政府出台了一系列的改进政策和项目,力求在保障教育公平和提高教育质量之间取得平衡,以期能在竞争日益激烈的国际教育中脱颖而出。以 2008 年颁布的《关于澳大利亚年轻人教育目标的墨尔本宣言》(Melbourne Declaration on Educational Goals for Young Australians,简称墨尔本宣言)为转折点,澳大利亚的教育目标由"追求卓越、兼顾公平"走向了"基于公平,追求卓越"[16],作为教育目标的支撑,迄今澳大利亚已在国家课程、国家评估测试项目、学前教育、教师专业发展等方面制定了统一的监测标准[17]。

相较我国而言,目前澳大利亚联邦政府和地方两级课程设置是其特色之一。进入 21 世纪,为达到"基于公平,追求卓越"的教育目标,自 2009 年开始澳大利亚课程、评估与报告机构(Australian Curriculum, Assessment and Reporting Authority,简称 ACARA)在其国家教育部授权下,陆续开发并向地方课程提供了各学科的课程框架,这就是大家所熟悉的《澳大利亚国家课程框架》(The Shape of the Australian Curriculum),到 2021 年已向各州/领地提供使用的课程框架包括:英语、数学、科学、人文和社会科学(HASS、历史、地理、经济和商务、公民和公民素养)、艺术(舞蹈、戏剧、媒体艺术、音乐、视觉艺术)、技术(设计与技术、数字化技术)、健康和体育、语言(阿拉伯语、德

(接上页)计划课程的实现程度,因此其在数学和科学内容选择上以各国的课程为依据,在编制测评框架之前要对各国的数学和科学课程内容进行调查。(资料来源:教育部基础教育质量监测中心。http://www.eachina.org.cn/shtml/4/jcwd/79.shtml [2020/5/6])

① 资料来源于澳大利亚教育研究委员会官方网站(ACER Research)的公开信息:PISA(https://www.acer.org/ozpisa)。

语、法语、印地语、印度尼西亚语、意大利语、日语、汉语、韩语、现代希腊语、西班牙语、越南语、手语、土著语言和托雷斯海峡岛民语言框架、古典语言框架)[①]。目前澳大利亚的课程设置正逐步由地方课程向国家与地方两级课程的方向转变,即澳大利亚各州/领地采纳国家课程标准的同时,仍保留自主编写学科课程标准的权利,且教师也保有自主选择教材的权利。由于国家与州/领地之间及州/领地与州/领地之间的课程标准在课程覆盖范围和内容设置等方面存在差异,仅从国家课程标准层面分析澳大利亚的课程设置,并不能全面反映其课程设置的实际状况,因此本章选取澳大利亚第一大州-新南威尔士州(NSW,简称澳-新州)为代表,探讨澳大利亚的国家和地方两级课程模式与我国统一课程模式之间各自的优势。此外值得关注的是,澳-新州拥有澳大利亚最大的公立教育系统,非常有特色,其课程体系庞大,设置课程达100余门,除英语为必修课外其他课程均为选修,如此庞大的课程体系其运作形式对我国基础教育课程多元化的操作也有一定的指导意义。

二、研究内容介绍

本章选取澳大利亚高中生物学国家课程标准(Senior Secondary Curriculum:Biology—The Australian Curriculum,2014)(2009年颁布后不断有修订)[18]和澳-新州的高中生物学课程标准(Biology Stage 6 Syllabus—NSW Syllabus,2017)[19]为研究对象,与我国的《普通高中生物学课程标准(2017年版2020年修订)》进行了比较分析。

由于澳大利亚国家课程标准定位为指导性文件,因此在生物学课程标准中仅设置有课程内容,但未对各内容应掌握的程度做出要求;此外,其国家课程标准的篇幅相对较少,共设置了"生物多样性和生命的相互联系""细胞和多细胞生物""生物遗传和延续性",以及"内环境的维持"四个单元的一级主题,每个单元皆包括"单元描述(Unit Description)""学习成果(Learning Outcomes)"和

---

① 资料来源于澳大利亚课程官方网站:Australian Curriculum(https://www.australiancurriculum.edu.au/)。

"内容描述(Content Descriptions)"三部分。其中每单元的"内容描述"与我国课程标准每模块中"内容要求"之间具有可比性，是本章比较研究的对象。

相对于澳大利亚国家层面，澳-新州课程标准发挥着承上启下的功能，其指向性更强，课程内容和学业水平要求都更为具体。澳-新州的基础教育分六个学段，其学段六包括11和12两个年级，相当于我国的高中学段。澳-新州课程标准框架由"引言""生物学学科核心""依据""基础教育阶段高中生物学课程的地位""课程目的""课程目标""学习成果""11年级课程结构和课程要求""12年级课程结构和课程要求""评价和报告""课程内容""11年级生物学课程内容""12年级生物学课程内容"和"术语表"等组成。其中"11年级生物学课程内容"和"12年级生物学课程内容"中共包含"生命的基础-细胞"等8个模块的一级主题，是本章比较研究的对象。

此外，为了能够深入剖析中、澳两国高中生物学课程设置的来龙去脉，本章还参考了我国《义务教育生物学课程标准(2011年版)》[20]，以及《澳大利亚学前至10年级国家科学课程内容》(Achievement Standard Science Year F-10)[①]等资料。

三、结果与分析

（一）课程类别

自2012年开始颁布的《澳大利亚国家课程框架》将国家课程划分为学习领域、一般能力和跨学科重点3个维度，涉及英语、数学、科学、人文和社会科学、艺术、科技、健康和体育、语言共8个学习领域[14]，每个学习领域均包含基础、拓展和职业技能3个层级的课程类型，以英语为例，它的基础课程包括初、中和高级英语，拓展课程包括科技英语、新闻英语、商务英语等[21]。在澳大利亚，除英语外其他课程均为选修课，因此其国家生物学课程标准中并未专门提及其课程性质。《澳大利亚国家课程框架》虽要求各州/领地自2013年

---

① 资料来源于澳大利亚课程官方网站：Australian Curriculum（https://www.australiancurriculum.edu.au/f-10-curriculum/science/）。

开始逐步实施全国统一的课程计划,但各州/领地的行动步调并不完全一致①。在国家课程框架内,澳-新州的基础教育分六个学段,其学段六包括11和12两个年级,相当于我国的高中学段。澳-新州规定:必须在11、12两个年级分别完成至少6个模块的基础课程和6个模块的拓展课程的学习,每模块要求学生在一年内至少学习60个小时(多数课程都设定为2个模块)等[21,22],才能于12年级末参加州组织的统一考试,其统考成绩与所修课程的平时成绩各占50%,合并计算结果计作高中毕业证书(Higher School Certificate,HSC)成绩。澳-新州的HSC成绩被认为能较好地体现学业水平评估的科学性和公平性,因此在国际上的认可度很高,目前已成为澳联邦政府其他地区,甚至其他国家高中毕业考试的模式[23]。

与国家课程设置一致,澳-新州的生物学也属于选修科目,其隶属于基础课程中的科学领域,按照规定,学生若要取得高中毕业证书就必须从科学领域中选修至少一门课,从历年参加高中结业统一考试的人数可看出,生物学是澳大利亚高中学生选修的重要课程之一,这可能与生命科学是目前自然科学领域中发展最活跃的领域,且学生倾向于选择挑战性更低的科目以"赢得"考试等因素有关。此外,澳大利亚大学招生录取总体上采取的是依据高中毕业考试结果申请为主的入学方式,面对各州/领地高中毕业考试不统一的情况,澳大利亚于2009年开始推行全国统一的高中学业成绩评量方案,即"澳大利亚高校入学排名(Australian Tertiary Admission Rank,ATAR)"[24],目前ATAR是澳大利亚各大学招录学生的主要依据。以澳-新州为例,学生的生物学ATAR是由州大学招生中心根据本州学习评量委员会提供的生物学HSC成绩,并结合该门课程当年统考的难度系数通过转换后,对学生在全州进行排位,最终换算成学生在州的排位等级。综上可以看出,对于澳大利亚学生来说,高中毕业证书统考兼具毕业与升学双重功能[25]。

对比我国课程标准的设置,生物学课程对于高中毕业证书的获得来说具备必修课的身份,但对于高校招录来说又属于选修课,作为必修课其对培养高中

---

① 资料来源于澳大利亚课程、评估和报告管理局官方网站:Australian Curriculum, Assessment and Reporting Authority(ACARA)(https://acara.edu.au)。

生的学科素养，提升学生核心素养具有重要作用；但从高中毕业证书考试与高考分离的角度看，在一定程度上增加了学生的学习负担，且一定程度上忽略了高中毕业证书考试在过程性评价方面的价值。借鉴澳大利亚的经验，可以将学生修读课程的平时成绩与合格考成绩一起作为获取毕业证书的依据，以及大学招录工作的依据，以减轻学生的负担，同时还可以关注每一次考试。

（二）课程内容结构

从生物学课程的一级主题设置看（表2-1），我国与澳大利亚均重点关注细胞学、遗传学、内环境和稳态、生态系统等生物学知识和概念，但两国在生物学一级主题的设置方面又各有其独特之处，其中我国课程标准中一级主题以模块形式出现，并专门设置有"生物技术与工程"主题相关内容，而澳大利亚课程标准中一级主题主要以单元（Units）形式呈现，在其二级主题层次上设置有生态动力学和疾病等不同于我国的内容。澳-新州课程标准的课程内容设置是在国家课程基础上的拓展，其一级主题主要采用模块（Modules）形式，如"生命的基础-细胞""生物多样性"等。

表2-1 澳大利亚及其新南威尔士州课程标准中单元/
模块、核心概念/关键内容的比较

区域	性质	模块/单元	核心概念/关键内容	课程广度(G)	平均课程深度(S)
澳大利亚	/	单元1：生物多样性和生命的相互联系	1. 描述生物多样性；2. 生态动力学。	15	/
		单元2：细胞和多细胞生物	1. 细胞——生命的基础；2. 多细胞生物。	17	/
		单元3：生物遗传和延续性	1. DNA（脱氧核糖核酸）、基因和生命的延续性；2. 地球上生命的延续。	21	/
		单元4：内环境的维持	1. 稳态；2. 传染性疾病。	16	/
新南威尔士州	选修	模块1：生命的基础-细胞	1. 细胞结构；2. 细胞功能。	14	2.79
		模块2：生物的组成	1. 细胞的组织；2. 营养和气体需求；3. 运输。	23	2.96

续 表

区域	性质	模块/单元	核心概念/关键内容	课程广度(G)	平均课程深度(S)
新南威尔士州	选修	模块3：生物多样性	1.环境对生物的影响；2.适应性；3.进化自然选择理论；4.进化的证据。	19	3.16
		模块4：生态动力学	1.种群动态；2.过去的生态系统；3.未来的生态系统。	20	2.50
		模块5：遗传	1.繁殖；2.细胞复制；3.DNA和多肽的合成；4.基因多样性；5.种群中的遗传方式。	25	2.80
		模块6：基因改变	1.基因突变；2.生物技术；3.基因技术。	22	2.86
		模块7：传染病	1.传染病的起因；2.机体对病原体的应答；3.免疫；4.预防、治疗和控制。	29	2.52
		模块8：非传染性疾病和危害	1.稳态；2.起因和影响；3.流行病学；4.预防；5.技术和疾病。	25	2.64

（课程广度合计：177）

本章依据第一章对课程广度和课程深度的研究方法，对澳大利亚国家课程标准和澳-新州课程标准的高中生物学进行了比较，结果也呈现在表2-1。基于此，可以看出澳大利亚国家课程标准和澳-新州课程标准的总课程广度分别为69和177，其中澳-新州的课程深度变动在2.50～3.16之间，总平均课程深度达2.76；我国课程标准必修课和选择性必修课的课程广度共计为120，课程广度介于澳大利亚国家和澳-新州之间，且我国课程标准对各模块课程广度和课程深度的设置相对较为均衡，总平均课程深度为2.22(见表1-8)。

在澳大利亚的生物学国家课程设置四个一级主题单元的框架下，澳-新州主要通过细化课程内容或补充内容使侧重点转移两种措施对一级主题的设置进行了拓展。如：国家课程中的一级主题"生物多样性和生命的相互联系"在澳-新州被拓展为州课程的2个一级主题"生物多样性"和"生态动力学"，课程广度也由国家课程的15增加到了39；"细胞和多细胞生物"被拓展为"生命的基础-细胞"和"生物的组成"，课程广度由17增加到了37；"生物遗传和延续性"被拓展为"遗传"和"基因改变"，课程广度由21增加到了47。此外，在澳大利亚国家课程中，一级主题"内环境的维持"包括稳态和传染性疾病两部分内容，课程广度为16，其中传染性疾病为10，而在澳-新州课程标准中则专门设置了"传染病"和"非传染性疾病和危害"两个一级主题，一级主题的合计课程广度达54，约占澳-新州生物学总课程广度(177)的30.51%，其中稳态作为主要内容被设置在一级主题"非传染性疾病和危害"下。澳大利亚国家课程作为指导性文件，其课程标准中也未对知识点设定学生掌握程度或教师教学程度的规定，这与其课程定位为总框架有关[14]，即：对地方课程标准起到框定范围和导向的作用，因此其内容设置相对宏观，并不对学生掌握程度作要求；而澳-新州课程标准在体现国家意志的同时，兼顾了本州社会经济发展的特点，因此对课程内容设置及其深度要求作出了明确的规定。以上澳大利亚国家和地方在课程广度和深度方面的差异性设置充分体现了澳大利亚在基础教育行政管理方面的特色。从澳-新州的生物学课程看，州课程与国家课程的设置内容尽管在一、二两级主题上不尽相同，但所涉及的知识较为一致，如：均十分重视遗传学、生物多样性、生态动力学、细胞生物学等内容；同时，澳-新州的课程设置还兼顾了州教育管理方面的实际情况，如：其辖区内高中没有统一的生物学教材，但学生要取得HSC或ATAR均必须参加州组织的统考，因此这就要求澳-新州的课程标准在国家课程框架内尽可能详尽地设置课程的内容，以达到对教师教及学生学的内容的一致。由此可以看出，澳-新州课程标准不仅要体现国家对教育公平目标的意志要求，而且还要起到规范各学校课程广度和深度的作用。总之，澳大利亚国家-地方两级课程设置模式是其对基础教育"基于公平、追求卓越"目标的独特诠释。

(三) 课程广度和深度

以主题为单位对课程内容进行比较分析，能够直观反映各课程标准对其内容设置在课程广度和深度上的实际差异。但我国与澳大利亚及其澳-新州的生物学课程标准因侧重点不同，在一、二两级主题上无可比性，因此本章以我国课程标准的一级主题（模块）为准，以每个一级主题中涵盖的最小知识点为参照，将澳大利亚及澳-新州课程标准相应的知识点进行了拆解，再形成一一对应的关系，进而从课程广度和课程深度两个角度进行了比较分析，结果见表2-2。

表2-2 以我国课程标准各模块为参照的澳大利亚及其新南威尔士州课程广度、平均课程深度比较

项目 \ 一级主题	分子与细胞			遗传与进化			稳态与调节			生物与环境			生物技术与工程		
	中	澳	澳-新州	中	澳	澳-新州	中	澳	澳-新州	中	澳	澳-新州	中	澳	澳-新州
课程广度（G）	23	10	18	22	19	52	23	11	6	22	15	21	30	1	13
课程平均深度（S）	1.91	/	2.83	2.23	/	2.96	2.13	/	2.00	2.77	/	3.33	2.10	/	2.85

同时，为了能够更深层次剖析各一级主题的课程深度产生的原因，本书依据布卢姆教育目标分类框架中的认知水平划分，对澳-新州课程标准中各知识点前行为动词代表的认知水平占比进行了计算分析，具体见表2-3；并与我国课程标准相应的内容（见表1-7）进行了比较。

表2-3 澳大利亚新南威尔士州课程标准中各知识点认知水平要求频次和所占百分比

认知水平	一级主题	分子与细胞	遗传与进化	稳态与调节	生物与环境	生物技术与工程
1	记忆/回忆	/	/	/	/	/
2	理 解	10(55.56%)	21(40.38%)	6(100.00%)	7(33.33%)	8(61.54%)
3	应 用	2(11.11%)	13(25.00%)	/	6(28.57%)	/
4	分 析	5(27.78%)	17(32.69%)	/	2(9.52%)	4(30.77%)
5	评 价	1(5.56%)	1(1.92%)	/	6(28.57%)	1(7.69%)
6	创 造	/	/	/	/	/

1."分子与细胞"模块的课程设置

从表2-2可以看出，我国课程标准中"分子与细胞"主题的课程广度（23）高于澳大利亚（10）和澳-新州（18）。深入分析各课程标准中涉及的知识点发现，中、澳课程标准在该主题中均关注了细胞的物质和能量代谢过程（包括光合作

用、呼吸作用)等内容,相关知识点分布在澳-新州课程标准"模块1:生命的基础-细胞"的"细胞功能"和"模块2:生物的组成"的"营养和气体需求"中。而我国课程标准在突出重点的同时,还兼顾了知识体系的完整性和系统性,设置了细胞元素构成和大分子组成(包括水分子、无机盐、糖类、脂质和核酸),以及细胞分裂、分化和凋亡等相关内容。

但在"分子与细胞"主题下,澳-新州课程标准对内容设置的平均课程深度(2.83)明显高于我国($\bar{S}=1.91$),结合布卢姆教育目标分类框架中的认知水平在课程标准中出现的频度(表2-3),本章发现:该主题作为我国高中的必修课,课程标准对其内容的认知要求集中在"记忆/回忆"和"理解"两个层次,其中"理解"层次占全部知识点的91.30%;而澳-新州课程标准则在"理解""应用""分析"和"评价"四个层次均有分布,占比分别为55.56%、11.11%、27.78%和5.56%。这表明,澳-新州对分子与细胞主题的内容追求少而深。

综上可以看出,在"分子与细胞"主题中,中澳两国均认可细胞的物质和能量代谢等知识的重要性,但我国课程标准对其内容设置力求完整和系统,而澳大利亚两级课程标准则倾向于突出重点。这与两国对这门课的定性有关,"分子与细胞"主题对于我国高中生来说属于必修课,因此系统性的课程设置有利于学生全面掌握其内容,而澳大利亚生物学作为选修课程,它除对获取高中毕业证书有用外,更多的是考虑为学生后续进入高校深造奠定基础。

2."遗传与进化"模块的课程设置

澳大利亚在高中学段十分重视遗传与进化相关知识的学习,这可以从其国家和澳-新州两级课程标准中这部分内容的课程广度看出,其中澳大利亚国家课程标准中这部分内容的课程广度为19,是本章比较的全部五个澳大利亚生物学主题中课程广度最大的;这个主题的课程广度在澳-新州更是高达52,远高于我国的22。深入比较发现:我国课程标准"遗传与进化"主题设置的内容分布在澳-新州课程标准"生物多样性""遗传"和"基因改变"三个模块中,且我国与澳-新州两课程标准在该主题中对其基础知识内容设置的课程广度相当;不同之处主要在于:(1)澳-新州课程标准将繁殖方式(包括:动物的体内和体外受精、植物的有性和无性繁殖、真菌的出芽和孢子繁殖、原生生物的二分裂和出芽繁殖)和过程,及其在农业中的应用等内容均设置在该主题的"遗传"模块中,而我国课程标准中仅涉及有性生殖的基因变化,因为繁殖方式和过程的部分内容在我国义务教育阶段已落实;(2)澳-新州课程标准对该主题知识的应用却十分重视,譬如:其设置了"通过对基因突变导致的基因型杂合体进行建模解释常染色体遗传、伴性遗传、共显性、不完全显性和复等位基因等","通过对基因突变导致的基因型杂合体进行建模解释棋盘法和遗传系谱图的数据信息","利用人群的大规模基因数据研究保护管理措施","利用人群的大规模基因数据确定某种遗传性疾病","利用人群的大规模基因数据,使之与人类演化相关联","研究长期的选择压力对种群个体数量变化的影响"(分别以澳大利亚蟾蜍和花梨为例),"以个人或小组为单位,通过实验或分析资料,考察机体如何通过改变自身结构、生理和行为来适应环境变化","分析生物长期的微进化是如何聚集起来,以驱使物种的形成和进化的"(分别以马和鸭嘴兽的演变为例),以及分别以"蟾蜍"和"细菌耐药性"为例解释和证明"物种演化"等内容,这对增强学生对遗传与进化基础理论知识的理解十分有益;而我国课程标准对遗传与进化知识应用方面的内容设置则相对较为欠缺。

在遗传与进化主题中,澳-新州课程标准不仅课程广度大,而且要求高,其设置的平均课程深度(2.96)高于我国(2.23)。比较表1-7和表2-3可以看出,我国课程标准对这部分内容的设置集中在"理解"(86.36%)、"应用"(4.55%)和"分析"(9.09%)三个认知水平,以"理解"层次为主;而澳-新州包括"理解"(40.38%)、"应用"(25.00%)、"分析"(32.69%)和"评价"(1.92%)四个认知水平,其中"应用"和"分析"层次占57.69%,并包含一个"评价"层次的知识点。

由上述分析可以看出,中、澳及其澳-新州课程标准对"遗传与进化"主题内容的编排均以基因为主线,相关知识在澳-新州课程标准中以两个一级主题呈现,并且澳-新州课程标准将生物种群的延续(进化)与个体的延续(繁殖)置于相对较为对等的地位,这有利于学生形成"生命延续的核心是遗传物质的传递"等生物学基本概念;此外,澳-新州课程标准中不仅设置了遗传与进化的基础理论知识,而且十分注重对学生应用该部分知识能力的培养,尤其值得借鉴的是,在对知识的应用和分析中,其案例选择十分讲究,大量采用澳大利亚的本土案例，如鸭嘴兽、澳大利亚蟾蜍、澳大利亚花梨等。

3."稳态与调节"模块的课程设置

从"稳态与调节"主题来看(表2-2)，我国课程标准围绕生物内环境稳态调节这一主线，将哺乳动物(尤其是人)的内环境、神经调节、内分泌调节和免疫调节，以及高等植物的激素调节等内容进行了构架，专门设置"稳态与调节"模块，并借助该模块将动物机体的结构和功能(神经系统、内分泌系统和免疫系统)等知识也进行了较为详细的设置，课程广度达23。澳大利亚国家课程标准中专门设置了"内环境的维持"单元，其中涉及机体代谢活动对内环境维持的作用、内外环境变化引起的正负反馈反应、神经冲动传递过程、激素的作用、先天性免疫和获得性免疫等与机体稳态相关的内容，课程广度为11；此外，澳大利亚国家课程标准的"内环境的维持"单元中设置有传染病病原体、传播途径和防治等多个知识点，我国课程标准中无与之相对应的内容，因此在本章课程广度的比较研究中未将它们计入该主题的统计分析。同样的情况也出现在澳-新州课程标准中，澳-新州课程标准设置了"传染病"和"非传染性疾病和危害"两个一级主题作为对国家课程标准一级主题"内环境的维持"的拓展，两个一级主题共同的课程广度达54，其中仅和免疫系统相关的内容与我国课程标准具有可比性，主要包括机体对病原体的免疫应答、先天性免疫和获得性免疫，及内环境稳态的协调(包括血糖调节、体温调节、体液和神经调节)等知识点，因此课程广度仅为6。

澳-新州课程标准在"稳态与调节"内容设置的课程平均深度方面与我国相当(表2-2)，但我国课程标准对相关内容设置分散在记忆/回忆(4.35%)、理解(86.96%)和分析(8.70%)三个认知水平(见表1-7)，而澳-新州课程标准对这部分全部6个知识点的设置均集中在"理解"水平(表2-3)，与"遗传与进化"和"分子与细胞"等主题相比显得较为单一。

综上可以看出，我国与澳大利亚及其澳-新州的课程标准在"稳态与调节"主题内容的设置方面均进行了适当的拓展，但拓展方向各有特色，其中我国仍以基础理论知识的设置为主，如：在此主题内设置了参与内环境调控的各机体系统(神经、内分泌和免疫)的结构和功能等生理学基础知识；而澳大利亚则倾向于应用方面的拓展，如：澳大利亚，尤其是澳-新州课程标准用了大量篇幅对内环境失衡导致的结果——疾病的起因、过程、预防和治疗等内容进行设置。分析认为，我国课程标准在该主题的设置方面，除考虑了内容体系的完整性外，可能更多的是考量了与课程标准中其他模块之间在课时量上的均衡性，如：神经系统的结构在我国义务教育阶段已有设置；而澳大利亚在课程实践方面尊重教师的专业认知，国家和州课程标准中设置的内容仅作为教师教学的框架和支撑，因此对每个主题的教学未规定具体的课时量，这样教师就可以视具体知识点的难易而自行决定。

4."生物与环境"模块的课程设置

从"生物与环境"相关内容分布的知识点数看，除澳大利亚国家课程相对较少（15个）外，我国与澳-新州的相关知识点数相当，分别为22个和21个。但进一步分析各具体知识点发现，除在种群的数量变化、非生物因素和生物因素对种群的影响、人类活动对生态系统的影响等知识点在课程标准中有重叠外，我国课程标准还关注了种群结构的特征、群落结构及其演替、生态系统中非生物因素和生物因素的结构和功能、生态系统中的物质循环和能量传递、食物网和食物链、生态系统的稳态等生态学基础知识及其在人口变化和全球生态环境问题解决中的应用等内容，但澳-新州课程标准中关于生物与环境的内容主要分布在"生态动力学"模块，并在"生物多样性"模块中也有涉及；除与我国重叠的内容外，澳-新州课程标准针对这部分的内容还涉及了物种在生态系统中的地位、物种灭绝事件、生态系统的变化过程，及研究生态系统变化过程的手段（包括：岩石结构与地层研究、冰芯钻、同位素标记法等）。

从我国与澳-新州设置的"生物与环境"相关内容的课程平均深度看，其均达到了课程标准中各模块的最高值，即我国和澳-新州对这部分的内容要求都较高，其中澳-新州（3.33）高于我国的课程标准（2.77）。澳-新州课程标准对这部分内容的认知要求分布在"理解""应用""分析"和"评价"四个层次，占比分别为33.33%、28.57%、9.52%和28.57%；而我国课程标准中这部分内容涉及知识的内容要求分布在记忆/回忆（4.55%）、理解（50.00%）、应用（9.09%）

和分析(36.36％)四个层次，但由于该模块属于选择性必修课，内容要求在"应用"和"分析"层次上涉及的知识点有所增加。

综上可以看出，中、澳两国对生态环境都十分重视，尽管澳大利亚课程标准中涉及这部分的内容的知识点仅有 15 个，但在课程广度的设置上仅次于对遗传与进化主题相关内容的设置；此外，我国与澳-新州对生态环境相关内容设置的课程平均深度均最高。但从我国与澳-新州课程标准的比较发现，我国课程标准对这部分内容的设置侧重于对生态学基础知识的理解和分析，而澳-新州则更关注生态系统演替的过程及其变化的驱动力，以及相关研究方法和手段的运用。此外，澳-新州明确将"4.7 通过原住民的岩石画，研究生态系统在过去发生的变化"设置为生态系统演替过程研究的部分内容，将生物学科知识的学习与民族文化的弘扬进行有机融合，具有鲜明的跨学科特色。

5."生物技术与工程"模块的课程设置

我国高中课程标准在一级主题的设置上，最明显的特色是将"生物技术与工程"独立为一个模块，作为选择性必修课，其中系统地设置了发酵、细胞、基因等现代生物工程的原理、方法和应用，及生物技术安全与伦理等内容，课程广度达 30，成为我国高中课程标准中课程广度最大的模块。与之相反的是，澳大利亚及澳-新州课程标准中对该部分内容涉及的并不多，其中澳大利亚国家课程标准仅于"单元 3：生物遗传和延续性"中设置了关于基因工程技术的 1 个知识点，澳-新州课程标准在"模块 6：基因改变"中设置了 13 个知识点，涉及人工繁殖技术、基因工程技术及其应用、生物技术的伦理等内容。

尽管澳-新州课程标准对生物技术与工程相关内容设置的知识点不及我国的全面，但其课程平均深度达 2.85，高于我国的 2.10，对学生认知的要求主要分布在"理解""分析"和"综合"三个层次，分别占 61.54％、30.77％和 7.69％，而我国课程标准对这部分内容的设置分布在"记忆/回忆""理解"和"分析"三个层次，其中"理解"层次占 90.00％。

综上可以看出，"生物技术与工程"主题内容的设置是我国课程标准的一大特色，通过专题在课程标准中对现代生物技术与工程涉及的生物学原理及其应用进行设置，可以使学生对生物学的发展概况有所了解，明确学科发展对社会经济发展的作用。由此可以看出，我国对生物技术与工程的关注体现的是国家对现代生物科技的重视及基础教育课程设置与社会科技发展与时俱进的意识。

四、结论

通过上述比较发现，无论是我国的统一课程标准模式，还是澳大利亚的国家-地方两级课程标准模式，其课程设置都是其国家教育目标的体现形式，每个国家在追随国际教育大趋势的前提下，还受到各自在课程设置方面历史传统的影响。此外，我们可以看到，细胞、遗传、生态和生理等生物学知识作为现代生物学及医学的基础，相关知识仍然是基础教育阶段课程内容的主旋律；但同时，中澳两国课程设置的特色也十分明显。在主题内容的设置方面，我国较讲究知识体系的系统性，此外，除特设专题"生物技术和工程"对学科知识的应用进行设置外，其他主题的设置均侧重于基础理论知识的理解；而澳大利亚，特别是澳-新州课程标准对每个主题内容侧重点的设置较多元化，如："分子与细胞"主题侧重于重点概念的基础理论知识设置，"遗传与进化"主题关注了基础理论知识的应用，"生物与环境"主题对研究技术进行了详细设置等。

五、对课程实践的启示

1. 强化优势，弥补不足

通过上述比较发现，中澳两国课程设置各有特色，其中我国生物学课程一级主题设置的内容侧重于基础理论知识，且注重知识体系设置的系统性，可培养学生较为扎实的生物学理论基础；此外，各一级主题模块课程广度的相对均衡性，对教材编写及课时安排都有利。但也不难看出，我国学生对学科知识的应用和迁移能力不足是我国生物学教学不可忽视的问题，而课程标准作为教、学和评的指令性文件，其引导作用的充分发挥应是改善这一现象的有效途径。具体可以参考澳-新州在遗传与进化、生物与环境等模块中的设置。

2. 增加实施形式的灵活性，丰富实践知识内容

澳大利亚实施两级课程标准设置模式，其国家课程标准给出相对宽泛的框架，而州课程标准在国家课程标准框架内可以结合自身教学管理的实际情况和特色有所侧重，因此在统一基础上增加了灵活性。而我国新课程标准再次实现了统一，其体现的是国家对教育公平目标的价值趋向，但仍可以借助教材编写、课堂教学等实践活动实现一定的灵活性。此外，我国课程标准对"遗传与进化"内容的课程设置以基础知识为主，相对而言较为枯燥，因此成为教师教和学生学的难点。在教材编写及课堂教学实践中，我们可以借鉴澳-新州的经验，通过大量的案例分析的方式，让学生通过对知识的运用，来突破难点。

3. 适当介入研究方法和手段，提升学生科学探究能力

"生物与环境"主题内容相对宏观，且与我们的生活环境密切相关，因此目前受到了越来越多的重视，这不仅在我国，而且在澳大利亚的课程标准中都有所体现。但我国课程标准相对来说在该部分内容的设置上仍以生态学基础知识的理解和分析为主，在生态系统的结构、其物质循环和能量传递及其稳态等方面设置了大量的内容，这些知识对理解和分析生态系统具有重要作用，然而目前民众对生态系统的兴趣已不再局限于理解和分析层面，越来越多的人会主动走入大自然，并尝试了解或解释生态系统演替的过程，因此向学生提供科学的生态系统研究方法不仅对理解生态系统科学知识，而且对培养学生的科学思维和科学探究能力都十分重要。目前，在我国课程标准中未设置相关内容的前提下，可以在教材编写或教学实践中适当地加以渗透。

4. 通过本土案例的分析，构筑爱国情怀

在"遗传与进化"主题的课程设置方面，澳-新州课程标准中明确要求"3.9 通过澳大利亚动植物的实例来研究自然选择学说""研究长期的选择压力对'动物种群(3.3 如澳大利亚的蟾蜍)'和'植物种群(3.4 如澳大利亚的花梨)'的个体数量变化产生的影响""分析长期的微进化过程是如何聚集起来驱使物种进化和形成的—以鸭嘴兽为例"，在"生物与环境"主题下，还明确提出"4.6

解释一个最近的物种灭绝案例""4.7 通过原住民的岩石画研究生态系统在过去发生的变化""'4.12 通过澳大利亚动物(如小型哺乳动物)物种演变'和'4.13 通过澳大利亚植物(如硬叶植物)物种演变'过程和结果的资料,分析如今的物种是由以前的物种演变而来"等。通过对本土生物物种的分析,可以促进学生对本土生物的理解,增强学生的本土认同感,构筑爱国情怀。

第三章 德 国

德国作为欧洲经济发达的国家，其向来注重教育发展，它的教育体系相对完善且具多样性，因此在国际上享有盛誉。进入21世纪，德国为应对在2000年OECD的国际学生评估项目（PISA测试）中表现成绩不佳等一系列教育问题，提高学校教育质量，先后出台了一系列国家课程标准，构建了德国课程标准体系（表3-1），其中包括2003年颁布的首个全国统一的课程标准——针对德语、数学和第一外语的中学毕业水平（10年级）课程标准（Bildungsstandards für den Mittleren Schulabschluss），及2004年颁布的针对生物学、化学和物理的中学毕业水平教育标准（Bildungsstandards für den Mittleren Schulabschluss für die Fächer Biologie，Chemie，Physik）等[26]。

表3-1 德国课程标准体系

科 目	初等教育	中学初级阶段（初中）		中学高级阶段（高中）
	4年级结束时	主科学校毕业	中级学校毕业	普通高校入学
德 语	√	√	√	√
数 学	√	√	√	√
第一外语		√	√	√
生物学			√	
化 学			√	
物 理			√	

自上述课程标准颁布后,德国在PISA测试中学生的各科成绩基本呈现出稳步提升的态势(图3-1),其中科学(含生物学)成绩从2003年的显著低于OECD平均水平提升到2006年显著高于OECD平均水平,实现了质的提升;此后,在2015年PISA测试中德国学生在数学、科学、阅读素养三方面的平均成绩分别达到了506分(第16名)、509分(第16名)、509分(第11名),在2018年这三方面的平均成绩分别为500分(第20名)、503分(第16名)、498分(第20名),均高于OECD平均水平[27]。这从侧面显示,德国面对基础教育存在的问题,具有较强的反思能力,并能及时实施卓有成效的改进措施,可为我国的生物学课程改革提供有益的借鉴。本章选取德国作为国际比较的对象与我国的高中生物学课程标准进行对比。

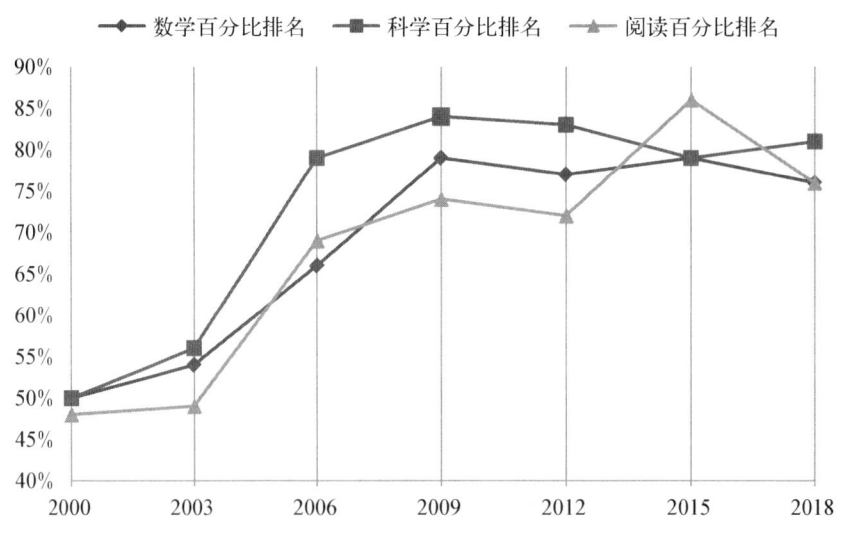

图3-1 德国学生在PISA 2000—2018年测试中的成绩百分比排名变化

一、德国基础教育概况

德国是一个联邦制国家,其教育行政体制实行地方分权制,各州均设有文化事务部,各州之间、联邦和州之间的协调和沟通往往需要中介机构发挥协调作用[28],如各州文教部长联席会议(Kultusministerkonferenz,KMK)、联邦与州教育规划和研究促进委员会、德国学校教育委员会等。联邦政府只负责颁布纲要性条款，但这些文件在具体的操作层面往往不会给出详尽规定，其目的是保证各州因地制宜发展教育事业。例如 KMK 负责制定国家级别的课程标准，各州文化事务部再分别根据本州的经济、文化、社会发展要求来编制教学大纲或核心课程。因而德国各州教育制度具有多元化的特点，不同州之间义务教育的年限、学校类型和课程设置等既有相同之处又各具特色[29]。

虽然德国"教育主权在州"，各州的基础教育学制体系存在不少差异，但由于联邦与州、州与州之间存在协商合作的教育行政体制，加之相同的历史文化和社会发展背景，各州学制体系大体上具有一致的结构，因此可视为一个完整的体系加以呈现①。德国是世界上最早普及义务教育的国家，它自 1642 年即开始实施义务教育，目前各州对义务教育年限的法律规定各有不同，但都涵盖了 6~18 岁的年龄段。总体来看，德国各州的义务教育包括全日制义务教育（普通义务教育）和非全日制义务教育（职业义务教育）两个阶段。全日制义务教育年限为 9 或 10 年，其中在柏林、勃兰登堡、不来梅和图林根等地实行 10 年义务教育；而在北莱茵-威斯特法伦州等地的全日制义务教育的时间为文理中学 9 年，其他普通教育学校为 10 年。义务教育阶段结束后，如果学生不再继续参加高中水平的全日制普通教育或职业教育，则必须接受通常为期 3 年的职业义务教育。总体来说，德国基础教育阶段可划分为初等教育、中学初级阶段和中学高级阶段三个部分（图 3-2）。

1. 初等教育

儿童年满 6 岁时必须进入小学（Grundschule）学习。在德国，绝大多数州的小学涵盖 1 至 4 年级，只有柏林和勃兰登堡两个州的小学为 6 年制。但所有普通教育学校的 5 和 6 两个年级都定位为确定学生未来教育发展路径及其特定方向的阶段，该定位阶段的主要目标就是通过有针对性的教育、指导和观察来帮助学生明确自己的学习兴趣和自身的学习能力，并对未来的学业方向做出最佳选择。

在德国，小学毕业后，学生会进入一个复杂的、多轨道的教育体系，学生

---

① 资料来源于德国教育部网站 KULTUSMINISTERKONFERENZ 的 2008 年公开信息：Basic Structure of the Educational System in the Federal Republic of Germany（https://www.kmk.org/fileadmin/Dateien/pdf/Dokumentation/en_2019.pdf）。

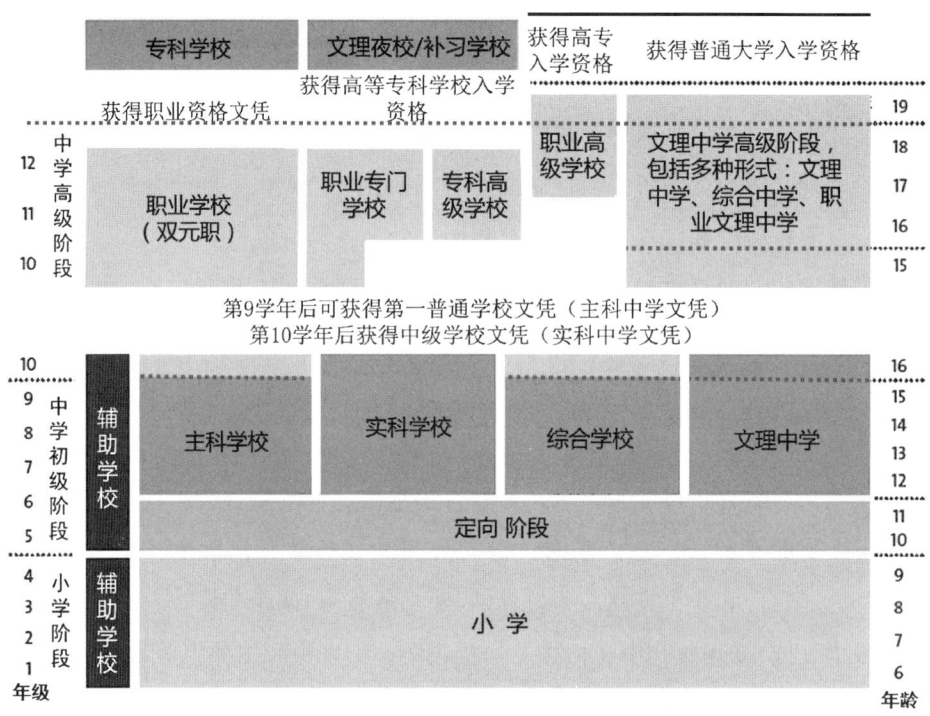

图3-2 德国教育系统的基本结构图①

将根据以往的学业成绩、自己的兴趣、家长的意愿及教师的建议进入不同的学校，接受培养目标、学习内容各不相同的中等教育。这种分流制是德国基础教育体系区别于其他国家的一个非常突出的传统特色。

2. 中学阶段

在小学阶段之后，各州中学系统(5~12或13年级)的结构特征是具有多种教育路径，从不同类型的学校毕业将获得不同的毕业证书和升学资格。中等教育分为中学初级阶段(Sekundarstufe Ⅰ)(5~9或10年级)和中学高级阶段(Sekundarstufe Ⅱ)(10~12年级，或11~13年级)。

德国的中学阶段设置有文理中学(Gymnasium)、实科中学(Realschule)、主科中学(Hauptschule)和综合中学(Gesamtschule)四类主要的学校，其中：文

---

① 资料来源于德国教育部网站 KULTUSMINISTERKONFERENZ 的 2008 年公开信息：Basic Structure of the Educational System in the Federal Republic of Germany（https://www.kmk.org/fileadmin/Dateien/pdf/Dokumentation/en_2019.pdf）。

理中学学制通常为 8 或 9 年，涵盖 5~12 或 13 年级（传统为 9 年学制，但目前正逐渐缩短为 8 年），是初、高中一体化的学校，包括文理中学初级阶段和文理中学高级阶段（Gymnasiale Oberstufe）；实科中学通常涵盖 5~10 年级，相当于我国的初中阶段；主科中学通常涵盖 5~9 或 10 年级，相当于我国的初中阶段；综合中学是上述三种传统学校类型的组合，通常包括 5 或 7~10 年级，相当于我国的初中阶段，但有些综合学校也开设高中部，类似于文理中学的高中部。依据 2017 年就读 8 年级的德国人口统计数据，有 36.4% 就读于文理中学，18.0% 就读于实科中学，31.3% 就读于一体化的综合中学和多轨制课程项目的学校，9.8% 就读于主科中学，就读于其他类型学校的约有 3.6%，合计约占德国适龄人口的 99.1%。[①]

（1）文理中学

德国文理中学为学生提供强化通识教育（Intensified General Education），文理中学强调理论性基础知识的学习，目的在于培养学生的人文、社科和艺术素养，为学生将来步入大学进行专业学术性学习及从事科研做好准备，是进入高等教育的必经之路。在小学升中学的环节上，通常是学业成绩较好并且有志于进入综合性大学深造的学生会选择升入文理中学，学生毕业并通过文理高中毕业会考后获得文理高中毕业文凭（Abitur）即可进入德国综合类大学。

文理中学的 10 年级既是初级阶段的最后一年，又属于高级阶段的第一年。当大多数从主科中学或实科中学毕业的学生进入各类中等职业教育的同时，文理中学学生（及部分综合中学学生）则进入以综合类高等教育为目标的文理中学高级阶段。该阶段包括一年的入门阶段（Einführungsphase）（10 年级）和两年的资格阶段（Qualifikationsphase）（11、12 两个年级）。入门阶段的课程主要是基础知识课程，资格阶段的课程包括基础水平的基础课程（Grundkurs）和高水平的提高课程（Leistungskurs）。资格阶段采用课程制（Kurssystem）进行教学，课程分必修课（Pflichtfach）和选修课（Wahlfach），学生可依据其偏好与发展方向自由选择学习课程与重点科目。在文理中学资格阶段的各项课堂测验与考试分数将以

[①] 资料来源于德国教育部网站 KULTUSMINISTERKONFERENZ 的 2008 年公开信息：Basic Structure of the Educational System in the Federal Republic of Germany（https://www.kmk.org/fileadmin/Dateien/pdf/Dokumentation/en_2019.pdf）。

一定的计算方式被纳入申请高等院校入学资格的"总成绩(Gesamtpunktzahl)",德国高中学生实际上已进入"高考前的冲刺阶段"。在国际比较中,德国的文理中学高年级的学习程度常常被视为与大学预科水平相当[29]。

(2)实科中学(Realschule)

德国的实科中学为学生提供拓展的通识教育(More Extensive General Education),其应较高等的职业教育需求而生,具有良好的教育成效,学校以培养中等的工商业界、政府机关的实务人才为主。在小学升中学环节中,通常是学业成绩处于第二梯队的学生会进入实科中学。在课程设置上,实科中学会开设有一般性的中学基础课程,以社会科学(历史、经济学和地理等)、自然科学(数学、物理、化学与生物学等)和语言类(常为英语)为主,并开设具有职业导向性质的实践课,如家政和音乐艺术。实科中学的学生顺利毕业后会获得中等学校毕业文凭(Mittlerer Schulabschluss),大部分学生会选择继续接受全日制的高级职业技术教育,如职业高中、职业专科学校等,只有少部分直接步入职业生涯;此外,少数成绩优异的学生有机会进入文理中学或综合中学的高中阶段学习。由此可见实科中学相对文理中学来说,更强调课程内容的实用性,教育知识与能力并重,以及毕业生继续升学选择的多样灵活性。这也使得实科中学在传统上享有较好声誉,被视为德国特色分轨制中学体系的支柱,在国际上十分具有代表性。

(3)主科中学(Hauptschule)

主科中学为学生提供基础通识教育(Basic General Education),其定位于基本文化知识的学习和职业技能的准备,相对于实科中学来说,其教育方向更偏向于职业资格教育。在课程设置上,主科中学开设有德语、数学、外语(通常是英语)、物理或化学、生物学、地理、历史等基础性课程,以提升学生的基本文化素养;同时,开设形式多样的劳动、技术、家政等实践性课程,以增强学生在未来职业发展中的相关技能水平。主科中学的学生顺利毕业后会获得主科中学毕业文凭(Hauptschulabschluss),学生可进入双元制职业教育体系(Duales Ausbildungssystem)等职业学校,并在那里完成学徒训练,为将来从事手工业、制造业等相关职业做准备。在德国的小学升中学环节中,通常是学业成绩处于第三梯队的学生会进入主科中学。

(4) 综合中学(Gesamtschule)

综合学校是上述三种传统学校类型的统整，其是将不同学制、不同培养目标的课程轨道整合在一起的学校形式。主要分为两大类：整合性综合中学(Integrierten Gesamtschulen)，这里的学生完全整合，没有成绩分组；协和性中学(Kooperativen Gesamtschulen)，这里的学生在部分科目上依据成绩分组上课。综合学校是依据因材施教的原则进行实施的，学生可以根据各自的能力选择较高要求的或较简单的课程，其教学大纲也包括职业教育方面的课程，且所有的州都承认综合学校的毕业资格[30]。

二、研究内容介绍

通过前面对德国的教育概况的介绍，会发现德国学校类型虽然多种多样，但由于传统上主要是文理中学高中阶段的学生有机会参加 Abitur 会考，并获得综合高等教育入学资格，因此德国文理中学高中阶段与我国高中阶段的教育有可比性。此外，虽然 KMK 负责颁布纲领性文件统领国家课程标准，但其内容过于宽泛，无法与我国的课程标准进行对比，因此本章选取了德国州级层面的核心课程(Kernlehrpläne)或教学大纲(Fachlehrpläne)与我国课程标准进行比较研究。

德国有 16 个州，各州之间人口分布和经济发展极不平衡，因此各州用于基础教育学段的教育支出也有所不同，其中基础教育学段的教育支出最多的是人口稠密且经济发达的北莱茵-威斯特法伦州，2017 年其教育支出达到了 145.2 亿欧元，巴伐利亚州紧随其后，为 115.7 亿欧元[31]。除此之外，在联邦德国教育领域内，北莱茵-威斯特法伦州由于在历次教育改革中总是走在前列，因此成为课改相对激进一派的代表；而巴伐利亚州一直被视为德国传统教育模式的代表，其基础教育水平在德国各州中位居前列，如：在德国组织的各类全国性的学业测评中，巴伐利亚州学生的表现总是十分突出。基于此，本章选择这两个州作为德国基础教育的代表与我国课程标准进行比较。

本章的具体研究文本为德国《北莱茵-威斯特法伦州文理中学高级阶段生物学核心课程(2014 年)》(Ministerium für Schule und Weiterbildung des Landes Nordrhein-Westfalen, 2014)[32]，德国巴伐利亚州文理中学 10～12 年级生物学教学大纲(2018年修订版)①。为保证与我国《普通高中生物学课程标准(2017年版)》的比较具有对等性，中德两国的研究对象均涵盖了高等院校招生录取覆盖的全部生物学课程内容。就我国而言，包括课程标准中必修和选择性必修共五个模块；在德国，北莱茵-威斯特法伦州包括入门阶段基础课程的两个模块和资格阶段提高课程的四个模块，巴伐利亚州则包括10～12年级的文理中学生物学教学大纲涉及的全部内容(表3-2)。

表3-2 德国两个代表性州高中生物学课程体系的内容领域和基本概念

地区	一级主题（内容领域）	二级主题（基本概念）	课程广度(G)	平均课程深度($\bar{S}$)
北莱茵-威斯特法伦州	1. 细胞生物学	1. 系统：原核生物，真核生物，生物膜，细胞器，细胞核，染色体，大分子，细胞骨架，运输，细胞，组织，器官，质壁分离 2. 结构与功能：细胞骨架，细胞分化，细胞区室化，运输，扩散，渗透，细胞通讯，示踪剂 3. 发展：内共生，复制，有丝分裂，细胞周期，细胞分化	110	3.17
	2. 能量代谢	1. 系统：肌肉组织，线粒体，酶，三羧酸循环，异化，发酵 2. 结构与功能：酶，基础代谢，功率转换，能量转换，ATP，NAD^+ 3. 发展：健身		
	3. 遗传学	1. 系统：特性，基因，等位基因，基因链，DNA，染色体，基因组，重组，干细胞 2. 结构与功能：蛋白质生物合成，遗传密码，基因调控，转录因子，突变，原癌基因，抑癌基因，DNA芯片 3. 发展：转基因生物，渐成论，细胞分化，减数分裂		
	4. 神经生物学	1. 系统：神经元，膜，离子通道，突触，脑，受体 2. 结构与功能：神经元，钠钾泵，电位，振幅和频率调节，突触，神经递质，激素，第二信使，级联反应，光转导，交感神经，副交感神经，神经增强剂 3. 发展：神经元可塑性		

---

① 资料来源于德国的慕尼黑国立学校质量和教育研究所 STAATSINSTITUT FÜR SCHULQUALITÄT UND BILDUNGSFORSCHUNG MÜNCHEN 的公开信息(https://www.lehrplanplus.bayern.de/)。

续 表

地区	一级主题 （内容领域）	二级主题（基本概念）	课程广度（G）	平均课程深度（S）
北莱茵-威斯特法伦州	5.生态学	1. 系统：生态系统，生物群落，种群，生物，共生，寄生，竞争，区间，光合作用，物质循环 2. 结构与功能：叶绿体，生态位，生态效能，种群密度 3. 发展：演替，种群增长，生命周期策略		
	6.进化	1. 系统：物种，种群，交配系统，基因库，基因，等位基因，ncDNA，mtDNA，生物多样性 2. 结构与功能：突变，重组，选择，基因漂移，隔离，同源性 3. 发展：适应性，趋异进化，趋同进化，协同进化，辐射适应，物种形成，系统发育		
巴伐利亚州	1.人体生态系统		71	3.18
	2.人体物质和能量转换	1. 生物分子作为能源载体和原生质 2. 消化 3. 气体交换和呼吸气体在血液中的运输 4. 通过代谢过程提供能量		
	3.人类的过去和未来			
	4.遗传学和基因工程	1. 遗传信息的存储和实现 2. 基因活动的调控 3. 遗传信息的复制 4. 遗传信息的重组和突变 5. 遗传信息的传递 6. 人类疾病遗传学和DNA分析		
	5.进化	1. 化学进化和生命起源 2. 进化研究 3. 进化机制		
	6.行为生态学——行为的进化和适应			
	7.神经信息的传递			
	8.细胞的代谢生理学	1. 高能物质的形成（同化） 2. 物质的转化 3. 高能物质的降解（异化）		
	9.生态学和生物多样性	1. 生态系统中的动态过程 2. 人为影响生态系统和自然价值		

北莱茵-威斯特法伦州文理中学高级阶段生物学核心课程围绕专业理论知识按照内容领域(Inhaltsfeld)组织课程内容,包括入门阶段的"细胞生物学(Biologie der Zelle)"和"能量代谢(Energiestoffwechsel)",以及资格阶段的"遗传学(Genetik)""神经生物学(Neurobiologie)""生态学(Ökologie)"和"进化(Evolution)"共六个内容领域。在每个内容领域下,又将知识内容划分为"系统""结构与功能"和"发展"三大基本类型;将对学生的能力期望划分为四个方面——"专业知识的掌握(Umgang mit Fachwissen)""知识的获取(Erkenntnisgewinnung)""交流(Kommunikation)"和"评价(Bewertung)",并在各方面的能力期望下设置具体内容要求,如"细胞生物学"中的"专业知识的掌握"要求"描述原核和真核细胞的结构并强调差异"。具体见表3-2。

巴伐利亚州文理中学教学大纲围绕专业理论知识按照学习领域(Lernbereich)组织课程内容,包括10年级的"人体生态系统""人体物质和能量转换""人类的过去和未来"三个模块,11年级的"遗传学和基因工程""进化"和"行为生态学"三个模块,以及12年级的"神经信息的传递""细胞的代谢生理学"和"生态学和生物多样性"三个模块。有些学习领域下又细分为多个单元,例如"遗传学和基因工程"下又细分为"遗传信息的存储和实现(Speicherung und Realisierung genetischer Information)""基因活动的调控(Regulation der Genaktivität)"和"遗传信息的复制(Vervielfältigung genetischer Information)"等6个单元;各单元(或其下没有细分单元的学习领域)下包括"能力期望(Kompetenzerwartungen)"和"能力内容(Inhalte zu den Kompetenzen)"两方面。同样地,本章仅选取了对学习内容具有明确层次要求的"能力期望"进行分析,如:"描述构建DNA的模型,并将其与用于构建RNA的相应模型进行比较"。具体见表3-2。

此外,由于德国的北莱茵-威斯特法伦州和巴伐利亚州的课程内容都是在《高中生物学统一考试要求》[33]的指导下设置的,故本章在课程深度比较时除依据两州核心课程/教学大纲,亦选取了《高中生物学统一考试要求》中的描述性动词(Operatoren)(见表1-5),参照布卢姆教育目标分类学的认知水平进行了赋值。

三、结果与分析

(一) 课程类别

与我国不同的是,德国中学没有期中和期末考试,也没有类似我国的"一考定终身"的高考,通常学校任课教师会依据整个学期内学生笔试成绩、平时课堂提问和测验,以及综合评定给出学生的学期成绩[34]。高级中学毕业成绩是由资格阶段的平时成绩与考试成绩进行加权综合汇总而来,其中资格阶段平时成绩满分是 600 分,高级中学毕业考试成绩(如文理中学的 Abitur 会考成绩)满分是 300 分,总成绩满分 900 分,因此高级中学毕业成绩高度依赖于资格阶段平时成绩,而非毕业考试成绩。在德国,高级中学毕业考试的内容由各学校在其所隶属州制定的教学大纲(Lehrpläne)指导下自行命题,获批后自行组织考试和评分[29]。德国的教育联邦制决定了各州中学教育缺乏统一的标准,虽然每个州都制定了统一的教学计划,但沿袭传统,许多教师仍会按照学校指定的教材组织教学,因此学校与学校之间在教学质量方面存在较大差异,高级中学毕业成绩在校际间不具可比性。

德国文理中学的高级阶段相当于我国普通高中学段,其课程内容分为三大学科领域:语言、文学和艺术(例如德语、外语、美术、音乐);社会科学(如历史、地理、哲学、社会研究或政治、经济学);数学、自然科学和技术(如数学、物理、化学、生物学、信息技术)。在资格阶段的课程包括基础课程与提高课程,其中基础课程保证了学生在基础教育阶段对基本知识和技能的掌握,而提高课程是为学生未来在大学专业研修时作铺垫的[35]。就生物学所属的数学-自然科学-技术领域来说,数学和自然科学需要各修 4 个学期,其中自然科学中可以是一门科目修 4 个学期,或两门科目各修 2 个学期,总之学生选修的科目中必须至少两门属于提升课程;在学时方面,每门科目每周需要 5 学时,且其中一门必须是德语、外语、数学或者自然科学中的一门。生物学与物理、化学等皆隶属于自然科学范畴,在德国高级中学生物学属于必修领域的选修课。

文理中学高级阶段的毕业考试为 Abitur 会考，其被视为德国的"高考"，是一场高水平的具有可对比性的毕业考试，主要在文理中学的 13 年级(若是 12 年制的文理中学则在 12 年级)进行，各学校的 Abitur 会考结果在全国范围内得到认可，且只有成绩合格并获得 Abitur 的学生才有资格进入德国综合性大学深造。通常，资格阶段的平时成绩合格后学生才获准参加 Abitur 会考，通过会考的学生可获得"文理中学毕业文凭"，并获得普通高等学校入学资格（Allgemeine Hochschulreife），即有资格就读任何高校的任何专业，也包括同等学力的职业培训。Abitur 会考包含 4 门或 5 门考试科目，其中至少 3 门笔试，1 门口试，且必须包含德语、第一外语或数学中的 2 门以及三大领域课程中的 1 门必修课。此外，要求笔试科目中必须至少有 2 门属于提高科目，其中 1 门必须是德语、外语、数学或 1 门自然科学。虽然可供学生进行选择的课程门类繁多，但科目的选择归根结底取决于大学专业的录取要求，因而学生通常会结合自己的大学志愿及家人和任课教师的建议选修相应的考试科目。

（二）课程内容结构

德国北莱茵-威斯特法伦州生物学核心课程的一、二两级主题以内容领域与基本概念的形式呈现，巴伐利亚州教学大纲以学习领域与基本概念的形式呈现，表 3-2 是两州在内容领域/学习领域、基本概念层次上设置的课程内容。与我国课程标准中设置的内容进行比较后会发现，中德两国同样重视细胞生物学、遗传学、进化与生态学等生物学基础内容的学习。除此之外，巴伐利亚州还额外关注了行为生态学领域的相关内容。

在生物学一级主题的编排顺序上，与我国围绕"分子与细胞""遗传与进化""稳态与调节""生物与环境"和"生物技术与工程"等主题安排课程内容不同，德国北莱茵-威斯特法伦州侧重于按照学科内容进行课程内容设置，而巴伐利亚州则倾向于围绕人体，从生理学、进化历程、遗传学、神经生物学、代谢生理学及行为生态学等视角进行课程内容设置。

在二级主题的表述上，我国课程标准以完整的陈述句形式呈现核心概念，相当于是对为了达成一级主题所需具备学科知识的进一步分解和概述。而德国北莱茵-威斯特法伦州核心课程在一级主题下，将知识点统一划分为"系统"

"结构与功能""发展"三个相互联系的基本类型，各类型下分列知识点的关键词，十分清晰明了地陈列出了学生在相应主题下应掌握的概念，又体现了德国在培养学生建立完整的系统思维、结构与功能观，以及发展观等方面的理念。在巴伐利亚州的生物学教学大纲中，仅部分一级主题下细分了二级主题，且以短语的形式介绍了相应一级主题所包含的学习内容，二级主题的数量多少大体与对该内容的重视程度呈正相关，例如在"遗传学和基因工程"这一领域下有6个单元之多，体现了巴伐利亚州对遗传学的重视。虽然我国和德国两个州在二级主题的呈现形式不尽相同，但总体来说均是对一级主题的具体化。

（三）课程广度和深度

由于一、二两级主题上无可比性，在对德国两州课程内容的广度和深度方面与我国课程进行比较时，同样依据第一章中的定量分析框架和方法，以我国课程标准的一级主题（模块）为准，对德国北莱茵-威斯特法伦州核心课程和巴伐利亚州教学大纲设置课程内容的最小知识点进行了重新整理和比较分析，结果呈现在表3-3中。德国北莱茵-威斯特法伦州的总课程广度为110，总平均课程深度为3.17；而巴伐利亚州的总课程广度为71，总平均课程深度为3.18；两地在课程广度方面均小于我国的120，但在总平均课程深度方面高于我国的2.22。

表3-3 以我国课程标准模块分类为参照的德国两州高中生物学课程广度和平均课程深度

一级主题 项目	分子与细胞			遗传与进化			稳态与调节			生物与环境			生物技术与工程		
	中	北威州	巴州	中	北威州	巴州	中	北威州	巴州	中	北威州	巴州	中	北威州	巴州
课程广度（G）	23	30	14	22	40	26	23	15	14	22	15	12	30	10	5
平均课程深度（S）	1.91	3.00	2.43	2.23	3.13	3.27	2.13	2.87	2.93	2.77	3.20	3.67	2.10	4.20	4.40

注："巴州"是对巴伐利亚州的简称；"北威州"是对北莱茵-威斯特法伦州的简称。

此外，作为剖析一级主题课程深度的参照，本章对德国北莱茵-威斯特法伦州生物学核心课程和巴伐利亚州生物学教学大纲所设各知识点前的行为动词进行了梳理(见表1-5),依据布卢姆认知水平,统计出了各认知水平出现的频次和所占百分比,具体见表3-4,以用于与我国课程标准中相应内容(见表1-7)的比较。

1."分子与细胞"模块课程内容的设置

与我国课程标准设置的"分子与细胞"模块相应的课程内容,德国北莱茵-威斯特法伦州生物学核心课程中隶属于该主题的内容主要分布在其内容领域1"细胞生物学"和内容领域2"能量代谢"中;而巴伐利亚州生物学教学大纲中主要分布在10年级的"人体物质和能量转换"和12年级的"细胞的代谢生理学"课程内容中。具体见表3-2。

深入分析我国与德国两州在"分子与细胞"主题设置的知识点发现,中德均关注了细胞内有机物(包括糖类、脂质和蛋白质)、物质跨膜运输、酶的结构与功能、ATP、光合作用和呼吸作用,及细胞有丝分裂等知识点。通过对三者的比较,还发现:(1)我国课程标准相对德国两州来说,还设置有细胞元素构成、细胞内的水和无机盐、细胞器之间相互作用、单细胞和多细胞生物之间细胞结构比较,及细胞的衰老与死亡等特有知识点;(2)德国北莱茵-威斯特法伦州特别设置有:科技增加了对细胞结构的了解、生物膜结构模型的发展、酶的应用领域、能量消耗的测定方法、红肌和白肌、柠檬酸循环、细胞骨架、示踪剂的重要性和工作原理,以及示踪法在细胞研究中的应用等相关知识点;此外,其与我国课程标准一样,均设置有质膜及其选择透过性、细胞器、细胞核、原核与真核细胞、胞吞和胞吐,及细胞分化等知识点;(3)德国巴伐利亚州除与北莱茵-威斯特法伦州一样设置有示踪法在细胞研究中的应用的内容外,还特设有人是开放系统及均衡营养、植物对光合作用的适应性、生物质等课程内容。

德国北莱茵-威斯特法伦州在此模块内容的课程广度最高(G=30),但值得注意的是,德国北莱茵-威斯特法伦州的"光合作用"相关课程内容是隶属于其第5内容领域"生态学";而德国巴伐利亚州与我国的相比,缺少"细胞结构"的相关内容,原因可能是在中学初级阶段已修完该部分课程内容,所以仅从高中的课程广度方面看,巴伐利亚州最低(G=14)。在巴伐利亚州初中生物学

表 3-4 德国两州课程标准中各知识点认知水平要求频次和所占百分比

认知水平	一级主题	分子与细胞		遗传与进化		稳态与调节		生物与环境		生物技术与工程	
		北-威州	巴州	北-威州	巴州	北-威州	巴州	北-威州	巴州	北-威州	巴州
1	记忆/回忆	/	/	/	/	/	/	/	/	/	/
2	理解	16 (53.33%)	10 (71.43%)	16 (40.00%)	10 (38.46%)	7 (46.67%)	7 (50.00%)	6 (40.00%)	3 (25.00%)	2 (20.00%)	1 (20.00%)
3	应用	3 (10.00%)	3 (21.43%)	10 (25.00%)	6 (23.08%)	4 (26.67%)	4 (28.57%)	1 (6.67%)	2 (16.67%)	/	/
4	分析	7 (23.33%)	/	9 (22.50%)	4 (15.38%)	3 (20.00%)	0	7 (46.67%)	3 (25.00%)	2 (20.00%)	/
5	评价	3 (10.00%)	1 (7.14%)	3 (7.50%)	5 (19.23%)	1 (6.67%)	3 (21.43%)	1 (6.67%)	4 (33.33%)	6 (60.00%)	4 (80.00%)
6	创造	1 (3.33%)	/	2 (5.00%)	1 (3.85%)	/	/	/	/	/	/

注:"巴州"是对巴伐利亚州的简称;"北-威州"是对北莱茵-威斯特法伦州的简称。

毕业教育标准中,有对学生的要求如下:F 2.1 将细胞描述为生物的结构和功能基本单位,F 2.2 比较细菌、植物和动物细胞的结构和功能等[26],这表明细胞作为一个完整系统的知识已在巴伐利亚州的中学初级阶段修完。

此外,北莱茵-威斯特法伦州在此模块的平均课程深度($\bar{S}=3.00$)也最高,巴伐利亚州其次($\bar{S}=2.43$),我国最低($\bar{S}=1.91$)。相对于我国生物学课程标准对内容的认知要求集中于"理解"层次(91.30%),德国巴伐利亚州对学生的能力期望以"理解"层次居多,占 71.43%,在"应用"和"评价"层次上也略有分布;而北莱茵-威斯特法伦州的能力期望以"理解"层次为主(53.33%),同时在"应用""分析""评价"和"创造"四个层次上均有所分布,体现了对知识点的掌握要求的丰富性(表 3-4)。

2."遗传与进化"模块课程内容的设置

与我国课程标准设置的"遗传与进化"模块相对应的课程内容,德国北莱茵-威斯特法伦州核心课程中主要分布在内容领域 3"遗传学"与内容领域 6"进化"中;而巴伐利亚州教学大纲中,主要分布于 11 年级的"遗传学和基因工程"与"进化"两个学习领域。具体见表 3-2。

进一步分析我国与德国两个州在"遗传与进化"主题设置的知识点发现,中德均关注了 DNA 的结构与功能、转录和翻译与基因选择性表达、基因突变的后果及其影响因素、基因重组、染色体变异对性状的影响、人类遗传病的检测和预防、现代生物进化论,及物种形态等基础性内容。通过三者的比较,还发现:(1)德国北莱茵-威斯特法伦州与我国设置的相同课程内容包括:基因概念、DNA 的半保留复制、表观遗传、伴性遗传、基因突变类型、生物进化证据和共同祖先学说、生物在细胞和分子层次具有共同特征、可遗传突变的意义、自然选择的作用等;巴伐利亚州与我国设置的相同内容有减数分裂、有性生殖及其重要性、基因的分离和自由组合;此外,德国两州设置的相同内容包括:内共生理论、生物分类法、人的分类地位和进化、亲缘关系谱系、进化机制的不同解释,及协同进化等内容;(2)德国北莱茵-威斯特法伦州特别设置的内容有:原核和真核生物中蛋白质合成、转录因子、原核和真核生物的基因调控、遗传研究中的模式生物、生物的进化、测年方法的应用、进化的方向、人类种族概念的滥用、进化和世界观、哈代-温伯格定律、影响基因库的因素、生物多样性、社会结构的演化发展、遗传多样性模型等内容；巴伐利亚州额外设置的内容有：RNA 的结构、遗传原理的发现历程、人类 DNA 分析、地球早期的模拟实验、营养方式的演变、单细胞到多细胞的进化、人在生命史中的地位等内容；(3) 我国课程设置的内容"阐明具有优势性状的个体在种群中所占比例将会增加"，未出现在德国两个州的课程中。

由表 3-3 可知，德国北莱茵-威斯特法伦州(40)和巴伐利亚州(26)在此模块内容的课程广度均高于我国(22)，由此可以看出两州课程均较为重视遗传学与进化生物学领域的学科知识。在遗传学领域，北莱茵-威斯特法伦州设置的原核和真核生物中蛋白质合成、原核和真核生物基因调控、转录因子等，以及北莱茵-威斯特法伦州和巴伐利亚州均设置的生物分类、系谱分析等内容均属于我国高等教育阶段生物学课程内容，这主要是因为德国文理中学资格阶段所设置的提高课程其定位是为学生将来在大学开展专业研修做准备。通过表 3-2 中一级主题的设置也可以看出，德国对遗传学与进化生物学的重视程度较高。

此外，德国北莱茵-威斯特法伦州($\bar{S}$=3.13)和巴伐利亚州($\bar{S}$=3.27)在此模块内容的课程深度也高于我国($\bar{S}$=2.23)(表 3-3)。我国课程标准对学生的认知要求集中于"理解"层次(86.36％)(见表 1-7)；而在德国北莱茵-威斯特法伦州对学生的能力期望中，"理解"层次略占优势，为 40％，同时"应用"(25％)和"分析"(22.5％)两个层次各占比四分之一左右，在"评价"和"创造"两个层次也略有分布；巴伐利亚州对学生的能力期望中，"理解"层次也略占优势(38.46％)，同时在"应用""分析""评价"和"创造"四个层次的认知要求分布较均匀。

3."稳态与调节"模块课程内容的设置

与我国课程标准设置的"稳态与调节"模块相对应的课程内容，在德国北莱茵-威斯特法伦州核心课程中主要分布在内容领域 4"神经生物学"，其与我国该模块中的"神经调节"单元部分内容相对应；在巴伐利亚州课程中主要分布在 10 年级的"人体生态系统"和"人体物质和能量转换"以及 12 年级的"神经信息的传递"，与我国该模块中的"呼吸、消化、循环系统""神经调节"

和"免疫调节"单元部分内容相对应。具体见表3-2。

进一步分析我国与德国两州课程在"稳态与调节"主题设置的知识点发现：(1) 三者共同的关注点较少，主要集中在动作电位的产生及神经冲动传导、突触的化学传递两部分知识点；(2) 北莱茵-威斯特法伦州与我国课程内容设置相同之处还有反射和反射弧、自主神经等；巴伐利亚州与我国课程设置相同的有机体各系统参与内外环境之间物质交换、人体免疫类型、特异性免疫、免疫功能异常等知识点；而两州课程共同设置的神经元结构和功能，由于在我国初中阶段课程已经出现[20]，所以在我国的高中阶段没有再次设置；(3) 我国课程标准中特别设置的内容有：内环境及其功能、内稳态调节及其基础、脊髓和脑的功能、大脑皮层的高级神经活动、体液调节、免疫调节概念、植物生命活动的调节等知识点；(4) 北莱茵-威斯特法伦州课程特别设置的内容有：电势的推导、离子通道模型、视网膜的结构和功能、成像技术与大脑、大脑可塑性、光敏细胞及第二信使和级联反应、内外源物质对神经系统(轴突、突触和大脑)的影响、记忆模型、退行性疾病、内外源物质对健康的影响等知识点；(5) 巴伐利亚州课程则特别设置了小肠壁的结构与功能、卫生保健的重要性、无脊椎动物和脊椎动物神经系统的传递效率、人体生态系统、细菌感染和病毒感染、主动和被动免疫接种、抗生素滥用等知识点。

由表3-3可知，在"稳态与调节"主题下，北莱茵-威斯特法伦州($G=15$)和巴伐利亚州($G=14$)的课程广度均低于我国($G=23$)，两州课程均缺少"体液调节"和"植物生命活动调节"等相关内容。除此之外，北莱茵-威斯特法伦州课程还缺少"内环境"和"免疫"相关内容，但在神经生物学方面比我国和巴伐利亚州课程多出了"视网膜结构与功能""大脑可塑性"和"内外源物质的影响"等内容，体现了北莱茵-威斯特法伦州课程对神经生物学的关注。而巴伐利亚州在"免疫系统"相关课程内容上，其广度($G=7$)高于我国($G=4$)。总体上，我国在该模块的课程广度远高于德国的两州，但德国两州课程在该主题中设置的部分内容在我国高等教育阶段的生物学教材中才出现。

此外，北莱茵-威斯特法伦州($\bar{S}=2.87$)和巴伐利亚州($\bar{S}=2.93$)的平均课程深度略高于我国($\bar{S}=2.13$)(表3-3)。我国的内容集中于"理解"层次的认知要求(见表1-7)；北莱茵-威斯特法伦州的能力期望以"理解"层次的认知要求为主(46.67%),同时在"应用"(26.67%)和"分析"(20%)两个层次的认知要求也有较高分布;巴伐利亚州的能力期望也以"理解"层次的认知要求为主(50%),同时在"应用"(28.57%)和"评价"(21.43%)两个层次的认知要求也有较高分布。值得一提的是,巴伐利亚州在"免疫系统"相关课程内容上,不仅其广度,而且其平均深度($\bar{S}=3.29$)也高于我国($\bar{S}=2$),这体现了巴伐利亚州课程对人体免疫的关注。

4. "生物与环境"模块课程内容的设置

与我国课程标准中"生物与环境"主题相对应的内容,德国北莱茵-威斯特法伦州核心课程中主要分布在内容领域5"生态学"中,巴伐利亚州教学大纲中主要分布在12年级的"生态学和生物多样性"课程内容中。具体见表3-2。

进一步分析我国与德国两州在"生物与环境"主题设置的知识点发现:(1)三者共同的关注点不多,主要集中在影响种群特征的因素、生态系统的营养结构、物质循环和能量流动,及生态环境问题等知识点;(2)北莱茵-威斯特法伦州与我国课程内容设置相同之处还有种群的数量变动、影响生态系统稳定的因素、人口增长对生态的压力、环境保护意识等知识点;而巴伐利亚州与我国设置相同的有:生物多样性的意义、生态系统组成、人与自然和谐发展等知识点;此外,德国两州设置相同的有:生物群落的量化、生态效能实验、生态位等知识点;(3)我国课程标准中特别设置的内容有:种群特征、群落结构特征、群落演替、群落生物与环境的相适应、物质循环和能量流动的利用、生态金字塔、有害物质富集、生态系统中信息传递、生态系统营养结构、生态系统动态平衡、生态系统自我调节等知识点,由此也可以看出我国在生物与环境方面较为重视生态学基础知识的设置;(4)北莱茵-威斯特法伦州课程特别设置有数模的局限性、k和r生命周期策略、栖息地的节律变化、生物学规律等知识点;(5)巴伐利亚州课程则特别设置了行为对生物适应性的影响和行为生态学等知识点。

从表3-3可以看出,在"生物与环境"主题下,德国北莱茵-威斯特法伦州($G=15$)和巴伐利亚州($G=12$)课程广度均低于我国($G=22$)。相比我国新课程标准的该模块，德国两州课程均缺少"生态金字塔""有害物质富集"等概念。但北莱茵-威斯特法伦州和巴伐利亚州课程都有实地调查研究野外生物群落的学习要求，此外北莱茵-威斯特法伦州的"k和r生命周期策略""生态地理学规律（如：阿伦定律）"，巴伐利亚州的"行为生态学"等课程内容在我国属于高等教育层次内容。

此外，在"生物与环境"主题下，北莱茵-威斯特法伦州($\bar{S}$=3.20)和巴伐利亚州($\bar{S}$=3.67)的平均课程深度均高于我国($\bar{S}$=2.77)（表3-3）。我国的内容以"理解"层次的认知要求最多(50%)，"分析"层次的认知要求其次(36.36%)，在"记忆/回忆"和"应用"两个层次的认知要求中也略有分布(见表1-7)；北莱茵-威斯特法伦州"分析"层次的认知要求最多(46.67%)，"理解"层次的认知要求次之(40%)，在"应用"和"评价"两个层次的认知要求也略有分布；巴伐利亚州以"评价"层次的认知要求居多(33.33%)，"理解"和"分析"两个层次认知要求各占四分之一，"应用"层次的认知要求也有所分布(16.67%)。由此可以发现，在"生物与环境"主题中，三者对学生能力要求均较高且丰富，要求学生在掌握生态学基础知识的前提下，认识、理解并关注人类生存环境，能够树立环保意识并采取符合可持续发展的行动。表明在人类活动严重影响了地球生态环境的危机下，两国对生态学、对人与自然和谐相处以及可持续发展的普遍关注。

5."生物技术与工程"模块课程内容的设置

我国课程标准中设置的"生物技术与工程"模块比较有特色，与我国该主题模块相比，德国两州均未设置专门的内容领域，相关内容散布于与其相关理论知识关联的各内容领域中，例如：北莱茵-威斯特法伦州核心课程中"生物技术中酶的应用"隶属于内容领域2"能量代谢"的"评价"类型的能力期望；巴伐利亚州教学大纲中"基因工程"相关课程内容隶属于11年级的"遗传学与基因工程"学习领域下的"遗传信息的重组和突变"（表3-2）。

进一步分析我国与德国两州在"生物技术与工程"主题设置的知识点发现：(1) 三者都共同关注了干细胞的应用、DNA重组技术工具两部分内容；我国与德国北莱茵-威斯特法伦州课程还共同关注了动物细胞培养技术、动物细胞核移植、转基因产品等；我国与巴伐利亚州课程共同关注了基因工程操作流程和基因工程应用两部分内容；(2)德国北莱茵-威斯特法伦州除与巴伐利亚州共同关注了PCR技术外，还特别设置了生物技术中酶的应用、胚胎干细胞和成体干细胞、DNA芯片和高通量测序和生物技术的最新发展；(3)我国课程标准中设置的发酵工程、无菌技术、培养基的选择、微生物分离和纯化方法、测定微生物数量方法、传统发酵技术应用、发酵工程应用、发酵工程应用价值、植物组织培养、植物体细胞杂交、植物细胞工程、动物细胞融合、细胞融合技术应用(单抗)、胚胎形成过程、胚胎工程技术、基因工程的学科基础、蛋白质工程、蛋白质工程应用实例、转基因技术的影响、克隆人的伦理问题、反对生殖性克隆人、生物武器的危害、反对生物武器等知识点，都是德国两州课程设置中未涉及的。

从表3-3可以看出，我国专门设立"生物技术与工程"模块其课程广度达30，远高于德国北莱茵-威斯特法伦州(10)和巴伐利亚州(5)。这类课程内容的设置，不仅是对必修内容的扩展和应用，也可以加深学生对生物技术和工程原理的深入认识和理解，在此基础上如有条件，还可以为学生提供实际应用的机会。考虑到德国的职业技术教育十分发达，初中高中分流已十分成熟，相关生物技术方面的教育可能包含于职业技术教育的课程设置中，而本章研究的文理中学主要定位是为学生进入综合性大学做准备，所以这里没有对职业学校的生物学课程内容进行深入的分析。

尽管德国两州对生物技术和应用相关的内容并没有进行专门的集中设置，但其平均课程深度却远高于我国($\bar{S}=2.03$)。可以看到我国在这一部分的内容要求以达到"理解"层次居多(90%)；而北莱茵-威斯特法伦州课程以"评价"层次的认知要求居多(60%)，即要求学生在掌握基础知识的基础上，自主评估生物技术应用的可行性与局限性等；巴伐利亚州课程同样以"评价"层次的认知要求居多(80%)，如要求学生自主评估技术应用的意义及是否符合伦理。

四、结论

综上所述，德国两州与我国在课程内容组织编排上各不相同，但汇总后来看,在我国课程标准必修的两个模块及选择性必修的"生物与环境"模块中,三者课程内容的重合度较高,主要包括细胞生物学、遗传学、进化与生态学这些均属于公认的生物学基础知识。德国两个州与我国在课程内容的侧重点上也有所不同,北莱茵-威斯特法伦州课程和巴伐利亚州课程在遗传与进化这两个内容领域明显要求更高。除此之外,德国两州的课程各模块的深度均高于我国,相较于我国对认知水平的要求普遍集中于理解层次,德国两州课程对能力期望的水平层次则较为丰富。

五、对课程实践的启示

1. 国家标准的实施

德国教育标准的实施涉及课程纲要、课程教学、教材制定等多个方面。由文教部长会议制定的全国统一的教育标准,由于没有规定具体如何实施课程,只规定了在特定时间节点必须达到的要求,因此各州在具体实施时可以因地制宜地贯彻执行,这一方案的实施在保障所有学生达到共同的标准要求同时,也赋予了学校、教师更多的选择空间,体现了教育系统的包容性和多样性。与之类似,我国教育部于2018年初颁布了《普通高中生物学课程标准(2017年版)》,在统一课程标准的前提下,国家将上海市作为全国基础教育前沿改革的试点,允许上海市、浙江省等地自主编写高中生物学教材,由此一来,我国会呈现"一纲多本"的多元化教育局面。

2. 生物学课程内容

北莱茵-威斯特法伦州和巴伐利亚州课程都非常重视对知识的实际应用,例如在学习酶的相关概念后,要求学生研究酶在生活和生物技术中的应用;在学完有氧、无氧的能量转换后可以向"采取不同锻炼形式的健身者解说";在学完免疫概念后认识到预防性疫苗接种的重要性,以便在生活中采取适当行动。这一点值得我们在编写教材时借鉴。

除此之外,北莱茵-威斯特法伦州课程关注当前生物科学(技术)的前沿发展，如"研究并介绍退行性疾病当前的科学发现""描述并评估生物技术的最新发展"，提示学生关注学科基础知识支撑下的学科发展动态，促使学生以发展的眼光看待生物学，这一点也值得借鉴。

3. 对学生的能力期望

随着生物学知识的增加与更新速度越来越快，德国已经意识到不能仅通过增加课程内容来达到与时俱进的目的，而要让学生掌握核心概念，在建立基本概念的基础上促进系统性和多角度思考，培养学生获取知识和交流、评价等各方面的能力。这也是为什么北莱茵-威斯特法伦州课程在每个内容领域下会先罗列知识点并将它们归类为"系统""结构与功能"和"发展"三大类型的原因之一，并且所有内容领域下对具体课程内容的要求都划分为"专业知识的掌握""知识的获取""交流"和"评价"四个方面，其中"专业知识的掌握"属于内容维度，后三者属于行动维度，这两个维度的学习使学生能够掌握各种技能，从而可以帮助他们理解和解释生物现象。

除此之外，相较于我国课程对认知的要求普遍集中于理解层次，德国两州课程对能力期望的水平层次较为丰富，包括利用各种模型解释生物现象、开展生物实验、从健康或道德角度评估各种现象并做出决策，体现了对学生能力要求的全面性。例如"从历史和社会角度评价人类种族概念问题，并从专业角度评论这一术语的滥用情况""从健康和道德的角度对使用兴奋剂采取合理立场""以抗生素的使用为例，评估干扰人类生态系统生物繁殖的影响，并解释使用不当的风险"等。这些要求除了让学生在理解知识的基础上将其应用于自身更好的生活，还能逐步培养学生在社会条件或全球环境下的道德准则和责任意识。这些值得我们在编写教材时加以关注。

第四章　英　国

一、英国基础教育概况及课程设置

英国作为老牌资本主义国家，其教育质量在全球范围内享有盛誉，且教育发展也一直备受关注。英国由英格兰、威尔士、北爱尔兰和苏格兰组成，四地区之间在教育制度等方面有所不同，下面对英国四地区基础教育概况及设置情况进行逐一介绍。

(一) 基础教育概况

1. 英格兰

2008年《教育与技能法案》(Education and Skills Act)将英格兰地区义务教育的学生年龄从5～16岁扩展到5～18岁[1]。据报导，此次义务教育覆盖面变化的原因之一是，有调查显示接受教育或培训到18岁的年轻人相较于到16岁便终止教育的年轻人收入更高，身体更健康，与警方间的摩擦更少[2]。《教育与技能法案》的推行采取循序渐进的方式，即首先于2013年将义务教育终止的年龄增加到17岁，接着于2015年增加到18岁，并在全英格兰全面实施。由此，英格兰的义务教育涵盖小学教育阶段(5～11岁)和中等教育的初级

---

[1] 资料来源于英国政府官方网站(UK Government)的公开信息：School attendance and absence (https://www.gov.uk/school-attendance-absence)。
[2] 资料来源于英国政府官方网站(UK Government)的2008年公开信息：Education and Skills Act 2008 (http://www.legislation.gov.uk/ukpga/2008/25/part/1)。

阶段(11~16岁)，以及中学阶段的高级阶段(又称"后中等教育阶段"或"义务教育后阶段")(16~18岁)。在义务教育的小学阶段和中等教育的初级阶段，家长可以选择将孩子送去学校或是在家里接受教育，但必须保证孩子接受全日制教育。如果孩子选择到校接受教育但未到校上课，即便只有一天未到校，学校也会联系家长；此外，选择在家接受教育的话，如果地方议会的教育福利官员(council's education welfare officer)评估后认为孩子在家接受的教育并不合适，他们也会联系家长。如果家长拒绝给孩子提供教育，可能被判刑[36]。

《教育与技能法案》的实施使得学生离开学校的年龄(16岁)与义务教育结束的年龄(18岁)分开①。具体操作层面上，如果学生在暑假(约9月初)结束前将满16岁的话，该学生便可以在放假前的最后一个星期五结束学校教育；但即使已结束学校教育，但在18岁之前，仍必须强制性地完成以下相应的学习之一[37]，这些学习包括：(1) 接受预科学院(Sixth form Colleges)或是继续教育学院(Further Education Colleges)等的全日制教育；(2) 接受学徒培训(Apprenticeship or Traineeship)；(3) 如果接受非全日制教育，则每周必须有20小时及以上时间参加工作或是志愿活动。在16岁以后的教育(Post-16 Education)中，只有当学生获得了能够证明其学习广度和深度的第3等级(Level 3)的资格证书(例如两门A-Level)后，才无须强制性地被要求继续学习，但会鼓励学生继续接受教育或是开始找工作[37]。

英格兰学校基础教育学段的设置主要依据《国家课程标准》(The National Curriculum)，其中设置了关键学段(Key Stages, KS)的概念，共设置五个关键学段：早年教育(Early Years)、关键学段1(KS1)、关键学段2(KS2)、关键学段3(KS3)和关键学段4(KS4)。其中早年教育为学前的非义务教育，关键学段1和关键学段2被称为小学教育(Primary Education)，关键学段3和关键学段4被称为中等教育(Secondary Education)。具体见表4-1。

2. 威尔士

威尔士地区的基础教育同英格兰一样，在基础教育阶段设有"关键学段"

---

① 资料来源于英国政府官方网站(UK Government)的公开信息：School attendance and absence (https://www.gov.uk/school-attendance-absence)。

表 4-1 英格兰、威尔士、北爱尔兰和苏格兰基础教育学段设置比较[1][2][3]

年龄	英格兰			威尔士			北爱尔兰			苏格兰		
3~4	幼儿教育	早年教育(Early Years)			幼儿教育	早期学段(Foundation Phase)	学前教育(Pre-School)	早期学段(Foundation Stage)	幼儿教育		早年教育(Early Years)	
4~5			/									
5~6	义务教育	KS 1	小学教育	义务教育	小学教育	KS 2	义务教育	小学教育	KS 1	义务教育	小学教育	广泛通识教育(Broad General Education)
6~7												
7~8		KS 2							KS 2			
8~9												
9~10					中等教育							
10~11												
11~12		KS 3	中等教育			KS 3		中等教育	KS 3		中等教育	
12~13											初级学段	
13~14					初级学段							
14~15		KS 4				KS 4			KS 4			
15~16												
16~18	/	高级学段		/	高级学段		/			/		高级学段(Senior Phase)

[1] 资料来源于英国政府官方网站(UK Government)的公开信息：The national curriculum(https://www.gov.uk/national-curriculum)。
[2] 资料来源于北爱尔兰课程、考试和评估理事会官方网站 Council for the Curriculum, Examinations and Assessment (CCEA)，网址为：http://ccea.org.uk/curriculum/overview。
[3] 资料来源于维基百科网站(Wikipedia contributors)的2018年公开信息：Education in Scotland (https://en.wikipedia.org/wiki/Education_in_Scotland)。

的概念，不过区别在于：在威尔士关键学段的设置中用早期学段（Foundation Phase）(3～7岁)（相当于威尔士的幼儿教育）替代了英格兰的早年教育(3～5岁)和关键学段1(5～7岁)，而2、3、4三个关键学段在学习时间和年龄设置等方面威尔士则和英格兰完全相同（表4-1）。

威尔士地区义务教育阶段的时间为5～16岁，涵盖小学教育(5～11岁)和中等教育初级学段(11～16岁)，期间必须接受全日制学校教育。16岁是义务教育结束的时间，也是学生可以结束学校教育接受继续教育的时间。如果学生于暑假结束前将年满16岁的话，该生便可以在暑期到来前的最后一个星期五离开学校[37]，这一点与英格兰相同。

3. 北爱尔兰

北爱尔兰地区设有自己的课程标准，即《北爱尔兰课程标准》（Northern Ireland Curriculum），它于2007年正式实施并推行，面向12年的义务教育阶段。与英格兰和威尔士依据的《国家课程标准》相似，《北爱尔兰课程标准》设置了关键学段的概念，共设置了6个学段（表4-1）：包括学前教育（Pre-School）、早期学段（Foundation Stage）、关键学段1(KS1)、关键学段2(KS2)、关键学段3(KS3)和关键学段4(KS4)。北爱尔兰的学前教育属于非义务教育，而早期学段和关键学段1至关键学段4属于义务教育。与《国家课程标准》相同的是：1和2两个关键学段被称为小学教育，关键学段3和关键学段4被称为中学教育，且关键学段4都是在16岁时结束。与《国家课程标准》不同的是：在义务教育期间，北爱尔兰在关键学段1之前添加了为期两年的早期学段，这是在《国家课程标准》中所没有的。

北爱尔兰儿童接受义务教育的年龄为4～16岁，早于英格兰、威尔士和苏格兰（表4-1），即每个儿童在其4岁生日后的第一个9月份就必须进入学校接受教育①。如果学生在暑期到来之前已年满16岁（即前一年的9月1日到来年7月1日），并且不再继续接受全日制学校教育的话，该生则可在6月30日后离开学校；如果学生是在暑期（如7月2日至8月31日）年满16岁的话，则必须

---

① 资料来源于北爱尔兰课程、考试和评估理事会官方网站 Council for the Curriculum, Examinations and Assessment (CCEA)，网址为：http://ccea.org.uk/curriculum/overview。

待到下一学年的6月30后才能离开学校[37],这一点与英格兰不同。

4. 苏格兰

苏格兰地区设置有《卓越课程标准》,与《国家课程标准》和《北爱尔兰课程标准》不同,《卓越课程标准》并未规定关键学段的概念,而是划分了广泛通识教育(Broad General Education)和中等教育的高级学段(Senior Phase)。其中,广泛通识教育阶段在3~15岁,即:开始于早年教育(儿童3岁时),包括7年小学教育,结束于中等教育第3年(the third year of secondary school,S3)末;而中等教育高级阶段(14~18岁)开始于中等教育第4年(S4)结束于中等教育第6年(S6)末[38,39]。

苏格兰义务教育的年龄段为5~16岁[40],贯穿但并不覆盖广泛通识教育和中等教育的高级阶段。苏格兰儿童从4岁半到5岁半开始进入小学学习,略晚于北爱尔兰,由于时间跨度太大,与英格兰和威尔士(5岁入学)也没有可比性。苏格兰的学校政策是8月入学,政府将前一年3月到次年2月间出生的孩子归为同一个年龄组,相当于3月和8月间出生的孩子是在5岁半和5岁之间开始进入小学;而9月到次年2月间出生的孩子是在4岁零11个月到4岁半之间开始进入小学,但家长可以选择让孩子延期一年入学,这使得那些还没有准备好接受学校教育的家庭有额外一年的时间可以让孩子待在托儿所(Nursery)(此期间的资金支持只提供给1月至2月间出生的孩童)①。因此苏格兰的学校教育对孩子年龄的要求与英国其他地区相比具有较大弹性。

至于结束学校教育,如果学生在3月1日到9月30日之间满16岁的话,则可在该年的5月31日后结束学校教育。如果学生在10月1日到次年2月底满16岁的话,则可在相应学年圣诞节开始时结束学校教育[37]。

(二) 基础教育阶段课程设置

1. 英格兰

英格兰学校基础教育的课程设置主要依据《国家课程标准》,此外还包括宗

---

① 资料来源于维基万科网站(Wikipedia contributors)的2018年公开信息:Education in Scotland (https://en.wikipedia.org/wiki/Education_in_Scotland)。

教教育(religious education)和性教育(sex education)等内容①。其中《国家课程标准》包括了一系列的学科内容及应该达到的目标,法律强制要求公立学校依据《国家课程标准》设置的课程内容进行教学[41],而对专科学院和私立学校等其他类型的学校不做要求。

在英格兰,中等教育阶段设置于关键学段3的必修科目包括:英语、数学、科学、历史、地理、现代外语、设计与科技、艺术与设计、音乐、体育、公民义务与责任、计算机;关键学段4则被分做了核心学科(core)和基础学科(foundation)两部分,其中核心学科包括英语、数学、科学(包括生物学、化学和物理),基础学科包括计算机、体育、公民义务与责任。此外,学校还必须提供艺术、设计与科技、人文、现代外语等领域内的至少一门学科②。具体情况见表4-2。

表4-2 英格兰《国家课程标准》的课程设置以及每个学段的必修课程[41]

课程设置	学段	关键学段 1	2	3	4
核心学科	英　语	√	√	√	√
	数　学	√	√	√	√
	科　学(生物学、化学、物理)	√	√	√	√
基础学科	艺术与设计	√	√	√	
	公民义务与责任			√	√
	计算机	√	√	√	√
	设计与科技		√	√	
	现代外语		√	√	
	地　理	√	√	√	
	历　史	√	√	√	
	音　乐	√	√	√	
	体　育	√	√	√	√

① 资料来源于英国政府官方网站(UK Government)的公开信息:The national curriculum (https://www.gov.uk/national-curriculum)。
② 资料来源于英国政府官方网站(UK Government)的公开信息:The national curriculum (https://www.gov.uk/national-curriculum)。

此外,英格兰学校从关键学段1开始必须设置宗教类课程,但家长可根据自身意愿决定学生学习与否,当学生满18岁后,可自行决定学习与否①。英格兰在基础教育阶段比较重视学生的性教育,因此在《国家课程标准》的科学板块中设置有性教育相关知识,并且为必修内容;同时,学校从关键学段3开始必须设置性教育课程,包括了生殖、性及其健康等方面的知识;此外,家长可根据自身意愿决定孩子是否选修其他性教育课程。英格兰基础教育阶段,在每个关键学段结束时,教师都会对学生的学习情况进行检测。具体见表4-3。

表4-3 英格兰基础教育阶段课程设置及相关信息

关键学段			测评形式及内容
幼儿教育	早年教育	/	/
		幼儿园	教师评价(Teacher assessments)
小学教育	小学阶段	KS1	第一学年末:教师评价:语言筛选测试(Phonics screening check)
			第二学年末:国家考试(National tests)和教师评价:英语、数学和科学学科
		KS2	学段末: 国家考试和教师评价:英语、数学学科 教师评价:科学学科
中等教育	初级阶段	KS3	/
		KS4	第一学年末:部分学生参加GCSE考试②
			学段末:大部分学生参加GCSE考试或者其他资格考试
	高级阶段*	/	/

注:"*"为英格兰的"后中等教育阶段"或"义务教育后阶段"。

---

① 资料来源于英国政府官方网站(UK Government)的公开信息:The national curriculum (https://www.gov.uk/national-curriculum)。
② GCSE 是 The General Certificate of Secondary Education 的缩写,被译为"普通中等教育证书",是学术严谨的国际认可的资格证书,一般由英格兰、威尔士和北爱尔兰的中等教育授予特定科目,是英国学生完成第一阶段中等教育会考所颁发的证书。在英国,学生在14岁左右时进入GCSE课程,也可以通过学生本人的英语水平和在校成绩适当缩短学习时间。传统的两年制GCSE课程相当于中国的高一和高二,快捷的一年制GCSE课程则相当于中国的高中二年级。

2. 威尔士

威尔士基础教育课程设置主要依据《国家课程标准》和《早期学段》(Foundation Phase)两份文件，其中《早期学段》于2010年9月正式颁布并推行至今，面向威尔士地区所有3～7岁孩子，属于针对儿童基础教育的早期学段。《早期学段》规定的内容包括了一系列的学科内容及应该达到的目标，在课程设置方面主要包括7个必修的课程领域：(1)个人和社会发展、福祉、文化多样性，(2)语言、读写能力和沟通技巧，(3)数学发展，(4)威尔士语言发展，(5)了解世界，(6)物理发展，(7)创意发展。其中，个人和社会发展、福祉和文化多样性是早期学段的核心课程[42]。

在威尔士，《国家课程标准》设置的课程主要面向7～16岁，即处于2、3、4(KS2～KS4)三个关键学段的学生。与英格兰相同，威尔士法律强制要求公立学校遵从《国家课程标准》的课程设置安排教学内容，其中关键学段2包括必修科目：英语、威尔士语、数学、科学(由生物学、化学、物理三门学科共同组成)、设计与技术、信息与交流技术、历史、地理、艺术与设计、音乐和体育；关键学段3包括的必修科目是在关键学段2必修科目基础上增加了一门现代外语；关键学段4包括的必修科目则为英语、威尔士语、数学、科学和体育[43]。但在实际执行《国家课程标准》设置过程中，威尔士必修科目安排与英格兰也存在不同之处，主要体现在：(1)威尔士在2、3和4三个关键学段均增加了威尔士语；(2)威尔士在关键学段2不设置现代外语学科，而于关键学段3才开始设置；(3)威尔士在3和4两个关键学段都未设置公民学科；(4)威尔士在关键学段4不设置计算机学科。

3. 北爱尔兰

在《北爱尔兰课程标准》中，于3和4两个关键学段规定了九个必修的学习领域，即：语言和读写能力、数学、现代语言、艺术、环境与社会、科学与科技、为生活和工作学习、体育、宗教教育，具体内容见表4-4。但相对于关键学段3，在关键学段4只设定体育、为生活和工作学习、宗教教育这三个学习领域为必修内容，其他六个领域都为选修内容。为了保证学校能为学生提供广泛、平衡且与学习和职业相关的课程,《北爱尔兰课程标准》在其权利框架(Entitlement Framework)中规定:在关键学段4必须提供至少21门课程,其中至少三分之一为通识课程,至少三分之一为应用性课程,其余为选修课程;并且每个学习领域至少包括一门课程[①·②]。学生可根据自身意愿选修课程。

表4-4 3和4两个关键学段的必修学习领域及其分领域[44]

学习领域 Areas of Learning	分领域 Contributory Subject Strands
语言和读写能力	英语,爱尔兰语(仅在使用爱尔兰语的学校),媒体教育
数学和读写能力	数学,财务能力
现代外语	欧盟的任何官方语言(除了英语,以及在使用爱尔兰语的学校除了爱尔兰语)
艺术	艺术与设计,音乐,戏剧
环境与社会	历史,地理
社会与科技	科学,科技与设计
为生活和工作学习	就业,本地和全球公民,个人发展,家庭经济
体育	体育
宗教教育	宗教教育

《北爱尔兰课程标准》与英格兰和威尔士应用的《国家课程标准》、苏格兰应用的《卓越课程标准》相比有一个明显的区别,《北爱尔兰课程标准》给予学校和老师更多的自由度去决定最适合学生的课程内容和上课方式,课程标准不再是一系列必修的学科内容。以《北爱尔兰课程标准》在学段3必修的科学分领域给出的必须掌握的知识点为例(表4-5),其与《国家课程标准》关键学段3科学板块共138条的知识点,以及《卓越课程标准》科学板块共128条的"经验与成果(Experiences and Outcomes)"形成鲜明对比。

---

① 资料来源于北爱尔兰课程、考试和评估理事会官方网站 Council for the Curriculum, Examinations and Assessment (CCEA),网址为:http://ccea.org.uk/curriculum/key_stage_4/areas_learning。
② 资料来源于北爱尔兰课程、考试和评估理事会官方网站 Council for the Curriculum, Examinations and Assessment (CCEA),网址为:https://ccea.org.uk/key-stage-4/overview/entitlement-framework。

表 4-5 学段 3 科学分领域知识点[44]

分领域	知识点
有机体与健康	1. 植物和动物的相互依赖；2. 细胞，基因和繁殖；3. 健康的身心
化学与材料	1. 原子与化学变化；2. 物质的结构，性质与用途；3. 元素，化合物与混合物
力与能量	1. 力与能量转化；2. 使用电；3. 声与光
地球与宇宙	1. 环境与人类影响；2. 太阳系与宇宙

4. 苏格兰

苏格兰的《卓越课程标准》是一部国家性质的课程标准，它面向从托儿所(Nursery)到中学(Secondary School)的 3～18 岁的儿童和青少年，从 2010 年开始推行并一直延续至今。其旨在促使学生成为成功的学习者、自信的个人、负责任的公民以及有效的贡献者[45]。《卓越课程标准简报》中提到，高效的学习取决于个性化的课程设计以及由充足的选择性所增强的学生内在动力。因此《卓越课程标准》给予老师和学校极大的自由度，使得学生可根据自身情况有不同的学习进度。

其中，广泛通识教育旨在提供具有一定广度和深度的教育，培养灵活的、适应能力强的年轻人，帮助他们掌握现在和将来所需要的知识和技能。广泛通识教育包括了八个课程领域：表达性艺术、健康和幸福、语言、数学、宗教和道德研究、科学、社会研究、科技[39]；其课程内容被分作了五个级别，从易到难分别是：初级(early)、第一(first)、第二(second)、第三(third)和第四(fourth)。学生应该达到的目标在其专门配套文件《经历与成果》(Experiences and Outcomes, Es and Os)中有表述[38]，具体示例见表 4-6。但是在苏格兰中学 S1～S3 阶段的课程设计有一个关键原则，即：保证所有学生必须在中学教育第三年(S3)结束前体验过《经历与成果》所有课程领域至少到第三级别的内容。实际上，大部分学生会在 S3 结束前进入第四级别的内容学习[46]。进入高级学段后，学生可以开始学习国家资格证书课程并考取相应证书，详见下节重要考试及其资格证书[47]。目前苏格兰境内全部的 19 所高等院校均发表声明表示其招生政策将呼应《卓越课程标准》[38]。

表4-6 《经历与成果》中对于科学领域下的
知识点——"遗传"的五级要求[38]

生 物 系 统		
遗传： - 从观察不同个体的异同点开始，学习者建立生物体是如何发展和传递遗传信息给下一代的认识 - 开始建立对于遗传学的知识、DNA的作用，以及测试（examine）从科技发展中产生的道德和伦理认识		
初级	-	我意识到我们既有相似性也有差异性，但是我们都是独一无二的
第一	-	通过比较人类、植物和动物的世代，我可以开始理解性状如何被遗传
第二	-	通过调查植物和动物的生活方式，我认识到它们发育的不同阶段 - 通过探究生物繁殖后代的遗传特征，我可以区分遗传性状和非遗传性状
第三	-	理解受精和胚胎发育的过程，并且讨论胚胎发育过程可能的危险 - 已经提取过DNA并且理解了它的功能，可以表达关于DNA外形的优缺点的合理观点
第四	-	通过调查研究，可以比较和对比不同的生物体是如何生长和发展的 - 通过对数据的评估，可以比较有性生殖和无性生殖，并且解释它们对物种生存的重要性 - 可以运用自己对于性状是如何遗传的理解来解决简单的遗传学问题，并且将之与自己对DNA、基因、染色体的理解联系起来

（三）重要考试及其资格证书

在英国，英格兰、威尔士和北爱尔兰的重要考试及相应的资格证书有GCSE和A-Level[①]，而苏格兰为Nationals，Higher和Advanced Higher。

1. 英格兰、威尔士和北爱尔兰

英格兰、威尔士和北爱尔兰的资格证书从易到难一共分作了入门（entry）、数字1～9共10个等级（Level），等级越高代表难度越大。例如当GCSE课程的成绩是1～3或是G～D时，则该课程的资格证书的难度等级只能算作第1等级（Level 1）；当GCSE课程的成绩达到4～9或是C～A*时，该课程的资格证书

---

① A-Level是General Certificate of Education Advanced Level的简称，即"英国高中课程"，是英国全民课程体系，是英国普通中等教育证书考试高级水平课程，也是英国学生的大学入学考试课程，被几乎所有英语授课的大学作为招收新生的入学标准。

的难度等级则被算作第 2 等级（Level 2）①。其中，字母评分方式的级别从低到高依次是：G、F、E、D、C、B、A 和 A*；数字评分方式的级别从高到低依次是 9、8、7、6、5、4、3、2 和 1[48]。英格兰、威尔士、北爱尔兰地区的常见资格证书等级划分非常细致，表 4-7 对这些资格证书进行了归纳。

表 4-7　英格兰、威尔士、北爱尔兰资格证书的等级归纳

等　　级	资　格　证　书
Entry Level	- entry level award - entry level certificate（ELC） - entry level diploma - entry level English for speakers of other languages（ESOL） - entry level essential skills - entry level functional skills - Skills for Life
Level 1	- first certificate - GCSE - grades 3，2，1 or grades D，E，F，G - level 1 award - level 1 certificate - level 1 diploma - level 1 ESOL - level 1 essential skills - level 1 functional skills - level 1 national vocational qualification（NVQ） - music grades 1，2 and 3
Level 2	- CSE - grade 1 - GCSE - grades 9，8，7，6，5，4 or grades A*，A，B，C - intermediate apprenticeship - level 2 award - level 2 certificate - level 2 diploma - level 2 ESOL - level 2 essential skills - level 2 functional skills - level 2 national certificate - level 2 national diploma - level 2 NVQ - music grades 4 and 5 - O level - grade A，B or C

---

① 资料来源于英国官方网站（UK Government）的公开信息：What qualification levels mean（https：//www.gov.uk/what-different-qualification-levels-mean/list-of-qualification-levels）。

续 表

等 级	资 格 证 书
Level 3	- A level - access to higher education diploma - advanced apprenticeship - applied general - AS level - international Baccalaureate diploma - level 3 award - level 3 certificate - level 3 diploma - level 3 ESOL - level 3 national certificate - level 3 national diploma - level 3 NVQ - music grades 6，7 and 8 - tech level - BTEC National
Level 4	- certificate of higher education (CertHE) - higher apprenticeship - higher national certificate (HNC) - level 4 award - level 4 certificate - level 4 diploma - level 4 NVQ - BTEC Professional award, certificate and diploma level 4
Level 5	- diploma of higher education (DipHE) - foundation degree - higher national diploma (HND) - level 5 award - level 5 certificate - level 5 diploma - level 5 NVQ - BTEC Professional award, certificate and diploma level 5
Level 6	- degree apprenticeship - degree with honours, for example, bachelor of the arts (BA) - hons, bachelor of science (BSc) hons - graduate certificate - graduate diploma - level 6 award - level 6 certificate - level 6 diploma - level 6 NVQ - ordinary degree without honours - BTEC Advanced Professional award, certificate and diploma level 6

续表

等 级	资 格 证 书
Level 7	– integrated master's degree, for example, master of engineering (MEng) – level 7 award – level 7 certificate – level 7 diploma – level 7 NVQ – master's degree, for example, master of arts (MA), master of science (MSc) – postgraduate certificate – postgraduate certificate in education (PGCE) – postgraduate diploma – BTEC Advanced Professional award, certificate and diploma level 7
Level 8	– doctorate, for example, doctor of philosophy (PhD or DPhil) – level 8 award – level 8 certificate – level 8 diploma

值得提醒的是，有时同一难度等级的资格证书对同一学科覆盖的知识范围未必相同。例如 AS‑Level 和 A‑Level 都属于 Level 3，但是 AS‑Level 只需一年的学习时间，而 A‑Level 需要两年的学习时间，因此 A‑Level 包括的知识范围更多更广，即：A‑Level 的学习包括第一年的 AS 课程学习和第二年的 A2 课程学习[①]。

通常不同的学位或工作岗位对申请者所持有的资格证书的难度等级有各自特定的要求。以英国汉普郡奥尔顿的一所预科学院——奥尔顿学院为例（表 4‑8），虽然从没有资格证书到获得 Level 2 资格证书的学生都可以进入该学院学习，但学生的教育背景却决定了学生在学院可选择的课程内容，其中只有获得 Level 2 资格证书的学生才能选择 A‑Level 的课程。

---

① 资料来源于英国官方网站（UK Government）的公开信息：What qualification levels mean（https://www.gov.uk/what-different-qualification-levels-mean/list-of-qualification-levels）。

表4-8 英国汉普郡奥尔顿学院课程分配示例[①]

	GCSE Exam Results	Suggested Study Programmes
Level 2	Mainly A* - A / 9 - 7 grade profile	More Able and Talented Programme 3 or 4 A levels Full BTEC / Cambridge Technical
	A - C / 7 - 4 grade profile	3 A levels Full BTEC / Cambridge Technical Mixed A level and BTEC / Cambridge Technical
Level 1	Mainly D / 3 grade profile	Level 2 BTEC / Cambridge Technical Programme
	Mainly D-G / 3-1 grade profile or other achievements	Foundation Learning Programme
	No formal qualifications	Foundation Learning Programme

学生完成中等教育后，如果想要接受进一步的深造，则需要相应的条件。在英国，GCSE课程的修读时间为学段4的10及11两年级(14～16岁)，在11年级结束后参加GCSE考试，并用该成绩申请预科学院、继续教育学院等，这些学院通常需要申请学生有包括母语和数学等五门以上GCSE课程达到A*～C或9～4水平，因此学生通常会在学段4修读至少五门GCSE课程。而大学的入学申请通常需要至少三门的A2-Level资格证书，有时还要一门AS-Level的资格证书，具体要求据不同学校不同专业而有所不同。因此对于想要申请接受大学教育的学生，通常会在自己修读的GCSE课程中选择三到四个科目继续修读其A-Level的内容。如果想申请到大学继续学习，学生还可以在学校用两年的时间(16～18岁)修读A-Level课程，并在结束后参加A-Level考试，用该成绩申请大学。以牛津大学为例，其生物学本科生的招生要求包括：(1) 取得A-Level资格证书的学生，要求成绩至少为A*AA(即一科为A*，两科目为A)，其中A*成绩的科目要求必须是有一门与科学或数学相关；(2) 取得Advanced Higher资格证书的学生，要求成绩至少为AA或AAB

[①] 资料来源于阿尔道学院官方网站(Alton College)的公开信息：Choosing the right course(http://www.altoncollege.ac.uk/sixth-form/choosing-the-right-course)，下载时间为：2018-3-27。

(两门 A，或两门 A 一门 B)；(3) 取得 IB 资格证书①的学生，要求成绩为 39，并且高阶数学(Mathematics Higher Level，Mathematics HL)或一门相关的科学学科必须达到 7 分以上；(4) 其他与 A-Level 相当的资格证书。

2. 苏格兰

苏格兰学分与资格证书框架(The Scottish Credit and Qualifications Framework，SCQF)设置了不同的等级(Level)和学分值(Credit Point)的概念来帮助人们对苏格兰地区的资格证书进行难度(complex)和学习量(volume)的比较。资格证书的难度由易到难被分作了等级 1 至等级 12(SCQF Level 1—SCQF Level 12)；资格证书的学习量则由学分值来表示，1 个 SCQF 的学分值相当于理论上 10 学时(10 notional learning hours)，例如 SCQF 等级 1 要求的学分值为 6，相当于接受 60 小时学习时间。值得注意的是，除了国家资格证书的 SCQF 等级 4 与《经历与成果》的第四级别被认为在难度上相当，国家资格证书的 SCQF 等级与《经历与成果》划分的 5 个难易等级并没有直接关系②。伴随着《卓越课程标准》在苏格兰的使用，与之匹配的国家资格证书(National Qualification / National)也从 2013—2014 年开始取代旧的资格证书在学校推行，具体取代情况详见表 4-9。

表 4-9 苏格兰新旧资格证书对应关系③及 SQA 资格证书的等级和学分值

SCQF 等级 SCQF Level	国家资格证书(旧) National Qualification	国家资格证书(新) National Qualification	学分值 Credit Point
1	National 1	Access 1	6
2	National 2	Access 2	18

---

① IB 课程是 International Baccalaureate Diploma Program 的简称，译作"国际预科证书课程"，是由国际文凭组织为高中生设计的为期两年的课程，11 和 12 两年级学生大学预科课程。IB 课程与其他预科国际课程不同，它不以世界上任何一个国家的课程体系为基础而自成体系，并广泛吸收了当代许多发达国家主流课程体系的优点，涵盖了主要的核心内容。目前被全球教育界所认可为具有较高学业水准的教育项目，其证书已成为学生进入英、美等国家大学学习的资格。
② 资料来源于苏格兰学历管理委员会官方网站(Scottish Qualifications Authority)的 2016 年公开信息 Design of National Courses，下载时间为 2018-04-05。
③ 资料来源于苏格兰学历管理委员会官方网站(Scottish Qualifications Authority)的公开信息 Frequently Asked Questions，下载时间为 2018-04-05。

续 表

SCQF 等级 SCQF Level	国家资格证书(旧) National Qualification	国家资格证书(新) National Qualification	学分值 Credit Point
3	National 3	Access 3 and Standard Grade (Foundation level)	18
4	National 4	Standard Grade (General level) and Intermediate 1	24
5	National 5	Standard Grade (Credit level) and Intermediate 2	24
6	Higher (new)	Higher	24
7	Advanced Higher (new)	Advanced Higher	32

国家资格证书课程(National Courses)的内容设置和学习采取逐级递进的模式。首先，它们都建立在广泛通识教育的《经历与成果》内容的基础上(即从S4可以开始接受国家资格证书课程)。其次，由地方当局和学校根据学生的学习基础来决定学生可以学习的国家资格证书的等级，例如，如果学生想上国家资格证书5的课程(National 5 Courses)，则必须已完成《经历与成果》第四级别的内容或者国家资格证书4的课程(National 4 Courses)(视具体情况而定)；如果该生的学习基础并未达到要求，则需要一个另外的学习计划来帮助学生递进到国家资格证书5的课程，例如先去完成国家资格证书4的课程，或是上两年的国家资格证书5的课程。

以爱丁堡大学为例，其生物学本科生的入学要求包括[①]：(1) 取得SQA Higher资格证书的申请者：在S5结束时获得至少AABB(两门A和两门B)的成绩，或者在S4至S6期间获得至少AABBB/AAAB(两门A和三门B，或者三门A和一门B)的成绩。上述成绩里必须包括生物学和化学两门学科，在生物学、化学、数学和物理四门学科中至少一门取得A的成绩；并且强烈建议符合上述条件的申请者修读生物学和化学在Advanced Higher水平的课程。与此同时，对申请者National 5的成绩要求英语达到B，数学或物理达到B。(2) 取

---

① 资料来源于爱丁堡大学官方网站(The University of Edinburgh)的公开信息 BSc Biological Sciences，下载时间为2018-04-05。

得 A-Levels 资格证书的申请者：要求成绩至少为 ABB（一门 A 两门 B）。并且上述成绩包括生物学和化学两门学科，且获得 A 的学科为生物学、化学、数学、物理四门之一。与此同时，要求申请者 GCSE 的英语成绩达到 B 或 6，数学或物理达到 B 或 6。(3) 其他水平相当的资格证书。

二、研究内容介绍

在中英生物学课程内容的比较过程中，为了与我国现行的高中生物学课程标准之间具有匹配性，本章选择英格兰、威尔士和北爱尔兰的 A-Level 课程的生物学课程标准，以及苏格兰 Higher 课程的生物学课程标准作为研究对象。其中：

英格兰和威尔士共用同一部 A-Level 生物学课程标准，即 2014 年版的《A-Level 生物学、化学、物理和心理学课程标准》（GCE AS and A Level Subject Content for Biology, Chemistry, Physics and Psychology）[1]，该课程标准是应用于英格兰和威尔士两个地区的生物学、化学、物理和心理学这四门 A-Level 课程的课程指导性文件。其内容建立在学生已达到 GCSE 水平的相关课程的技能、知识和理解的基础上，将学生在 A-Level 水平应该掌握的概念按八个不同的主题分类并且罗列出来。本章仅选择其中的生物学课程标准相关部分内容，与我国课程标准中相应内容进行比较研究。

北爱尔兰的《A-Level 生物学课程标准》（CCEA GCE Specification in Biology）为 2017 年版[2]，其是应用于北爱尔兰 A-Level 生物学课程的课程指导性文件。该课程标准的内容同样建立在学生已达到 GCSE 生物学课程的技能、知识和理解的基础上，并且和 GCSE 水平的数学课程的知识技能也有关。该课程标准包括了"内容要求"和"课程评价"两大板块，本章仅选取其中"内容要求"板块的内容与我国课程标准中相应内容一并进行了比较

---

[1] 资料来源于英国政府官方网站（Department for Education）2017 年的公开信息 GCE AS and A Level Subject Content for Biology, Chemistry, Physics and Psychology，下载时间为 2019-10-10。
[2] 资料来源于北爱尔兰课程、考试和评估理事会官方网站（Council for the Curriculum, Examinations and Assessment）的公开信息 CCEA GCE Specification in Biology，下载时间为 2019-10-10。

研究。

苏格兰《Higher 生物学课程评价》(Higher Biology Course Assessment Specification)为 2016 年版[①]，它是应用于苏格兰 Higher 生物学课程的课程指导性文件。该文件包括了 Higher 生物学课程的评分标准以及课程所必须涵盖的概念与技能。虽然该文件被命名为"课程评价"，但通过对其文本的分析，该文件在内容和结构实质上等同于我国和英国其他三个地区的课程标准。本章选择其"课程必修内容"部分作为与我国课程标准中相应内容的比较研究对象。

与我国课程标准每个模块由核心概念、重要概念和次位概念三级组成，最低层级概念为次位概念不同，英格兰和威尔士的课程标准中将最低层级概念设置在一级概念，北爱尔兰课程标准则将最低层级概念设置在二级概念，苏格兰课程评价的最低层级概念也设在二级概念。由于四份课程内容设置指导性文件的文本表述大相径庭，各自的最低层级概念包含的知识点数量不尽相同，因此相互之间难以做到全部一一对应，从而不能直接用指导性文件中要求的最低层级概念总数来衡量课程广度。为了使四份指导性文件的比较更具科学性，本章参照了刘恩山等针对教材的研究方法[49]，在计算课程广度值之前，先将四份指导性文件的最低层级概念进行最小知识点的提取，并以我国课程标准中的五个模块为标准，对英国课程标准的知识点进行了组合，以构建广度分析工具。最后通过广度分析工具计算出的总分来标度广度值。此外，在依据《布卢姆教育目标分类学修订版》认知过程维度对课程中行为动词进行划分时，发现：北爱尔兰的《A-Level 生物学课程标准》中最低层级概念的代表行为动词相对单一，并无引起异议之处；而苏格兰的课程评价、英格兰和威尔士的课程标准中均无表示认知水平的代表行为动词，因此无法统计它们的深度值。因此本章仅对北爱尔兰与我国的课程深度进行了对照研究，其中，对北爱尔兰课程标准中的行为动词进行了归纳（见表 1-5）和认知水平赋值。

---

① 资料来源于苏格兰学历管理委员会官方网站(Scottish Qualifications Authority)于 2016 年的公开信息 Higher Biology Course Assessment Specification (C707 76)，下载时间为 2018-05-04。

三、结果与分析

(一) 课程内容结构

英国英格兰和威尔士生物学课程内容设置所共同依据的《A-Level 生物学、化学、物理和心理学课程标准》中的一级主题包括 8 个，它们是：生物多样性、物质交换和运输、细胞、生物分子、生态系统、调控系统、遗传与进化、生命活动的能量；北爱尔兰课程内容设置所依据的《A-Level 生物学课程标准》中的一级主题包括 2 个梯度 6 个单元，其中 AS 梯度包括分子与细胞、生物体与生物多样性，以及前两单元的实践技术，而 A2 梯度包括生理学、调节与控制、生态系统，及生物化学、遗传学和进化趋势，以及前两单元的实践技术；苏格兰课程内容设置所依据的《Higher 生物学课程评价》中的一级主题包括 3 个，它们是：DNA 和基因组、代谢和生存、可持续性和相互依存。具体见表 4-10。与我国课程标准中设置的内容进行比较后发现，中英两国均重视分子、细胞、遗传、进化、生态、机体内环境稳态和调节等相关内容的设置，但侧重略有不同。

表 4-10 英国四地区高中生物学课程一、二两级主题设置

地区	一级主题（单元）	二 级 主 题	课程广度（G）	平均课程深度（S）
英格兰&威尔士	AS 1：生物多样性	1. 生物具有多样性，但其生化基础相似 2. 生物的多样性和复杂性具有层次 3. 生物多样性能够被测量 4. 分类作为一种使生物多样性系统化的手段，其以物种为基础 5. 早期分类以观察为研究方法，目前会采用综合性的证据来阐明生物间亲缘关系 6. 生物体在结构、行为和生理等方面都表现出与环境的适应性 7. 适应和选择是生物进化的主要因素，并导致了生物多样性的产生	42	/

续 表

地区	一级主题（单元）	二级主题	课程广度（G）	平均课程深度（S）
英格兰&威尔士	AS 2：物质交换和运输	1. 生物体选择性地与环境进行物质交换，交换过程发生在生物特定结构表面 2. 生物的个体大小和代谢速率等因素影响生物体对物质的需求，并导致生物体特定的物质交换结果和系统 3. 物质交换通过细胞表面的主动运输或被动运输来实现 4. 细胞膜结构使物质交换成为可能	42	/
	AS 3：细胞	1. 细胞学说使生物界得到了统一 2. 原核、真核细胞在显微和亚显微结构水平上存在不同 3. 多细胞真核生物体内，细胞趋向专一化，形成了组织，进而形成了器官和系统 4. 细胞的遗传信息在细胞周期内被复制并传递给子细胞 5. 有丝分裂产生的子细胞保有与母细胞相同的基因，而减数分裂产生的子细胞与母细胞间的基因不尽相同		
	AS 4：生物分子	1. 生物分子是由少数几种化学元素组成的多聚体 2. 生物体内的核酸、碳水化合物、蛋白质、脂质、无机离子和水等都发挥重要生理功能，与它们的性质相关 3. DNA序列决定蛋白质结构 4. 酶催化反应与生物体的各种生化反应密切相关 5. 酶是蛋白质，其作用机制及特性由其三级结构决定 6. 酶催化细胞内外的生化反应 7. ATP是生命活动的能量来源		
	AS 5：生态系统	1. 生态系统尺度存在差异 2. 能量在生态系统中传递，其过程在不同营养级间的传递效率可测 3. 微生物在物质循环中起着关键作用 4. 生态系统是动态的，并处于演替中 5. 生态系统中种群的动态平衡受到一系列因素的影响 6. 人类是生态系统的一部分，人类活动影响生态平衡 7. 有效管理人类需求和生态保护之间的关系有助于维持资源的可持续性		

续 表

地区	一级主题 (单元)	二级主题	课程广度(G)	平均课程深度(S)
英格兰&威尔士	A1： 调控系统	1. 稳态是机体内环境维持的一种持续稳定状况 2. 负反馈调节在内环境稳态维持中具有重要作用，同时机体也存在正反馈调节现象 3. 内外刺激都可引发机体反应 4. 基因组受到许多因素的调控 5. 正常状态下，内环境稳态的调控信号包括化学信号和电信号	49	/
	A2： 遗传与进化	1. 遗传物质从亲代向子代的传递保证了物种的连续性，同时会产生种内变异或新物种 2. 生殖隔离促使不同遗传物质在不同种群中积累，使新物种产生具有可能性 3. 基因测序囊括了从微生物、植物到人类的几乎所有生物，它使蛋白质序列的测定成为可能 4. 基因技术使我们能够了解和改造基因功能，进而加强对机体功能的了解，并促进工业和医学的发展		
	A3： 生命活动的能量	1. 有氧呼吸中糖酵解发生在细胞质中，其他过程发生在线粒体中 2. ATP生成与线粒体和叶绿体膜上的电子传递链相关 3. 光合作用中，光反应将光能转化成化学能产生ATP，暗反应消耗ATP		
北爱尔兰	单元 AS 1： 分子与细胞	1. 分子 2. 酶 3. 病毒 4. 细胞 5. 细胞生物学 6. 细胞的连续性 7. 组织	186	2.00
	单元 AS 2： 生物体与生物多样性	1. 转运系统 2. 生物体的适应 3. 生物多样性 4. 人类对生物多样性的影响		
	单元 AS 3 生物学课程中的实践技术	(内容包含在上两个 AS 单元中)		

续 表

地区	一级主题（单元）	二 级 主 题	课程广度（G）	平均课程深度（S）
北爱尔兰	单元A2-1：生理学、调节与控制、生态系统	1. 稳态 2. 免疫 3. 协调与控制 4. 生态系统	186	2.00
	单元A2-2：生物化学、遗传学和进化趋势	1. 呼吸 2. 光合作用 3. DNA作为遗传密码 4. 基因技术 5. 基因与遗传模式 6. 群体遗传学 7. 植物界 8. 动物界		
	单元A2-3：生物学课程中的实践技术	（内容包含在上两个A2单元中）		
苏格兰	DNA和基因组	1. DNA的结构 2. DNA的复制 3. 基因表达的控制 4. 细胞分化 5. 基因组的结构 6. 突变 7. 进化 8. 基因组测序	82	/
	代谢和生存	1. 代谢途径及其控制 2. 细胞呼吸 3. 代谢率 4. 构象和调节剂的代谢 5. 代谢和不利条件 6. 代谢的环境控制 7. 代谢的遗传控制 8. 使用微生物，危害和控制风险方面的伦理考量		
	可持续性和相互依存	1. 食物供应，植物生长和生产力 2. 植物和动物育种 3. 作物保护 4. 动物福利 5. 共生 6. 社会行为 7. 大灭绝和生物多样性 8. 对生物多样性的威胁		

从生物学一级主题的编排顺序上看，英国四地区的三种课程内容设置模式各有特色，其中：（1）英格兰和威尔士依据的课程标准对生物学基础知识进行了系统性的凝炼，例如"物质交换和运输"主题下不仅设置了生物个体与所处环境间的物质交换，而且设置有细胞内外物质交换；此外，还将光合作用、细胞呼吸等生命活动中涉及能量变化的知识，独立设置为一个"生命活动的能量"单元。（2）北爱尔兰的A-Level生物学课程设置了AS和A2两个梯度，每个梯度包括三个单元，且每个梯度的最后一个单元设置的内容均为前两个单元生物学课程内容涉及的实践技术。由此可以看出，北爱尔兰十分重视学生对生物技术相关知识的学习。（3）苏格兰的生物学课程内容大体是按照生物分子、个体和生态系统三个层次来设置的。

（二）课程广度和深度

参照我国课程标准对生物学课程内容的划分模块，采用第一章中的定量分析框架和方法，本章研究获得了英国苏格兰、英格兰和威尔士的课程广度，我国和北爱尔兰的课程标准的广度和深度。详细结果见表4-11。

表4-11 以我国课程标准模块分类为参照的英国四地区高中生物学课程广度和平均课程深度

一级主题 项目	分子与细胞			遗传与进化			稳态与调节			生物与环境			生物技术与工程			其他		
	北爱	英&威	苏	北爱	英&威	苏	北爱	英&威	苏	北爱	英&威	苏	北爱	英&威	苏	北爱	英&威	苏
课程广度（G）	42	20	9	29	7	21	30	5	1	17	9	6	15	2	9	53	6	36
平均课程深度（S）	2.29	/	/	2.00	/	/	2.07	/	/	2.10	/	/	2.20	/	/	2.13	/	/

注："北爱"是对北爱尔兰的简称；"英&威"是对英格兰和威尔士的简称；"苏"是对苏格兰的简称。

从表4-10和表4-11中的数据可以看出，英国各地区的生物学课程广度差异较大，其中英格兰和威尔士的课程广度明显小于其他两地区，分析原因可能是英格兰和威尔士的课程标准本身结构层次仅设置二级，且文本表述相对亦更加简短,因此本章中所获的广度值可能无法说明英格兰和威尔士的实际课程内容广度,这里仅供参考,如若深入探究,建议结合教材开展进一步的研究。

此外,作为剖析一级主题课程深度的参照,本章对英国北爱尔兰生物学核心课程所设各知识点前的行为动词进行了梳理(见表1-5),最终统计出了各认知水平出现的频次和所占百分比,具体见表4-12。据此,与我国课程标准中相应内容(见表1-7)进行了比较。

表4-12 英国北爱尔兰课程标准中各知识点认知水平要求频次和所占百分比

认知水平＼一级主题	分子与细胞	遗传与进化	稳态与调节	生物与环境	生物技术与工程	其他
记忆/回忆	/	/	/	/	/	/
理解	31 (73.81%)	29 (100.00%)	28 (93.33%)	16 (94.12%)	13 (86.67%)	46 (86.79%)
应用	10 (23.81%)	/	2 (6.67%)	/	1 (6.67%)	7 (13.21%)
分析	1 (2.38%)	/	/	1 (5.88%)	1 (6.67%)	/
评价	/	/	/	/	/	/
创造	/	/	/	/	/	/

比较北爱尔兰(表4-11、表4-12)与我国课程标准设置内容的课程深度(见表1-5和表1-7)可以看出,两者设置生物学内容的课程深度都接近2.00,其中我国在"遗传与进化"(2.23)、"稳态与调节"(2.13)、"生物与环境"(2.77)三个一级主题下的课程深度略高于北爱尔兰,而北爱尔兰在"分子与细胞"和"生物技术与工程"两个一级主题下的课程深度略高于我国的1.91和2.10。此外,英国北爱尔兰生物学设置的课程内容其认知要求较我国更加聚焦,主要集中在"理解"层次,在"应用"和"分析"层次也略有分布。

若将课程广度和课程深度结合分析,则可发现我国在"生物与环境"一级主题下的课程广度和课程深度都是最高的;而北爱尔兰在"分子与细胞"一级主题下的课程广度和深度都是最高的。

1."分子与细胞"模块课程内容的设置

与我国课程标准设置的"分子与细胞"模块相应的课程内容相比,英国北爱尔兰课程标准中隶属于该主题的内容主要分布在单元 AS-1"分子与细胞"及单元 A2-2"生物化学、遗传学和进化趋势"中;英格兰和威尔士课程标准设置的相应内容分布于 AS-2"物质交换和运输"、AS-3"细胞"、AS-4"生物分子"和 A-3"生命活动的能量"四个单元;而在苏格兰课程评价设置的三个单元"DNA 和基因组""代谢和生存"和"可持续性和相互依存"中均有分布。具体见表 4-10。

深入分析我国与英国四地区在"分子与细胞"主题设置的知识点发现,中英四地区均关注了光合作用和呼吸作用的相关内容。四者比较还发现:(1)苏格兰在该主题的课程广度最小,除光合作用和呼吸作用外,其仅有细胞分化一个知识点与我国、英格兰和威尔士的相关课程内容有重叠,但北爱尔兰却未设置该内容;(2)英格兰和威尔士、北爱尔兰和我国均设置有细胞中的水、无机盐和有机物、质膜结构与功能及其选择透过性、物质跨膜运输方式、原核与真核细胞的区别、酶的结构与功能及其影响因素、ATP 是能量来源、细胞分裂等相关内容;(3)北爱尔兰则在细胞内的结构与功能、质膜的胞吞和胞吐等相关内容的设置上与我国有重叠之处;在细胞周期、减数分裂等内容的设置上与英格兰和威尔士有重叠之处;此外,北爱尔兰还专门设置了细胞结构的显微研究方法、酶作为生物标记物在疾病研究中的作用、酶抑制剂作为疾病治疗的药物、固定化酶、染色体结构和数量、抗癌药物与细胞周期之间的关系、纸层析法和离心法等特色内容;(4)英格兰和威尔士与我国课程标准中都设置了生命元素的相关内容,而北爱尔兰和苏格兰均未涉及;同时英格兰和威尔士专门设置了细胞学说的学科价值——"细胞学说使生物界得到了统一",十分具有特色;(5)相对于英国四地区的课程内容设置,我国课程标准中设置了细胞结构之间的关联、细胞的衰老与死亡等特色内容。

总之,在"分子与细胞"主题中,北爱尔兰最高(G=42),接下来依次为我国(G=23)、英格兰和威尔士(G=20),苏格兰最低,其课程广度仅为 9,这里不再一一例举,具体见表 4-11。但值得注意的是,英国北爱尔兰课程标准在

"分子与细胞"主题下也设置了与细胞和分子研究方法和手段相关的内容,如显微研究方法、纸层析法、离心法等,足以见得北爱尔兰对生物技术的重视程度。

此外,在英国,仅北爱尔兰课程标准设置的课程内容可以开展课程深度的研究,与我国生物学课程深度进行比较后发现,北爱尔兰在此模块的平均课程深度($\bar{S}$=2.29),高于我国($\bar{S}$=1.91),其中北爱尔兰对学生认知的要求分布在"理解""应用"和"分析"三个层次,分别占73.81%、23.81%和2.38%(表4-12);而我国对学生知识水平的要求91.30%集中在"理解"层次,其他8.70%为"记忆/回忆"层次(见表1-7)。

2."遗传与进化"模块课程内容的设置

与我国课程标准设置的"遗传与进化"模块相对应的课程内容相比,英国北爱尔兰课程标准中隶属于该主题的内容主要分布在单元A2-2"生物化学、遗传学和进化趋势"中,此外在单元AS-1"分子与细胞"和单元AS-2"生物体与生物多样性"中也有少量分布;英格兰和威尔士课程标准设置的相应内容主要分布于AS-1"生物多样性",并在AS-4"生物分子"、A-1"调控系统"和A-2"遗传与进化"单元有少量分布;而苏格兰课程评价设置的相应内容集中分布在单元"DNA和基因组"中。具体见表4-10。

在"遗传与进化"主题中,我国与英国四地区的生物学课程均关注了DNA结构与功能、生物进化的选择、生殖隔离与物种形成等内容。

比较还发现:(1)在英国,北爱尔兰在该主题下设置的生物学课程内容与我国重叠度最高,例如:基因概念、DNA复制、基因的转录和翻译、基因突变的类型、染色体变异等内容同时出现在我国、英国北爱尔兰和苏格兰的课程中;生物体的生化基础同时出现在我国、英国北爱尔兰及英格兰和威尔士的课程中;表观遗传学、减数分裂、遗传信息传递、基因的分离和自由组合及子代遗传性状的稳定性、性别决定、基因重组、进化中优势性状个体占比增加等生物学知识点也出现在我国和北爱尔兰的课程内容设置中。同时,北爱尔兰与苏格兰在遗传的表型,与英格兰和威尔士在分类学等课程内容的设置上有重叠。此外,北爱尔兰还专门设置有遗传的基因型、单基因-多肽链理论、染色体和基因及等位基因之间的相互关系、基因的互作、不连续性变异、连续性变异、基因库、哈代—温伯格定律、遗传变异的维护、物种概念等知识点,这些在我国及英国其他地区的生物学课程中均未涉及。(2)苏格兰在"遗传与进化"主题内设置的内容相对其他四个主题较多,课程广度达到了 21(表 4-11)。除前述与我国及英国其他地区共有的内容外,英国苏格兰与我国在基因突变的后果、与英格兰和威尔士在基因表达调控等知识点的课程内容的设置上还有重叠之处;此外,RNA 的结构与功能、一个基因可表达多种蛋白质、DNA 的位置、蛋白质的三维形状、多倍体、基因漂变、遗传漂移等知识点,是苏格兰的生物学课程内容中特有的。(3)英格兰和威尔士在"遗传与进化"主题内设置的内容相对较少,其课程广度仅为 7(表 4-11),除前述与其他三者存在重叠之外,英格兰和威尔士还专门设置有物种的连续性和新物种形成相关内容。(4)我国课程标准中设置的癌变诱发因素、人类遗传病、进化的共同祖先说、进化的变异和现代生物进化论等知识点在英国的三种课程内容体系中均未涉及。总的来说,在"遗传与进化"主题中,北爱尔兰(G=29)、我国(G=22)和苏格兰(G=21)设置的课程内容均较丰富,而英格兰和威尔士的课程广度仅为 7。

此外,与我国"遗传与进化"主题下生物学课程深度($\bar{S}=2.23$)进行比较后发现,英国北爱尔兰在此模块的平均课程深度($\bar{S}=2.00$),略低于我国,其中北爱尔兰对学生的认知要求集中分布在"理解"层次(100.00%)(表 4-12);而我国对学生的认知要求 86.36% 集中在"理解"层次,4.55% 在"应用"层次,及 9.09% 在"分析"层次(见表 1-7)。

3. "稳态与调节"模块课程内容的设置

与我国课程标准设置的"稳态与调节"模块相对应的课程内容相比,英国北爱尔兰课程标准中隶属于该主题的内容集中分布在单元 A2-1 "生理学、调节与控制、生态系统"中;英格兰和威尔士课程标准设置的相应内容相对较少,散布于 AS-2 "物质交换和运输"和 A-1 "调控系统"中;而在苏格兰课程评价设置的相应内容只涉及一个知识点,分布在单元"代谢和生存"中。具体见表 4-10。

在"稳态与调节"主题中,我国与英国四地区的生物学课程内容在设置方面无共同的关注点,其中:(1)北爱尔兰与我国都关注到了:神经冲动的产生和传导、突触传递、特异性免疫、植物激素的作用及相互作用等四个知识点；而北爱尔兰与英格兰和威尔士都设置了稳态概念和稳态机制，与苏格兰均关注了抗利尿激素在哺乳动物渗透调节中的负反馈机制这一知识点。值得一提的是，北爱尔兰十分关注哺乳动物肾脏的结构和功能、眼的结构和功能、抗原和抗体等方面的内容，其中就肾脏方面设置的知识点达 7 个，包括排泄系统和肾脏、肾单位和过滤器的结构、超滤作用和选择性重吸收的机制，亨利氏环的功能等，而抗原和抗体相关内容的知识点多达 10 余个，包括：抗原和抗体概念及其反应、主动免疫和被动免疫、移植排斥、免疫抑制、人类血液抗体及血型、输血兼容性准则和非兼容性后果、抗生素抵抗与新抗生素研制的意义、抗体在疾病检测中的应用等；此外，北爱尔兰还设置有神经元的结构、人体的天然屏障、哺乳动物渗透调节的机制、植物的光敏色素等，其中前两个知识点在我国义务教育初中阶段已学过[19]。(2) 英格兰和威尔士在"稳态与调节"主题除前述与北爱尔兰课程内容的设置拥有少量重叠外，还与我国在内外环境物质交换的途径这一知识点有重叠；此外，英格兰和威尔士的生物学课程内容中涉及的内外部刺激均会导致机体反应、调节信号包括化学信号和电信号等这两个知识点，在我国和英国其他地区均未涉及。(3) 我国在"稳态与调节"主题中设置的内环境的构成及其与细胞之间的关系、内环境稳态的调节及稳态的基础、神经调节中的反射和反射弧、脊髓和脑的功能、自主神经、大脑皮层的高级神经活动、免疫调节的结构与物质基础、免疫应答的类型、免疫功能异常，以及植物生长调节中的植物生长素发现史、植物激素在生产中的应用和植物生命活动的其他调节因素等，这些知识点在英国各地区的课程内容中均未涉及。

总的来说，英国北爱尔兰(G＝30)、我国(G＝23)在"稳态与调节"主题中设置的课程内容均较丰富，但两者各有侧重，重叠内容不多；但英格兰和威尔士(G＝5)及苏格兰(G＝1)设置的相关内容最少。

此外，与我国"稳态与调节"主题下生物学课程深度($\bar{S}$＝2.13)进行比较后发现，英国北爱尔兰在此模块的平均课程深度($\bar{S}$＝2.07)，两者相当，其中北爱尔兰对学生的认知要求 93.33% 分布在"理解"层次，6.67% 分布在"应用"层次(表 4-12)；而我国对学生的认知要求 86.96% 分布在"理解"层次，4.35% 在"记忆/回忆"层次，及 8.70% 在"分析"层次(见表 1-7)。

4. "生物与环境"模块课程内容的设置

与我国课程标准设置的"生物与环境"模块相对应的课程内容相比,英国北爱尔兰课程标准中隶属于该主题的内容主要分布在单元 AS-2 "生物体与生物多样性"和单元 A2-1 "生理学、调节与控制、生态系统"中;英格兰和威尔士课程标准设置的相应内容相对较少,集中于 AS-5 "生态系统"中;而在苏格兰课程评价设置的相应内容只涉及一个知识点,分布于单元"可持续性和相互依存"中。具体见表 4-10。

在"生物与环境"主题中,我国与英国四地区的生物学课程内容在设置方面无共同的关注点,其中:(1) 北爱尔兰、英格兰和威尔士与我国都关注到了:种群数量的动态平衡、群落演替、生态系统概念、营养级之间定量关系;而北爱尔兰与我国都设置了种群特征、食物链和食物网、营养级、科学利用生态系统资源、生态环境问题等,与苏格兰均关注了对害虫物种的生物控制,与英格兰和威尔士都设置了微生物提供氮元素的知识。此外,北爱尔兰还专门设置有 R-selected 物种和 K-selected 物种、种群间相互作用、生态系统的碳循环、农业和航道污染对生物多样性的影响、提高生物多样性的计划等特色内容。(2) 英格兰和威尔士与我国共同设置了人类活动影响生态平衡、人与自然环境共同发展两部分内容;此外,两地区还专门设置有生物在层次上具有多样性和复杂性、生物多样性具有可测性等特色内容。(3) 苏格兰除前述与我国和北爱尔兰有少量共同关注点外,其还专门设置有杂草与作物竞争、人口增长对遗传多样性的影响,栖息地丧失、引进物种、气候变化对生物多样性的影响等特色内容。(4) 我国专门设置有影响种群特征的非生物和生物因素、群落结构、群落生物与环境间的适应、物质循环与能量流动规律、有害物质富集、生态系统中信息传递、生态系统具有维持稳态的能力、影响生态系统稳态的因素、生态系统的自我调节、生物多样性及人与环境和谐相处的意义、环境保护意识等相关内容。

总的来说,我国(G=22)、北爱尔兰(G=17)在"生物与环境"主题中设置的课程内容均较丰富,但两者各有侧重,重叠内容不多;但英格兰和威尔士(G=9)及苏格兰(G=6)设置的相关内容最少。

此外,英国北爱尔兰在"生物与环境"主题下设置的内容其平均课程深度

($\bar{S}$=2.10)略低于我国($\bar{S}$=2.71),其中北爱尔兰对学生认知的要求大多分布在"理解"层次(94.12%),少量在"分析"层次(5.88%)(表4-12);而我国对学生认知的要求相对多样化,其中50.00%分布于"理解"层次,4.55%分布于"记忆/回忆"层次、9.09%在"应用"层次,36.36%在"分析"层次(见表1-7)。

5."生物技术与工程"模块课程内容的设置

与我国课程标准设置的"生物技术与工程"模块相对应的课程内容相比,英国北爱尔兰课程标准中隶属于该主题的内容绝大多数分布在单元A2-2"生物化学、遗传学和进化趋势"中,仅一个知识点出现在单元A2-1"生理学、调节与控制、生态系统"中;英格兰和威尔士课程标准设置的相应内容相对较少,均出现在A2"遗传与进化"中;而苏格兰课程评价设置的相应内容分布于单元"DNA和基因组"及单元"代谢和生存"中。具体见表4-10。

在"生物技术与工程"主题中,我国与英国四地区的生物学课程内容在设置方面无共同的关注点,其中:(1)英国北爱尔兰与我国、英国苏格兰共同关注了DNA重组、转基因技术的影响2个知识点;而北爱尔兰与我国还共同设置有发酵工程中的无菌技术、基因工程操作程序等,与英格兰和威尔士、苏格兰均设置有基因测序1个知识点;与苏格兰还共同关注了测序研究进化过程、比较基因组、个体基因组学和健康、PCR技术。此外,北爱尔兰还特设有DNA的提取和鉴定、DNA探针、核苷酸序列识别方法、基因芯片、基因指纹、转基因微生物、基因治疗、基因失活和替代技术、药物遗传学等内容。(2)英格兰和威尔士在该主题下仅设置有基因工程应用1个知识点,同时我国课程标准中也关注了该内容。(3)苏格兰除了前述与我国或英国其他地区关注的共同点外,还与我国一样,在其《Higher生物学课程评价》中设置了干细胞的应用;此外,微生物的野生菌株这一知识点也被苏格兰关注到了。(4)"生物技术与工程"主题模块的设置在我国课程标准中十分有特色,着重凝炼了发酵工程、细胞工程、基因工程、蛋白质工程、生物技术的伦理问题等若干个二级主题,其中发酵工程概念、培养基的选择、微生物分离和纯化方法、测定微生物数量的方法、传统发酵技术的应用、发酵工程的应用及其价值、植物组织培养、植物体细胞杂交、植物细胞工程、动物细胞培养、动物细胞核移植、动物细胞融合及其应用(单克隆抗体)、胚胎形成过程、胚胎工程技术、基因工程的学科基础、蛋白质工程及应用案例、转基因产品、克隆人的伦理问题、反对生殖性克隆人、生物武器的危害、反对生物武器等 20 余个知识点,在英国各地区的课程内容中均未涉及。

总的来说,从中英两国的课程广度比较来看,我国(G=30)在"生物技术和工程"主题中设置的课程内容最为丰富,其次是北爱尔兰(G=15)、苏格兰(G=9)、英格兰和威尔士(G=2),三者的相关内容设置均较少,且以分散形式呈现在各主题单元中,并未以技术和工程主题形式出现。

此外,我国"生物技术与工程"主题下相关内容的课程深度($\bar{S}=2.10$)与英国北爱尔兰($\bar{S}=2.13$)相当,其中北爱尔兰对学生认知的要求 86.67% 分布在"理解"层次,"应用"和"分析"层次各 6.67%(表 4-12);而我国对学生认知的要求 90.00% 集中在"理解"层次,3.33% 在"记忆/回忆"层次,另 6.67% 在"分析"层次(见表 1-7)。

6. 英国四地区其他课程内容的设置

在英国四地区的三种生物学课程内容模式中,尚有部分内容无法归纳到上述五个主题,其中:(1) 北爱尔兰最多,这些内容大体包括:病毒、植物、动物、生物分类等共 50 余个知识点,课程广度达 53,课程深度为 2.13,认知水平的要求 86.79% 集中在"理解"层次,而 13.21% 分布在"应用"层次,且这些知识点出现在北爱尔兰课程标准的单元 AS-1"分子与细胞"、单元 AS-2"生物体与生物多样性"和单元 A2-2"生物化学、遗传学和进化趋势"中;(2) 苏格兰其次,大体包括:代谢途径及其控制、代谢率、构象异构体和调控因子、极端生物及其生存和迁徙、生长环境控制、食物供应和植物生产力、植物和动物育种、动物福利、生物间的共生关系、社会行为等共约 30 个知识点,课程广度达 36,主要分布于《Higher 生物学课程评价》的"代谢和生存"及"可持续性和相互依存"两个单元;(3) 英格兰和威尔士的课程标准中涉及的知识点不多(G=6),包括生物的层次(细胞、组织和器官)、细胞交换表面、大量运输、生物体的适应、生物多样性组成和物种多样性测量等,且这些内容也被北爱尔兰所关注,其中物种多样性的测量出现在英国四地区的三种课程中;相关知识点分布于单元 AS-1"生物多样性"、单元 AS-2"物质交换和运输"和单元 AS-3"细胞"中。具体见表 4-13。

表 4-13 英国四地区课程标准设置的特色知识点

主题	知识点	北爱尔兰	英格兰&威尔士	苏格兰
病毒	噬菌体和 HIV 的结构	√		
	病毒的复制	√		
生物体结构	细胞→组织→器官	√	√	
	回肠	√		
	中生植物的叶片	√		
物质运输和交换机制	体积比	√		
	交换表面	√	√	
	大分子运输	√	√	
	影响气体交换速率的因素	√		
	植物中的气体交换	√		
	哺乳动物中的气体交换	√		
	哺乳动物呼吸系统	√		
	呼吸计	√		
	植物组织的水运输	√		
	根毛细胞	√		
	质外体和共质体通道	√		
	蒸发	√		
	水通过木质部移动	√		
	有机溶剂通过韧皮部的蒸发作用	√		
	旱生植物和湿生植物的结构性适应	√		
	哺乳动物的循环系统	√		√
	动脉，静脉，毛细血管	√		
	心脏	√		
	哺乳动物体液	√		
	凝血机制	√		
	血红蛋白	√		

续表

主　题	知　识　点	北爱尔兰	英格兰&威尔士	苏格兰
物质运输和交换机制	氧分压	√		
	玻尔效应	√		
	肌红蛋白	√		
	海拔影响氧气运输	√		
生物体的适应	生物体的适应	√	√	
	生态因素影响生物体分布	√		
	生物多样性的组成		√	
	动植物分布和相对丰度	√		
生物多样性	大灭绝与生物多样性恢复			√
	测量物种多样性	√	√	√
	分类学	√		
	物种	√		
	界门纲目科属分类	√		
	五界分类系统	√		
	其他分类系统	√		
	原核生物界	√		
	原生生物界	√		
	真菌界	√		
	植物界	√		
	动物界	√		
植物界	苔藓	√		
	蕨类植物	√		
	被子植物	√		
动物界	刺胞动物门	√		
	扁形动物门	√		
	环节动物门	√		
	节肢动物门	√		
	脊索动物门	√		

续　表

主　题	知　识　点	北爱尔兰	英格兰&威尔士	苏格兰
代谢途径及其控制	代谢途径			√
	代谢途径的控制			√
代谢率	比较代谢率			√
	不同种动物的循环系统比较			√
	动物对低氧生态位的生理适应			√
	最大摄氧量			√
构象异构体和调控因子	非生物因素影响生物体维持代谢的能力			√
	构象异构体			√
	调控因子			√
	哺乳动物的负反馈调节和温度调节			√
	温度对维持新陈代谢的重要性			√
生物的生存和迁徙	在不利条件下生存			√
	迁徙			√
	极端生物			√
代谢的环境控制	生长培养基的变化和环境因素的控制			√
	生长阶段，指数增长的倍增或生成时间以及培养条件的变化			√
	通过添加代谢前体、诱导剂或抑制剂来控制代谢以提供所需产品			√
食物供应与植物生长和生产力	食物供应			√
	植物生长和生产力			√
植物和动物育种	动植物改良			√
	评估转基因作物			√
	选择和繁殖			√
	动物杂交育种			√
	植物杂交育种			√
	遗传技术育种			√

续 表

主　题	知 识 点	北爱尔兰	英格兰&威尔士	苏格兰
动物福利	动物福利			√
	行为学			√
共生	寄生			√
	互利共生			√
社会行为	社会行为			√
	利他主义和亲属选择			√
	社会昆虫			√
	灵长目			√

四、结论

  本章以我国 2017 年版高中生物学课程标准，以及英国的英格兰、威尔士、北爱尔兰和苏格兰的主流大学入学考试（A‑Level，Higher）的考试相关课程的生物学课程标准为研究对象，采用定性和定量相结合的方式对我国和英国四个地区的中学生物学课程进行了比较研究。研究发现，英国北爱尔兰的 A‑Level 生物学课程标准覆盖面最广，对知识点的掌握要求较我国更加明确和具体，而课程深度主要集中在"理解"层面；我国的高中生物学课程标准以内容模块和教学提示体现选择性，课程深度有更多的水平层级；英国苏格兰的 Higher 生物学课程标准的内容分布与其他三地区相比差异性最大，将近一半的内容在其他四个课程标准中无表述；英国英格兰和威尔士共用的 A‑Level 生物学课程标准的概念层次最少，内容要求也最为精简，将近一半的内容都分布在"分子与细胞"主题下。对于我国、北爱尔兰和苏格兰，三者仅在"遗传与进化"主题下的课程广度较为接近，而在其他主题下三者的课程广度具有较大的差异，分析认为此差异是由各自对概念的阐释详细程度，及二级主题的分布比重等造成的。在课程深度方面，英国仅北爱尔兰的课程标准中设置有行为动词，与我国相比，北爱尔兰的课程深度大部分集中在"理解"层面，而我国较之层次略显丰富。

五、对课程实践的启示

虽然我国和英国四个地区的生物学课程标准在文本表述、概念分布以及内容设置上有一定差异，但是从本次的比较研究中还是可以看出各自的特色与趋势。

1. 除了客观的知识点和概念外，我国、英国的北爱尔兰和苏格兰都在课程标准中强调了对社会问题以及本国国情的关注，例如在我国课程标准中，近年来的社会热点话题"转基因"和"克隆人"占了相当大的广度和深度；在北爱尔兰的课程标准中，需要学生阐释其本地区所应用的提高生物多样性的计划，如农业和乡村发展部农业环境计划；在苏格兰课程标准中，额外关注了对于杂草的生物防治。这体现了将书本知识与日常生活相结合的教学理念，希望学生在学习了生物学课程之后能够明白科学相关决策的制定理由以及科学、社会和经济之间的关系。

2. 北爱尔兰生物学课程标准的特点除了知识面广、内容要求具体外，还有一点就是强调数学相关知识和技能的运用。数学公式的应用和计算在"遗传""变异""营养级""渗透作用"等概念中均有涉及，体现出学科交叉的特点以及对学生逻辑推理能力的重视和培养。这对于我国课程标准的修订、教材编写及课堂教学等亦是值得借鉴之处。

第五章 加拿大

加拿大是一个十分注重教育的国家，对于教育的投入比例在全球一直位列前茅，例如，2011年加拿大在教育方面的支出达到了GDP的5.4%[1]。由于注重教育，加拿大受过高等教育的人口比例也领先于许多国家，有七分之一的人拥有大学学位，未获得高中文凭的人仅大约十分之一，这些成年人一般包括移民和加拿大人。劳动力市场要求人们至少拥有高中文凭，在多数情况下，甚至需要大学学位，因此，为帮助少数未获得高中文凭的人，加拿大一些地方把由公共资助的高中课程面向成年人提供，这进一步推动了加拿大高中教育的发展，目前加拿大高中毕业生与非高中文凭持有者的比例正在迅速升高，这在一定程度上是对劳动力市场变化的呼应[2]。

PISA测试是针对年龄为15岁的学生在技能和知识上进行评估的国际评估项目，加拿大从2002年到2018年PISA排名的变化见表5-1。

由表5-1可以看出，加拿大学生在PISA测试中在科学科目方面的排名曾出现过下滑趋势，但于2010年以后又有一个转折点，转折点后的科学成绩有所提升。虽然在2018年的PISA测试中加拿大学生在科学科目方面的表现相较我国存在一定的差距，但是生物学作为科学科目的重要组成部分，其对加拿大学生的科学成绩提升是具有一定贡献的。

---

[1] 资料来源于世界银行官方网站(The World Bank)的公开信息：Education Statistics。关于加拿大在教育方面的支出的信息自2011年至今无更新。

[2] 资料来源于网站MyGradeBooster Tutors的2017年公开信息：Building a Better Student: Teach These Seven Survival Skills for a Brighter Future，下载时间为2018-05-04。

表 5-1 加拿大在科学、数学和阅读领域的 PISA 测试结果排名[①]

	2002	2006	2010	2014	2018
阅 读	4	6	8	3	6
数 学	7	8	13	10	11
科 学	3	8	11	7	7

一、加拿大基础教育及高中生物学课程设置

(一)加拿大基础教育概况

加拿大是联邦制国家,由 10 个省和 3 个地区组成。教育事务由各省区教育部负责,联邦政府没有统一的国家教育事务管理部门[50]。加拿大中小学学制一般是 12 年,其中义务教育为 6~16 岁,个别省份略有不同,例如:不列颠哥伦比亚省拥有最长的 12 年义务教育(6~18 岁)。加拿大的基础教育分四个阶段:早期教育(Early Childhood Education)(包括幼儿园和学前班)、小学(Elementary)、初级中学(Junior High 或 Middle)和高级中学(High)。本章以阿尔伯塔省和不列颠哥伦比亚省为例,与我国进行比较,来说明加拿大不同省份的学段设置(表 5-2)。

从表 5-2 可以看出,在不列颠哥伦比亚省,儿童于 5 岁开始即可上 Kindergarten(相当于学前班,属于幼儿教育与小学教育的衔接),往往于每年 9 月份入学,入学前孩子必须已于前一年的 12 月 31 日之前过了 5 岁生日。在阿尔伯塔省,也是 9 月份开始上 Kindergarten,此前是须于当年 3 月 1 日之前过了 4 岁生日,自 2020 年起其对儿童的入学条件与不列颠哥伦比亚省趋同。但与不列颠哥伦比亚省的全日制 Kindergarten 学习(9:00—15:00)不同,阿尔伯塔省为半天 Kindergarten 学习。此外,从表 5-2 可以看出阿尔伯塔省的小学、初高中划分明显不同于不列颠哥伦比亚省。

---

① 资料来源于经合组织官方网站(OECD)的 2018 年公开信息:PISA,下载时间为 2018-05-04。

表5-2 我国、加拿大阿尔伯塔省和不列颠哥伦比亚省的年级结构组成

年级	中国				加拿大			
					阿尔伯塔省		不列颠哥伦比亚省	
3~4岁		幼儿园	幼儿教育	学前教育	学前教育		学前教育	
4~5岁	学前教育							
5~6岁					Kindergarten	幼儿教育	Kindergarten	幼儿教育
6~7岁		1年级	小学教育	初等教育	1年级	小学教育	1年级	小学教育
7~8岁		2年级			2年级		2年级	
8~9岁		3年级			3年级		3年级	
9~10岁		4年级			4年级		4年级	
10~11岁	义务教育	5年级			5年级		5年级	
11~12岁		6年级			6年级		6年级	
12~13岁		7年级	初级阶段	中等教育	7年级	初级阶段	中等教育	7年级	初级阶段	中等教育
13~14岁		8年级			8年级		8年级	
14~15岁		9年级			9年级		9年级	
15~16岁	/	10年级	高级阶段		10年级	高级阶段	10年级	高级阶段
16~17岁		11年级			11年级		11年级	
17~18岁		12年级			12年级		12年级	

实际上，在学段的设置上学校具有一定的灵活自主性，例如：在不列颠哥伦比亚省，一些学校可能会把小学的较高年级和中学的低年级合并在一起，这些学校被称为中学或小中学；有些小学仅由 K-5 年级组成；同样，一些中学高级阶段可能只有 11 年级和 12 年级。此外，一些学区可能只有小学(K-7)和中学(8～12)。而不列颠哥伦比亚省非管辖地区(原住民保留区)将中学教育的初级阶段划分为"初级"(K-3)和"中级"(4～6 或 7)。这里就不再赘述。

(二) 加拿大基础教育阶段课程设置概况

由于各省教育自治也导致国家没有统一的课程标准，因此加拿大中小学课程标准的研制一般由各省教育部负责组织。研制期间，各省教育部往往会邀请来自大学、教育研究机构、中小学校的专家和一线教师组成课程标准研制小组，共同努力开发各学科的课程标准[50]。本章为了能说明加拿大的基础教育现象，选择了两个有代表的省份(阿尔伯塔省和不列颠哥伦比亚省)的课程标准，与我国的 2017 年课程标准进行了比较研究。选择两个省份的原因说明如下。

1. 阿尔伯塔省基础教育概况

阿尔伯塔省作为加拿大最为富裕的省份之一，其对教育的投入可以说是不遗余力，其对加拿大未来公民的培养可以体现出加拿大教育体系的特征[51]；此外，阿尔伯塔省的高中毕业文凭得到北美和世界各地的普遍认可。

在历次 PISA 测试中，阿尔伯塔省的学生在科学和阅读领域的表现都不凡[50]，均高于加拿大全国平均水平，而数学领域的成绩更是名列第二，仅次于魁北克省。阿尔伯塔省教育的显著特点之一是尊重学生的个别差异。以中学阶段的举措为例，主要有：(1) 灵活分级——例如：7 年级学生如果有哪门课达到 8 年级水平，即可跟 8 年级班；甚至有 7、8 两个年级学生到大学去上数学课的；(2) 开设丰富的选修课，包括：音乐、美术、数学补习、演讲、烹饪、缝纫、建筑、生涯探索等；(3) 为特殊人群设立特殊课程和特殊检测等，例如：由于加拿大新移民和流动人口比较多，学校专门开设了英语作为第二语言班(ESL)，让基础比较薄弱的移民学生能够比较顺利地过渡。这些举措同时受到了大量研究的支撑。加拿大的教育"日常低调"，但却能在平淡之中呈现出教育的本真,这一点尤其值得我国教育者思考[52]。

在阿尔伯塔省"科学"课程的设计上,小学初中并无突出之处,但是从高中开始,大多数课程开始被标记上了连接号,例如 Math 20-1。其中"-1"是最高级别,其次是"-2"等。课程标准中的课程用 10、20、30 代表从低到高等级,一般来说课程 10 对应 10 年级,20 对应 11 年级,30 对应 12 年级。阿尔伯塔省的科学课程组织比较复杂。从图 5-1 中可以看出 10 年级的"科学"课程包括物理、化学、生物学三科目,作为今后学习"生物学 20"和"生物学 30"的基础。在后期阶段中,生物学分为两大阶段:"生物学 20"阶段和"生物学 30"阶段。修完"生物学 20"的学分才可以继续修"生物学 30"的学分。在"生物学 30"课程结束时,学生将会进行一个省级文凭考试,该考试成绩约占全部成绩的 30%,另外 70%则由学校打分。学生必须达到总成绩的 50%或更高才能获得相应选修课程的学分。综合以上情况,本章选择阿尔伯塔省"科学 10"课程、"生物学 20"阶段和"生物学 30"阶段课程标准中设置的生物学内容作为研究对象,与我国高中的生物学课程内容具有可比性。

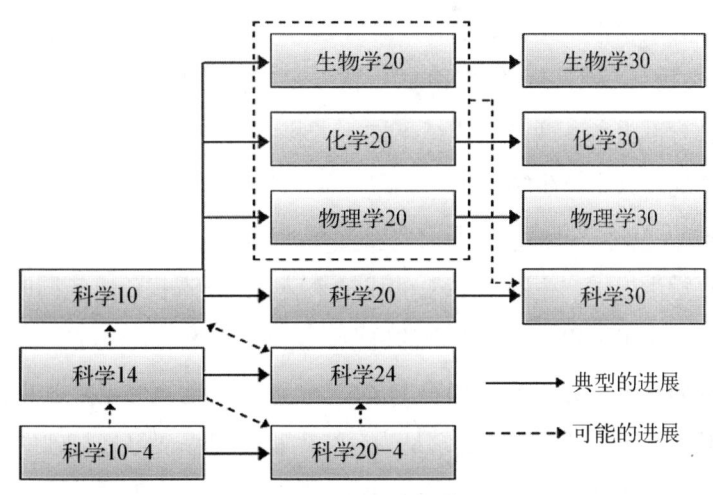

图 5-1 阿尔伯塔省高中科学课程结构①

(注:图中设置的每门课程为 5 学分)

---

① 资料来源于加拿大阿尔伯塔省教育部官方网站 Ministry of Education of Alberta(https://education.alberta.ca/)的 2015 年公开信息:Alberta Education,下载时间为 2018-06-03。

2. 不列颠哥伦比亚省(B.C.)

不列颠哥伦比亚省一直是国际学生到加拿大留学的首选。其学生在PISA测试的阅读和科学领域表现也非常出色[50]。不列颠哥伦比亚省课程内容不但要求学生获得基础的生物学知识，而且要了解并关注这些知识在实际生活、现代生产和社会发展中的应用，提高对科学和探索未知的兴趣，学会生物科学探究的一般方法，了解与生物科学相关的应用领域，在为大学阶段的学习打下基础的同时，也为自己服务社会做好准备[53]。与之相关的能力培养是我国学生较为缺乏的，所以这一点很值得去借鉴、学习。

不列颠哥伦比亚省K-10年级的生物学是与物理、化学一起包含在"科学"中的，但从中学11年级（相当于我国的高中二年级）开始开设了专门的"生物学"科目，这一点与阿尔伯塔省一样。尽管不列颠哥伦比亚省"科学8~10"课程设置的教育目标只是为了让学生体验自然，但针对"科学10"的课程内容设置了考试，并且被指定为省级考试，即该考试须报教育部备案，其考试结果以字母等级和百分比两种形式呈现，占期末成绩的20%。"科学10"课程为4学分，为了获得本课程的学分，所有选修"科学10"课程的学生都必须参加考试。"生物学11"（11年级）和"生物学12"（12年级）也均为4学分课程，同样须向教育部报备，两者的成绩不同于"科学10"，不存在学生可以获得部分学分的情况，其中"生物学12"有一个可供选择的毕业课程考试，占选考学生期末成绩的40%。虽然学生不需要通过参加这门考试来获得学分，但一些高等院校需要学生提供"生物学12"的成绩来满足入学选拔要求；同时"生物学12"考试也提供了获得省级奖学金的机会。

从课程内容设置方面看，10年级的"科学10"是必修课，其中生物学内容包括：生态系统的可持续性，它是为后续生物学课程学习打基础的；11年级的"生物学11"是必修课，其内容分为七个部分，包括：科学研究进展、分类学、进化论、生态学、微生物学、植物学和动物学；12年级的"生物学12"是选修课，其内容分为三大部分，包括：科学研究进展、细胞生物学和人体生物学。本章选择"科学10""生物学11"和"生物学12"课程标准中与我国课程内容相对应的部分作为研究对象。

二、研究内容介绍

本章的研究对象为：加拿大阿尔伯塔省"科学"课程10年级课程标准(2005年颁布，2014年修订版)[54]，及加拿大阿尔伯塔省科学类课程部分11和12两个年级对应的"生物学20"和"生物学30"课程标准(2007年颁布，2014年修订版)[55]；以及加拿大不列颠哥伦比亚省"科学"课程10年级课程标准(2008年)[56]，加拿大不列颠哥伦比亚省11—12年级"生物学"课程的课程标准(2006年)[57]。

本章定性方法主要针对我国、加拿大阿尔伯塔省和不列颠哥伦比亚省课程标准的课程内容组织结构和各学段的学习内容进行比较分析；定量方法主要针对三者课程标准的课程广度和课程深度，通过赋值后进行定量比较研究。值得说明的是，阿尔伯塔省和不列颠哥伦比亚省10年级之前(含10年级)生物学内容是与物理和化学等一起作为"科学"课程形式出现，没有各自作为单独课程，这两个省的年级结构组成和我国比较有一些差距(表5-2)。但是为了保证与我国高中课程进行比较时的对等性，也把10年级的"科学"课程中的生物学作为研究对象，其中，阿尔伯塔省选择10年级的"科学10"、11年级的"生物学20"阶段和12年级的"生物学30"阶段，不列颠哥伦比亚省选择10年级的"科学10"、11年级的"生物学11"阶段和12年级的"生物学12"阶段；我国选择高中课程标准要求的必修和选择性必修课程的五大模块。具体研究方法见第一章。由于本书比较的是课程标准中最小概念中知识点的数目，而非同等级概念中的知识点数目，比较时可以看出，我国新课程标准中"内容要求"中为三级概念，而加拿大阿尔伯塔省课程标准中为四级概念。

课程深度的判断参照课程标准中每个概念前学习指导要求的行为动词(见表1-7)，其中涉及课程内容标准和建议性内容中的行为动词，例如：(1)内容标准包括我国课程标准中的"内容标准"、加拿大阿尔伯塔省的"一般成果(General Outcomes)"和不列颠哥伦比亚省的"规定的学习结果(Prescribed Learning Outcomes)"；(2)建议性内容在我国为"教学提示"和"学业要求"，阿尔伯塔省为"知识的具体成果"，不列颠哥伦比亚省为"建议的成就指标"。针对某一主题内容深度的比较用平均课程深度($\bar{S}$)表示，即用每个知识点的深度的和除以知识点的广度，计算公式为 $\bar{S}=S/G$，其中 S 代表课程深度，G 代表课程广度。

加拿大阿尔伯塔省课程标准按单元组织课程内容，每单元内分列主题，主题又对应一般成果，例如"解释能量在生物圈和生态系统中的持续流动"即属于一般成果，一般成果进而对应具体的知识成果，如"解释生物圈中的能量如何被视为光合和化学合成活动与细胞呼吸活动之间的平衡"即属于知识成果；一般成果还对应科学、技术和社会的具体成果，其目的是强调科学的性质，比如"说明科学研究的过程包括分析证据，并提供基于科学的理论和概念的解释"即归这一类；一般成果还对应技能的具体成果。而不列颠哥伦比亚省课程标准也按单元组织课程内容，单元内分列关键要素(Key Elements)，关键要素对应规定的学习成果，比如"描述进化过程"属于学习成果；学习成果具体又对应建议的成就指标，如"解释 DNA 在进化中的作用"。

三、结果与分析

（一）课程内容结构

加拿大阿尔伯塔省生物学课程设置包括"科学 10"部分的 1 个一级主题"生命系统中物质的循环"；"生物学 20"部分的 A—D 共 4 个单元，分别为"单元 A：生物圈中的能量和物质交换""单元 B：生态系统和人口变化""单元 C：光合作用和细胞呼吸"和"单元 D：人类系统"；"生物学 30"部分的 A—D 共 4 个单元，分别为"单元 A：神经系统和内分泌系统""单元 B：繁殖和发育""单元 C：细胞分裂、遗传学和分子生物学"和"单元 D：种群和群落动态学"。而不列颠哥伦比亚省"科学 10"部分有 1 个一级主题"生态系统的可持续性"；"生物学 11"部分有 7 个一级主题，分别为"科学过程""（生物）分类学""进化""生态学""微生物学""植物学"和"动物学"；"生物学 12"部分涉及 3 方面，即"科学过程""细胞生物学"和"人体生物学"，其中"细胞生物学"又包括：细胞结构、细胞化合物和生物分子、DNA 复制、蛋白质合成、跨细胞膜转运和酶；而"人体生物学"包括：消化、循环、呼吸、神经、排泄和生殖六大系统。具体见表 5-3。

表 5-3　加拿大阿尔伯塔省和不列颠哥伦比亚省
高中生物学课程一、二两级主题设置

地区	一级主题(单元)	二级主题	课程广度(G)	平均课程深度($\overline{S}$)
阿尔伯塔省	科学10	生命系统中的物质循环	1. 解释成像技术的发展与当前对细胞的了解之间的关系 2. 描述细胞内细胞器和结构在生命过程中的作用，并用模型解释这些过程及其应用 3. 以多细胞植物为例，分析细胞、组织和器官层次上具有特殊结构的多细胞有机体	118	2.29
	生物学20	单元A：生物圈中的能量和物质交换	1. 解释能量在生物圈和生态系统中的持续流动 2. 解释物质在生物圈中的循环 3. 解释生物圈中能量和物质交换的平衡，作为一个开放的系统，并解释这是如何保持平衡的		
		单元B：生态系统和人口变化	1. 解释生物圈是由生态系统组成的，每个生态系统都具有独特的生物和非生物特征 2. 解释人口随时间变化的机制		
		单元C：光合作用和细胞呼吸	1. 将光合作用与有机化合物中能量的储存联系起来 2. 解释细胞呼吸在有机化合物释放势能中的作用		
		单元D：人类系统	1. 解释人类消化系统和呼吸系统如何与环境交换能量和物质 2. 解释循环系统和免疫系统在维持内部平衡中的作用 3. 解释排泄系统通过与环境的能量和物质交换来维持人体内部平衡的作用 4. 解释运动系统在身体其他系统功能中的作用		
	生物学30	单元A：神经系统和内分泌系统	1. 解释神经系统是如何控制生理过程的 2. 解释内分泌系统如何促进动态平衡		
		单元B：繁殖和发育	1. 解释如何通过繁殖确保人类的生存 2. 解释人类生殖如何受化学控制系统的调节 3. 解释人体细胞的分化和发育是由遗传、内分泌和环境因素共同调节的		

第五章　加拿大　107

续　表

地区	一级主题(单元)		二级主题	课程广度(G)	平均课程深度(S)
阿尔伯塔省	生物学30	单元C：细胞分裂、遗传学和分子生物学	1. 描述有丝分裂和减数分裂的过程 2. 解释遗传特征传递的基本规律和过程 3. 从分子水平解释经典遗传学		
		单元D：种群和群落动态学	1. 将一个群落描述为多个种群的集合，其中个体对一个可能随时间变化的基因库作出贡献 2. 解释群体中个体与其他群体成员之间的相互作用 3. 从数量上解释种群随时间的变化		
不列颠哥伦比亚省	科学10	生态系统的可持续性	1. 解释生态系统中非生物和生物因素的相互作用 2. 评估生物蓄积的潜在影响 3. 解释自然种群改变或保持平衡的各种方式	228	2.31
	生物学11	科学过程	A1 为各种实验室程序演示安全和正确的技术 A2 使用科学方法设计一个实验 A3 解释各种文本提供的和视觉观察到的数据		
		(生物)分类学	B1 应用分类法研究生物多样性		
		进化	C1 描述进化过程		
		生态学	D1 分析生态系统内生物体的功能相互关系		
		微生物学 病毒	E1 评估用于将病毒分类为活病毒或非活病毒的证据 E2 评估病毒对人体健康的影响		
		微生物学 原核生物	E3 在原核结构层面分析无核原核生物作为一种生命形式 E4 评估各种抗生素、消毒剂或防腐剂对细菌培养的效果		
		植物学	F1 分析藻类、苔藓和蕨类植物日益复杂的结构，并明确它们是如何代表对陆地环境适应的进化连续性 F2 分析裸子植物和被子植物的结构，并明确它们是如何在陆地环境中生存的		

续 表

地区	一级主题(单元)		二级 主 题	课程广度(G)	平均课程深度(S)
不列颠哥伦比亚省	生物学11	动物学	G1 分析动物门生物的日益复杂，及它们是如何反映出进化连续性的 G2 分析多孔动物门和刺胞动物门日益增加的复杂性 G3 分析扁形动物门、线虫动物门和环节动物门日益复杂的情况 G4 分析软体动物门、棘皮动物门和节肢动物门日益复杂的情况 G5 将脊椎动物的形态和功能的复杂性与动物的进化连续性联系起来		
	生物学12	科学过程	A1 在每种实验过程中演示安全和正确的操作技术 A2 使用科学方法设计一个实验 A3 解释各种文本提供的和视觉观察到的数据		
		细胞生物学 / 细胞结构	B1 分析细胞结构的功能相互关系		
		细胞化合物和生物分子	B2 描述水的特性及其在系统中的作用 B3 描述酸、碱和缓冲液在人体系统中的作用 B4 分析生物分子在生物系统中的结构和功能，包括碳水化合物、脂质、蛋白质、核酸		
		DNA复制	B5 描述DNA复制 B6 描述重组DNA		
		蛋白质合成	B7 展示了对蛋白质合成过程的理解 B8 解释DNA突变如何影响蛋白质合成		
		跨细胞膜转运	B9 分析细胞膜的结构和功能 B10 解释为什么细胞在达到特定的表面积与体积比时会分裂		
		酶	B11 分析酶在生化反应中的作用		
		人体生物学 / 消化系统	C1 分析消化系统结构的功能相互关系 C2 描述唾液、胃液、胰液和肠液的成分、pH和消化作用		

续表

地区	一级主题(单元)		二级主题	课程广度(G)	平均课程深度(S)
不列颠哥伦比亚省	生物学12	人体生物学	循环系统 C3 描述结构的相互关系 C4 分析心率与血压的关系 C5 分析循环系统血管的功能相互关系 C6 描述血液的成分 C7 描述淋巴系统结构的相互关系		
			呼吸系统 C8 分析呼吸系统结构的功能相互关系 C9 分析呼吸过程 C10 分析内、外呼吸		
			神经系统 C11 分析神经冲动的传递 C12 分析神经系统各部分的功能及相互关系		
			排泄系统 C13 分析泌尿系统结构的功能及相互关系		
			生殖系统 C14 分析男性生殖系统结构的功能及相互关系 C15 分析女性生殖系统结构的功能及相互关系		

与我国课程标准中设置的内容进行比较后发现，中加两国均重视细胞生物学和生态系统的学习。但加拿大两省的课程在一级主题上的设置差异较大，其中阿尔伯塔省以主题形式呈现，例如"生物圈中的能量和物质交换""光合作用和细胞呼吸""细胞分裂、遗传学和分子生物学"等；而不列颠哥伦比亚省主要以学科形式呈现，例如"分类学""动物学""人体生物学"等。

(二) 课程广度和深度

参照我国课程标准对生物学课程内容的划分模块，采用第一章中的定量分析框架和方法，本章研究获得了加拿大阿尔伯塔省和不列颠哥伦比亚省的课程广度和课程深度。详细结果见表5-4。

从表5-3和表5-4中可以看出，加拿大阿尔伯塔省和不列颠哥伦比亚省的生物学课程广度(G)差异较大，其中阿尔伯塔省的课程广度为118，而不列颠哥伦比亚省的课程广度则达228。我国的课程广度(G=120)与阿尔伯塔省更为接近。

表 5-4 加拿大两省高中生物学课程广度和平均课程深度比较

一级主题\项目	分子与细胞		遗传与进化		稳态与调节		生物与环境		生物技术与工程		其他	
	阿	B.C.	阿	B.C.	阿	B.C.	阿	B.C.	阿	B.C.	阿	B.C.
课程广度(G)	24	43	22	15	15	22	25	24	2	/	30	124
平均课程深度($\bar{S}$)	2.75	2.63	2.09	2.40	2.26	2.31	2.12	2.16	2.00	/	2.23	2.22

注:"阿"是对阿尔伯塔省的简称;"B.C."是对不列颠哥伦比亚省的简称。

此外,本章对加拿大课程标准中所设各知识点前的行为动词进行了梳理(见表 1-5),最终依据布卢姆对认知过程层次的划分,对相应的行为动词所处认知水平的出现频次和所占百分比进行了统计,见表 5-5。

比较加拿大阿尔伯塔省和不列颠哥伦比亚省(表 5-4、表 5-5)与我国课程标准设置内容的课程深度(见表 1-5 和表 1-7)可以看出,三者设置生物学内容的课程深度相对较接近。两省平均课程深度($\bar{S}$)相对较均衡,变幅 2.00～2.75,总平均课程深度分别为 2.29 与 2.31,与我国(变幅 1.91～2.71,总平均 2.22)的相当。其中不列颠哥伦比亚省在"分子与细胞"和"生物与环境"两个主题下设置有少量对认知的要求达到"创造"层次的知识点,但我国课程标准中对认知的要求最高为"分析"层次。

1."分子与细胞"模块课程内容的设置

与我国课程标准设置的"分子与细胞"模块相应的课程内容相比,加拿大阿尔伯塔省课程标准中隶属于该主题的内容主要分布在"科学 10""生命系统中的物质循环"的 3 个二级主题,及"生物学 20"中"单元 C:光合作用和细胞呼吸"和"单元 D:人类系统"中;而不列颠哥伦比亚省课程标准设置的相应内容绝大部分分布于"生物学 12""细胞生物学"中的"细胞结构"和"细胞化合物和生物分子"。具体见表 5-3。

深入分析我国与加拿大两省在"分子与细胞"主题设置的知识点发现,三者均关注了:细胞内的有机物(碳水化合物、脂质、蛋白质)、细胞膜、细胞器、小分子物质进出细胞的方式、酶、ATP、光合作用、细胞呼吸。此外,还发现:

表 5-5 加拿大阿尔伯塔省和不列颠哥伦比亚省课程标准中各知识点认知水平要求频次和所占百分比

一级主题 认知水平	分子与细胞 阿	分子与细胞 B.C.	遗传与进化 阿	遗传与进化 B.C.	稳态与调节 阿	稳态与调节 B.C.	生物与环境 阿	生物与环境 B.C.	生物技术与工程 阿	生物技术与工程 B.C.
记忆/回忆	/	2 (4.65%)	/	/	/	1 (4.55%)	/	/	/	/
理解	14 (58.33%)	21 (48.84%)	21 (95.45%)	13 (86.67%)	12 (80.00%)	17 (77.27%)	23 (92.00%)	17 (70.83%)	2 (100.00%)	/
应用	2 (8.33%)	11 (25.58%)	/	/	2 (13.33%)	/	1 (4.00%)	2 (8.33%)	/	/
分析	8 (33.33%)	7 (16.28%)	1 (4.55%)	2 (13.33%)	1 (6.67%)	4 (18.18%)	1 (4.00%)	4 (16.67%)	/	/
评价	/	/	/	/	/	/	/	/	/	/
创造	/	2 (4.65%)	/	/	/	/	/	1 (4.17%)	/	/

注:"阿"是对阿尔伯塔省的简称;"B.C."是对不列颠哥伦比亚省的简称。

(1) 加拿大阿尔伯塔省与我国的课程标准均关注了质膜的选择透过性、有丝分裂周期；该省与不列颠哥伦比亚省又共同设置有显微镜技术相关内容，及限制细胞大小的因素等。同时，阿尔伯塔省专门设置了显微镜的出现与细胞学研究、动植物细胞比较、半透膜及其渗透和扩散、细胞是一个开放系统、植物叶片细胞结构等知识点。(2) 加拿大不列颠哥伦比亚省除前述与我国和/或加拿大阿尔伯塔省共同设置的内容外，还与我国课程标准共同设置有细胞内的水及其作用、核酸、大分子物质进出细胞的方式。此外，不列颠哥伦比亚省还专门设置有人体内的生化反应(聚合、水解)、细胞内四种有机物(碳水化合物、脂质、蛋白质和核酸)的区别、基于结构图识别分子、影响物质在质膜上扩散速率的因素等特有内容。(3) 此外，我国课程标准中设置的细胞内主要元素组成、无机盐、细胞核、细胞器之间的协调合作、单细胞和多细胞生物、原核和真核生物、细胞分化、衰老和死亡等相关内容，在加拿大两地的课程标准中均未出现。

总之，在"分子与细胞"主题中，加拿大不列颠哥伦比亚省最高($G=43$)，加拿大阿尔伯塔省($G=24$)和我国($G=23$)相当(表5-4)。但从上述分析看，我国和加拿大两省的共同关注点并不多，因此可以说三者在该主题的设置上各有特色。其中，阿尔伯塔省在课程标准中规定的细胞理论发展和细胞研究领域这两部分内容，可以引导学生从学科发展的视角关注细胞生物学，因此十分有特色；而不列颠哥伦比亚省设置的人体内的生化反应(聚合、水解)是属于生物学与化学交叉的内容，对其的学习有助于学生更加深入地了解生命活动的规律，但我国高中学生相对较缺乏这方面的知识。

此外，在加拿大两省课程标准中在"分子与细胞"主题设置内容的课程深度均高于我国($\bar{S}=1.91$)，其中阿尔伯塔省的平均课程深度达2.75，课程标准对学生认知的要求分布在"理解""应用"和"分析"三个层次，分别占58.33%、8.33%和33.33%；不列颠哥伦比亚省的平均课程深度为2.63，对学生认知的要求分布于"记忆/回忆""理解""应用"和"分析"，甚至"创造"五个层次，它们分别占比4.65%、48.84%、25.58%、16.28%和4.65%(表5-5)；而我国对学生认知的要求91.30%集中在"理解"层次，其他8.70%为"记忆/回忆"层次(见表1-7)。

2."遗传与进化"模块课程内容的设置

与我国课程标准设置的"遗传与进化"模块相对应的课程内容相比,加拿大阿尔伯塔省课程标准中隶属于该主题的内容主要分布在"生物学20""单元B:生态系统和人口变化"中和"生物学30""单元C:细胞分裂、遗传学和分子生物学"中;而不列颠哥伦比亚省课程标准设置的相应内容绝大部分分布于"生物学12""细胞生物学"中的"DNA复制"和"蛋白质合成",以及"生物学11""进化"中。具体见表5-3。

进一步分析"遗传与进化"主题下设置的知识点会发现,三者共同关注了:DNA的半保留复制、转录和翻译、基因突变、适应是自然选择的结果等相关内容。此外还发现:(1)加拿大阿尔伯塔省与我国的课程标准均关注了减数分裂、染色体上的基因传递和性别的关系、基因序列改变导致的不良后果;同时,阿尔伯塔省专门设置了孟德尔实验、沃森和克里克揭示DNA结构、比较显性和隐性概率、如何通过核基因及线粒体和/或叶绿体基因证明物种间的亲缘关系、比较有丝分裂和减数分裂、生殖策略的多样性、单倍体和多倍体等知识点。(2)加拿大不列颠哥伦比亚省除前述与我国和阿尔伯塔省共同设置的内容外,还与我国课程标准共同设置有DNA分子结构、染色体变异、人类遗传病几个知识点。(3)此外,我国课程标准中设置的基因是DNA分子的功能片段、表观遗传现象、有性生殖中遗传信息的传递及其基因分离和自由组合、基因重组、生物具有共同祖先、生物行为及其结构和功能具有共性等内容,在加拿大两省的课程标准中均未出现。

从课程广度看,在"遗传与进化"主题中,阿尔伯塔省课程标准中设置相关内容的课程广度(G=22)和我国(G=22)相同,但不列颠哥伦比亚省明显较小(G=15)(表5-4)。从上述分析看,我国和加拿大两省的共同关注点不多,我国和加拿大阿尔伯塔省各自的特色明显。其中,阿尔伯塔省在课程标准中规定了孟德尔实验、沃森和克里克揭示DNA结构这两个知识点都属于科学史的内容,其对学生的科学思维和科学探究培养十分有益,尽管在我国的课程标准中对它们没有明确的要求,但在我国教材的实际编写中仍会通过科学史来促进学生对遗传学知识的理解[9];此外,阿尔伯塔省还关注了生殖方式的多样性这一知识，其对学生理解生物多样性十分有帮助。而不列颠哥伦比亚省在该主题下设置的内容十分少，所设置内容几乎全部涵盖在我国课程标准规定的内容中。

从课程深度看，我国课程标准中"遗传与进化"主题内容的平均课程深度（$\bar{S}=2.23$）介于加拿大阿尔伯塔省（$\bar{S}=2.09$）和不列颠哥伦比亚省（$\bar{S}=2.40$）之间。其中加拿大两省课程标准对学生认知的要求主要分布在"理解"层次，阿尔伯塔省占95.45%，不列颠哥伦比亚省占86.67%，此外在"分析"层次也有少量分布，前者占4.55%，后者为13.33%（表5-5）；而我国对学生认知的要求则分布于"理解""应用"和"分析"三个层次，分别占比86.36%、4.55%和9.09%（见表1-7）。总之，我国和加拿大两省都侧重于让学生理解。

3. "稳态与调节"模块课程内容的设置

与我国课程标准设置的"稳态与调节"模块相对应的课程内容相比，加拿大阿尔伯塔省课程标准中隶属于该主题的内容主要分布在"科学10"的"生命系统中的物质循环"中，以及"生物学20""单元D：人类系统"和"生物学30""单元A：神经系统和内分泌系统"中；而不列颠哥伦比亚省课程标准设置的相应内容分布于"生物学12""细胞生物学"中的"细胞化合物和生物分子"和"酶"，以及"人体生物学"中的"消化系统""神经系统""排泄系统"和"循环系统"。具体见表5-3。

在"稳态与调节"主题下，我国和加拿大两省都共同关注了动作电位产生、低级神经中枢和高级神经中枢、内分泌系统概念、激素调节、淋巴系统的功能。此外，（1）加拿大阿尔伯塔省在该主题下设置的内容并不多，除了与我国和其他地区的共同关注点外，还与我国一起关注了植物生长素的发现这一知识点；此外，还与不列颠哥伦比亚省共同关注了内分泌激素的功能、抗利尿激素的作用、抗原和抗体。（2）不列颠哥伦比亚省与我国都关注到了三个知识点，即：循环系统参与内外环境物质交换、反射弧组成与突触、免疫活性物质；此外，还特设有区分酸和碱及缓冲液、轴突和树突、脊髓神经纤维的结构等知识点。（3）我国在该主题内设置有内环境的组成、体细胞与内环境的关系、机体器官和系统的协调、神经调节和体液调节之间的关系、体液成分参与稳态调节、特异性免疫、免疫功能异常、植物激素及其应用、参与调节植物生命活动的其他因素等特色内容。

从课程广度看,在"稳态与调节"主题中,阿尔伯塔省课程标准中设置相关内容最少,其课程广度仅15,而不列颠哥伦比亚省($G=22$)和我国($G=23$)相当(表5-4)。从上述分析看,我国相较加拿大两省在该主题的内容设置上更具特色。

从课程深度看,我国课程标准中"稳态与调节"主题内容的平均课程深度($\bar{S}=2.13$)低于加拿大阿尔伯塔省($\bar{S}=2.26$)和不列颠哥伦比亚省($\bar{S}=2.31$)。其中加拿大阿尔伯塔省课程标准对学生认知的要求分布在"理解""应用"和"分析"三个层次,分别占比80.00%、13.33%和6.67%;不列颠哥伦比亚省对学生认知的要求包括"记忆/回忆""理解"和"分析"三个层次,分别占比4.55%、77.27%和18.18%(表5-5);而我国对学生认知的要求则分布于"记忆/回忆""理解"和"分析"三个层次,分别占比4.35%、86.96%和8.70%(见表1-7)。总之,我国和加拿大两省同样强调学生对该主题内容的理解。

4."生物与环境"模块课程内容的设置

与我国课程标准设置的"生物与环境"模块相对应的课程内容相比,加拿大阿尔伯塔省课程标准中隶属于该主题的内容主要分布在"生物学20""单元A:生物圈中的能量和物质交换"和"单元B:生态系统和人口变化",以及"生物学30""单元D:种群和群落动态学"中;而不列颠哥伦比亚省课程标准设置的相应内容分布于"科学10""生态系统的可持续性",以及"生物学11"的"生态学"中。具体见表5-3。

在"生物与环境"主题下,我国和加拿大两省都共同关注了种群数量变动的数学模型、群落演替、能量流动和物质循环、生态系统营养金字塔、生物系统中物种的相互作用、生态系统稳定性等。此外,(1)加拿大阿尔伯塔省在该主题下,除了与我国和其他地区共同关注点外,还与我国一起关注了食物链和食物网;并且设置了一些特色内容,例如:生态系统相关概念(物种、种群、群落、生态系统)、哈代—温伯格定律、基因库变化的分子基础、分类学及物种命名法则、人口增长的因素等内容。(2)不列颠哥伦比亚省与我国都关注到：非生物因素对种群的影响、生态系统中的生物因素(生产者、消费者和分解者)、有害物质的富集；此外，还特设了极富地方特色的内容，即：加拿大生物群落特征。(3)我国在该主题还设置有种群特征、群落特征、特定生态系统分析、人口增长导致的后果等内容。

从课程广度看，在"生物与环境"主题中，阿尔伯塔省课程标准中设置相关内容的课程广度为25，不列颠哥伦比亚省为24，均略大于我国的22(表5-4)。从上述分析看，我国和加拿大两省共同关注的内容为生态系统的变化及稳态调节方面，此外，不列颠哥伦比亚省设置了富有国家特色的内容"加拿大生物群落特征"，这在弘扬国家文化方面十分有益。

从课程深度看，我国课程标准中"生物与环境"主题内容的平均课程深度($\bar{S}=2.71$)大于加拿大阿尔伯塔省($\bar{S}=2.12$)和不列颠哥伦比亚省($\bar{S}=2.16$)，说明我国对生态系统更为重视。其中加拿大阿尔伯塔省课程标准对学生认知的要求分布于"理解""应用"和"分析"三个层次，分别占比为92.00%、4.00%和4.00%；不列颠哥伦比亚省课程标准对学生认知的要求分布在"理解""应用""分析"和"创造"四个层次，分别占比为70.83%、8.33%、16.67%和4.17%(表5-5)；而我国对学生认知的要求则分布于"记忆/回忆""理解""应用"和"分析"四个层次，分别占比4.55%、50.00%、9.09%和36.36%(见表1-7)。总之，我国和加拿大两省都侧重于让学生理解知识内容。

5."生物技术与工程"模块课程内容的设置

我国课程标准设置的"生物技术与工程"模块十分有特色，其中包括发酵工程、细胞工程和基因工程等与之相关的基础知识和技术，而加拿大阿尔伯塔省课程标准仅在"生物学30""单元C：细胞分裂、遗传学和分子生物学"下设置了限制酶相关的2个知识点，两个知识点的课程深度均为理解层次(表5-5)。我国课程标准中规定的微生物培养法、发酵工程、植物组织培养、动物细胞培养、胚胎技术、基因工程、蛋白质工程、转基因技术、克隆人的伦理问题、生物武器的抵制等内容，在加拿大两省课程标准中均未涉及。但需要特别说明的是，对于生物技术与工程这部分内容，尽管阿尔伯塔省在知识点上没有特别作出要求,但是在每单元都有部分渗透、融合其技能成果,例如:"生物学 30""单元 B:繁殖和发育"中设置了"利用图书馆和电子资源,研究胚胎细胞如何交流"的内容;此外,不列颠哥伦比亚省也没有知识点的要求,但是"生物学 11"和"生物学 12"中都专门设置有一级主题"科学过程",里面部分涉及生物技术,例如:科学流程要求"正确使用解剖显微镜"等内容。

6. 其他课程内容的设置

加拿大阿尔伯塔省和不列颠哥伦比亚省对人体生理学都十分关注,均设置有消化系统、呼吸系统、循环系统、排泄系统、运动系统、神经系统和生殖系统相关内容。这些知识在不列颠哥伦比亚省集中分布于"生物学 12"的"人体生物学"中,而在阿尔伯塔省则分布于"生物学 20""单元 D:人类系统",及"生物学 30""单元 A:神经系统和内分泌系统"和"单元 B:繁殖和发育"中。此外,相比于我国和加拿大阿尔伯塔省的课程标准,加拿大不列颠哥伦比亚省还设置了(生物)分类学、微生物学(病毒、原核生物)、植物学和动物学等相关内容,并分布于"生物学 11"中。具体见表 5-3,这里不再赘述。

四、结论

在课程内容组织上,对于人类系统这部分知识点的处理,我国高中生物学只是在"稳态与调节"模块有所渗透,其中仅包含人体的内分泌系统、神经系统和免疫系统,缺乏对整个人体结构的全面和系统性的介绍,而加拿大的两个省做得非常全面,平均课程深度也都相近。但是我国对生物技术与工程的介绍非常详细,具体划分到基因工程、蛋白质工程、植物组织培养等,加拿大两省对于这部分内容并非没有介绍,而是采取了每一模块内容明确科学和技能要求的方法(我国没有明确的相关要求),让学生自主设计实验、探索、研究问题,学生在探索过程中,需要通过查阅资料,了解和掌握这些技术才能解决课程标准上陈列的相关科学和技能要求。

在课程广度和课程深度方面,我国生物学内容的课程广度与阿尔伯塔省比较相似,知识覆盖面比较广。不列颠哥伦比亚省则更加的详细、丰富,其课程内容广度在分子与细胞模块最大，与阿尔伯塔省相比，人类系统课程内容广度也多了将近一倍，对于知识点的细节要求比较详细；而且其还设置了（生物）分类学、微生物学(病毒，原核生物)、植物学、动物学等单元，这些内容我国在初中课程标准中已经涉及。此外，我国课程深度相对来说比较低，加拿大两省比较高，它们更关注学生的自主探索能力和实践能力，而我国更注重学生对于基础知识点的掌握。

　　在分析加拿大的课程设计时，对于优点和值得借鉴之处要进行学习，但是还需要立足于我国的现状和优势，考虑我国教育地区化和教育资料是否相配。在设计课程标准、教材编写及课堂教学时，需要发掘学生的探索和求知精神，同时还要培养他们的合作、交流能力。但是这样不代表就要忽略基本的知识，对于基本的知识还要加强注意，并注重知识的系统性、整体性呈现。

第六章 日 本

日本向来以其高质量、高普及度的基础教育而享誉全球,在21世纪全球化、信息化的背景下,日本为了确保教育质量公平和教育水平的持续提高,在全国范围内开展了中小学生学力调查和教育课程实施状况调查,并连续参加国际教育成就评价协会(IEA)实施的国际数学理科教育成就趋势测评(TIMSS)和OECD统筹实施的国际学生能力评估项目(PISA)[58]。

日本历届TIMSS测试结果见表6-1。其中科学测试结果中,除了小学四年级的科学(日本称为"理科")成绩曾在2003年出现下降趋势外,小学四年级和八年级(初中二年级)的科学成绩皆保持了平稳上升趋势。以最近一次的TIMSS 2019测试为例,这次测试内容偏重于科学教育,日本四年级和八年级学生科学测试的平均成绩排名分别为第4名(562分)和第3名(570分),总体而言高于参与本次测试的我国香港(四年级第15名,八年级第17名),与我国台湾(四年级第5名,八年级第2名)相当。

表6-1 日本在"TIMSS 1995—2019"的数学和科学表现[59]

		成绩(排名)						
		1995	1999	2003	2007	2011	2015	2019
四年级	算数	567(3/26)	/	565(3/25)	568(4/36)	585(5/50)	593(5/49)	593(5/58)
	理科	553(2/26)	/	543(3/25)	548(4/36)	559(4/50)	569(3/47)	562(4/58)
八年级	数学	581(3/41)	579(5/38)	570(5/45)	570(5/48)	570(5/42)	586(5/39)	594(4/39)
	理科	554(3/41)	550(4/38)	552(6/45)	554(3/48)	558(4/42)	571(2/39)	570(3/39)

注:日本中小学科学称作"理科",设置有生物学、物理、化学和地理等内容;其小学数学仅设置"算数"。

此外,从我国和日本在科学领域的 PISA 测试结果比较及从 2000—2018 年日本 PISA 成绩的曲线图(图 6-1)中可以看出,日本除了在 2006 年的科学成绩出现下降外,其余年份的科学表现都比较稳定,并始终保持在 OCED 平均水平以上。在最近一次的国际 PISA 2018 测试中,日本学生在科学中的表现十分突出,在被测试的 79 个国家和地区中位居第五(529 分),而我国排名为第 1 名(590 分,平均分由来自北京、上海、江苏和浙江的分数计算而成)。

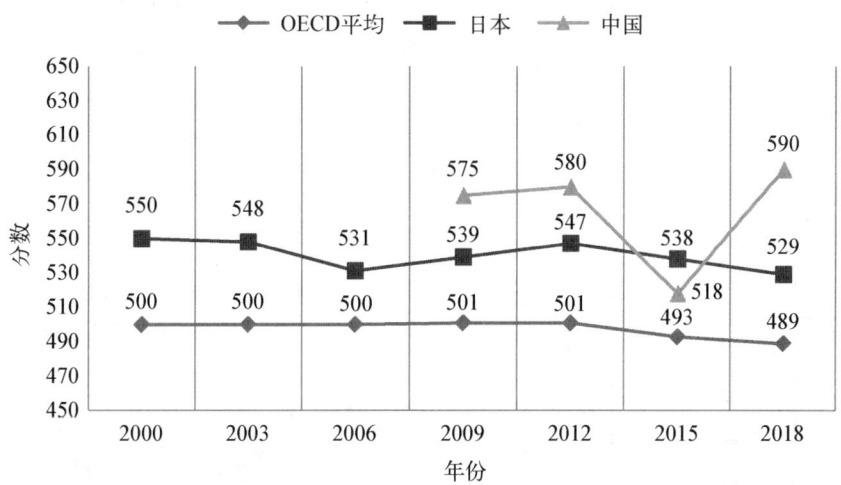

图 6-1　日本在科学领域的 PISA 测试结果与 OCED 平均值的比较[①]

一、日本基础教育及高中生物学课程设置

(一)日本基础教育概况

1. 基础教育阶段的学制安排

日本基础教育的学校范围包括:幼稚园、小学校、中学校、高级中学、中等教育学校、专修学校、高等专门学校、特别支援学校等,其类型有国立学校、公立学校、私立学校,这三类学校分别是由国家、地方政府和学校法人出资设立的

---

① 资料来源于经合组织官方网站(OECD)的 2015 年公开资料:PISA(http://www.oecd.org/pisa/data/)。

教育机构。目前,日本基础教育阶段的学制划分为小学六年、初中三年、高中三年,其中包括有六年一贯制中等教育学校,即一贯制中学(图6-2)。日本在高中阶段不仅设立了普通高中(即:全日制高中——上课时间为整个白天时间,通常一天为6节课,一节课50分钟,修读年限为3年,日本的大多数高中为此类),还开设了各类定时制高中(即:拥有夜校的高中,在夜间及其他特殊时段或时期上课,错开时间上课,学生共用教室及部分老师,修读年限为3年以上)、通信制高中(即:依靠信息网络来进行教学,学生不需要每天到学校上学,主要是在家里或学习中心自学,修读年限为3年以上),这种多样化设置的目的是向有不同需求的初中毕业生提供多种途径的接受高中教育机会。

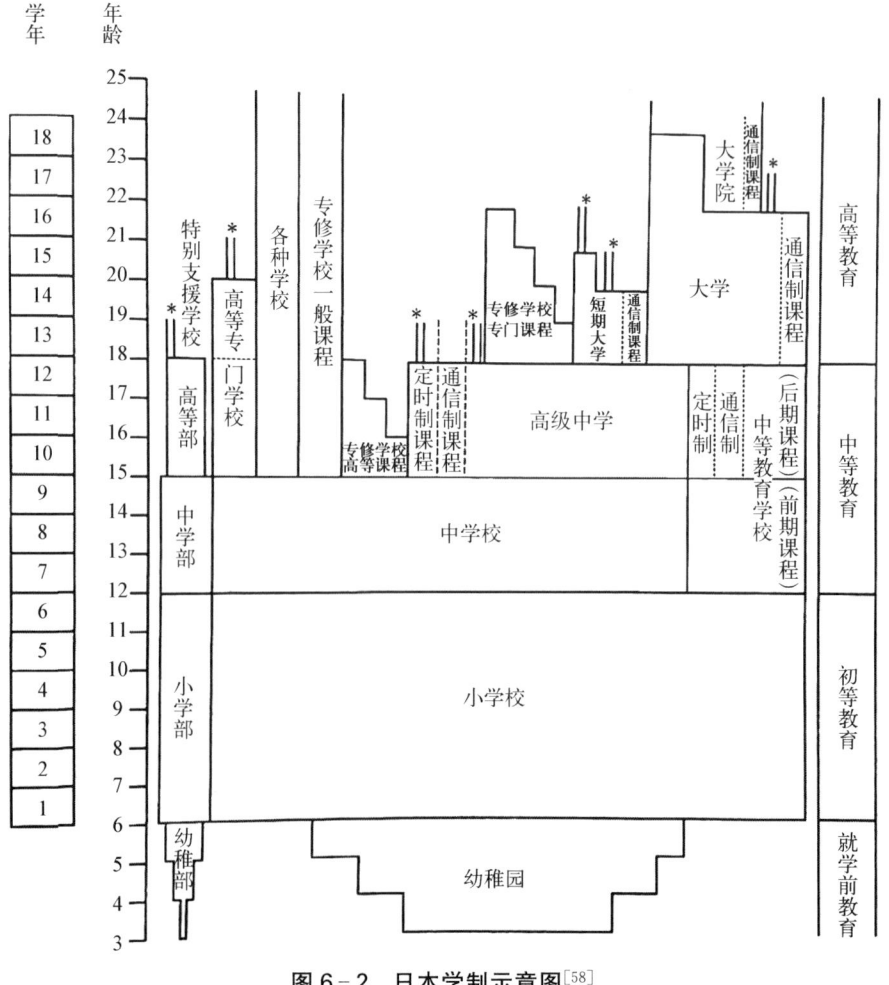

图6-2 日本学制示意图[58]

现阶段，日本实行九年制义务教育，覆盖范围为小学六年和初中三年。二战之后，日本开始实施无偿的义务教育制度，不仅免除了学费，而且教科书的使用也是无偿的，此外贫困家庭学生还在学杂费等方面享受适当补助。虽然日本的高中阶段在法律上并未被列入义务教育覆盖的范围，但从2010年开始日本实施了公立高中免除学费及私立高中就学补助金支付等制度，这在一定程度上减轻了高中生家庭的学费负担[58]。

2. 高中毕业考试和大学招生考试

在日本，学生从高中毕业升入大学的整个过程中遇到的关键性考试主要有三个，即：高中毕业程度认定考试、大学入学通用考试和大学单独招生考试。

高中毕业程度认定考试是根据日本《学校教育法》第90条第1项的规定，主要针对因没有完成高中学业未获得高中毕业资格等原因不能参加大学入学考试的人，该考试的目的是认定被试者是否具有与高中毕业者同等或以上学力，申请该考试的人群涉及初中毕业后未继续修读高中学业的人、高中修业期间中途退学的人、在读的高中生，以及其他原因未完成高中学业的学生。该考试每年(8月和11月)举行两次。只要年满16岁即可参加高中毕业程度认定考试，但对于已经具备大学入学资格的人，则不必参加该考试。高中毕业程度认定考试不分文理学科，共包括6大科目群(日文中"教科")，8～10个科目(表6-2)。该考试一旦合格，即被认定为"具有与高等学校(高中)毕业者同等或以上的学力"，具备"大学入学资格"，其资格证书在就职、资格考试等方面被认可。

表6-2 日本高中毕业程度认定考试科目①

科目群	考试科目	科目数	条件
国语	国语	1	必修
地理历史	世界史A、世界史B	1	任选1科目必修
	日本史A、日本史B	1	任选1科目必修
	地理A、地理B		

① 资料来源于日本文部科学省官方网站：文部科学省(http://www.mext.go.jp)。

续 表

科目群	考试科目	科目数	条 件
公民	现代社会 伦理 政治经济	1 或 2	必修以下①②中任一项 ① 现代社会 1 科目 ② 伦理和政治经济 2 科目
数学	数学	1	必修
理科	科学与人类生活 物理基础 化学基础 生物学基础 地理基础	2 或 3	必修以下①②中任一项 ① 科学与人类生活 1 科目和物理基础、化学基础、生物学基础、地理基础中的 1 个科目(合计为 2 个科目) ② 物理基础、化学基础、生物学基础、地理基础中的 3 个科目(合计为 3 个科目)
外国语	英语	1	必修

　　大学入学通用考试,即大学入学中心考试(National Center Test,NCT),是以拟进入大学继续学习的人为被试对象的,考试的目的是判定被试者在高中阶段基础知识的掌握程度,以检验被试者是否具备接受大学教育所需能力。该考试于每年 1 月下旬举办一次。大学入学通用考试不分文理,考试内容涵盖面广,包含了日本高中所有的必修课程,共分为 6 大科目群,涉及约有 30 个科目[60](表 6-3),但在具体考试科目的搭配上会给出多种可供选择的方案。因此,无论对于拟选拔合适学生的大学,还是对于修读自己喜欢科目的考生,两者都有较大自主权来决定如何组合具体科目[61]。

表 6-3　大学入学通用考试科目(2019 年)[60],①

科目群	考 试 科 目	科目选择方法等	考试时间(分数)
国语	国语		80 分钟(200 分)
地理历史	世界史 A、世界史 B、日本史 A、日本史 B、地理 A、地理 B	10 个科目中最多选择 2 个科目,不得重复选择含有同一名称的科目	选择 1 科目: 60 分钟(100 分) 选择 2 科目: 共 130 分钟(200 分)
公民	现代社会、伦理、政治·经济 【伦理,政治·经济】		

---

① 资料来源于日本大学入学考试中心官方网站:大学入試センータ(http://www.dnc.ac.jp)。

续 表

科目群	考 试 科 目	科目选择方法等	考试时间(分数)
数学①	数学Ⅰ 【数学Ⅰ・数学A】	2个科目中选择1个科目	60分钟(100分)
数学②	数学Ⅱ、数学Ⅱ・数学B、簿记・会计、情报关系基础	4个科目中选择1个科目	60分钟(100分)
理科①	物理基础、化学基础、生物学基础、地学基础	8个科目中有四种选择方法： A. 理科①选择2个科目 B. 理科②选择1个科目 C. 理科①选择2个科目及理科②选择1个科目 D. 理科②选择2个科目	【理科①】 选择2科目： 共60分钟(100分)
理科②	物理、化学、生物学、地学		【理科②】 选择1科目： 60分钟(100分) 选择2科目： 共130分钟(200分)
外语	英语、德语、法语、汉语、韩语	5个科目中选择1个科目	【笔试】 80分钟(200分) 【听力】(仅限英语) 60分钟(50分)

注："【　】"内记载的为综合2个科目或者包含2个以上科目共通内容的出题科目。

大学单独招生考试，是由各大学自行命题、自主选拔的考试，它的考试形式多样，选拔新生的方式往往也更为灵活。

(二) 日本基础教育阶段课程设置概况

日本的教育课程标准和教学指导大纲是《学习指导要领》，它是文部科学大臣按照《教育基本法》①和《学校教育法》②的实施规则提出的，规定了各阶段学校教育的目标和内容。自1958年出台以来，日本的《学习指导要领》每隔十年左右就会进行一次全面或部分的修订，至今一共进行过七次大的修订。基础教育阶段的《学习指导要领》分为《小学校学习指导要领》《中学

---

① 日本的《教育基本法》于1947年制定，2006年(平成18年)进行了全面修定。资料来源于日本文部科学省官方网站：文部科学省(http://www.mext.go.jp/b_menu/kihon/about/index.htm)。
② 日本的《学校教育法》从属于《教育基本法》，是日本规范学校一切教学活动的法律依据。

校学习指导要领》以及《高等学校学习指导要领》，分别对应为小学、初中、高中的教育课程标准。此外，以《学习指导要领》为基础，文部科学大臣还会发布对应的《学习指导要领解说》，对各学科、道德以及特别活动等进行深入的解读。

平成 30 年(2018 年)修订出台的《高等学校学习指导要领》，由"前文""总则""各学科共同的各科目群""主要在专业学科开设的各科目群""综合探究时间""特别活动"以及"附则"七个部分组成。其中，"前文"对《教育基本法》中的教育的目标及其实现做了进一步的解释。"总则"详细介绍了高等学校教育的基础和教育课程的作用、教育课程的编制、教育课程的实施和学习评价、学分取得和毕业认定、学生发展的支持、学校经营上的注意事项、道德教育的注意事项等。"各学科共同的各科目群"和"主要在专业学科开设的各科目群"中，分别介绍了普通教育和专业教育所应修读的所有科目群和科目的目标、内容以及相关内容的处理。"综合探究时间"和"特别活动"中，分别介绍了综合探究时间和特别活动的目标、内容以及内容的处理。"附则"简要介绍了《高等学校学习指导要领》的实施时间、适用范围。

其中，"各学科共同的各科目群"是面向全体高中生开设的普通教育课程，而主要在专业学科开设的各科目群是以专业教育为主的学科。本章仅选取高中普通教育开设的课程进行介绍。

1. 高中普通教育开设的各科目及其学分

日本的《高等学校学习指导要领》规定了高中阶段普通教育开设的各个科目群、科目以及综合探究时间(以下简称"各科目")和它们对应的标准学分数[62]，详情见表 6-4。高中普通教育中，开设有国语、数学、理科、地理历史、公民、保健体育、艺术、外国语、家庭、情报、理数以及综合探究时间等 12 个科目群，共计 56 个科目。并规定：1 学时为 50 分钟，35 学时为 1 学分。

与生物学相关的内容分布于理科科目群的科学与人类生活、生物学基础和生物学三个科目，其中科学与人类生活和生物学基础分别各为 2 学分，生物学为 4 学分。

表6-4 日本高中普通教育的各科目及其学分[62],①

科目群	科 目	标准学分	科目群	科 目	标准学分
国语	现代国语	2	保健体育	体育	7～8
	语言文化	2		保健	2
	伦理国语	4	艺术	音乐Ⅰ	2
	文学国语	4		音乐Ⅱ	2
	国语表现	4		音乐Ⅲ	2
	古典探究	4		美术Ⅰ	2
地理历史	地理综合	2		美术Ⅱ	2
	地理探究	3		美术Ⅲ	2
	历史综合	2		工艺Ⅰ	2
	日本史探究	3		工艺Ⅱ	2
	世界史探究	3		工艺Ⅲ	2
公民	公共	2		书法Ⅰ	2
	伦理	2		书法Ⅱ	2
	政治・经济	2		书法Ⅲ	2
数学	数学Ⅰ	3	外国语	英语交流Ⅰ	3
	数学Ⅱ	4		英语交流Ⅱ	4
	数学Ⅲ	3		英语交流Ⅲ	4
	数学A	2		逻辑表达Ⅰ	2
	数学B	2		逻辑表达Ⅱ	2
	数学C	2		逻辑表达Ⅲ	2
理科	科学与人类生活	2	家庭	家庭基础	2
	物理基础	2		家庭综合	2
	物理	4	信息	信息Ⅰ	2
	化学基础	2		信息Ⅱ	2
	化学	4	理数	理数探究基础	1
	生物学基础	2		理数探究	2～5
	生物学	4	综合探究时间		3～6
	地学基础	2			
	地学	4			

① 资料来源于日本文部科学省官方网站：文部科学省(http://www.mext.go.jp)。

2. 高中普通教育课程的修读

需要指出的一点是，表6-4所列的高中普通教育开设的各科目，仅供各学校编制教育课程时参考，除必修科目外，学校有权根据学生的实际情况等调整学生修读的其他各科目，并对学分数进行适当改动。

其中，所有必修科目包括：① 国语中的现代国语、语言文化；② 地理历史中的地理综合、历史综合；③ 公民中的公共；④ 数学中的数学Ⅰ；⑤ 理科中科学与人类生活、物理基础、化学基础、生物学基础、地学基础中的包括科学与人类生活在内的两个科目，或者从物理基础、化学基础、生物学基础和地学基础中选出三个科目；⑥ 保健体育中的体育和保健；⑦ 艺术中音乐Ⅰ、美术Ⅰ、工艺Ⅰ和书法Ⅰ中的一个科目；⑧ 外国语中的英语交流Ⅰ（学习英语以外的外语时，作为学校设定科目设置的一个科目，其标准学分设为3学分）；⑨ 家庭中家庭基础、家庭综合中的一个科目；⑩ 信息中的信息Ⅰ。

3. 基础教育阶段有关生物学课程的修读

在日本整个基础教育阶段，学生修读的生物学被凝炼为三个方面，即"生物的构造与机能""生命的连续性"和"生物与环境的关系"，从小学、初中到高中所开设的生物学课程内容均围绕这三个方面，但呈螺旋加深之趋势（表6-5）。此外，其小学和初中的生物学课程内容是与地理学合在一起的，在理科科目群中以"生命·地球"形式出现；高中的生物学仍属于理科科目群，但已与地理分开，设置了三个主题，即"科学与人类生活""生物学基础"和"生物学"。

表6-5　日本基础教育阶段有关生物学的学习[①]

学段	学年	生物学知识类型及内容设置		
		生物的结构与功能	生命的连续性	生物与环境的关系
初等教育	小学校 三	身边的生物 - 身边的生物和环境的关系 - 昆虫的成长和身体的构成 - 植物的生长和身体的构成		

[①] 资料来源于日本文部科学省官方网站：文部科学省（http://www.mext.go.jp）。

续 表

学段	学年	生物学知识类型及内容设置		
		生物的结构与功能	生命的连续性	生物与环境的关系
初等教育	小学校			
	四	人的身体构造和运动 - 骨骼和肌肉 - 骨骼和肌肉的作用	季节和生物 - 动物的活动和季节 - 植物的生长和季节	
	五	/	植物发芽、生长和结果 - 种子中的养分 - 发芽的条件 - 成长的条件 - 植物授粉，结果 动物的诞生 - 蛋中的生长 - 母体内的成长	/
	六	人的身体构造和工作 - 呼吸 - 消化吸收 - 血液循环 - 主要器官的存在 植物养分和水的通道 - 淀粉的制作方法 - 水的通道	/	生物与环境 - 生物与水、空气的关系 - 基于食物的生物关系（包括水中的小生物）（从小学 5 年级开始过渡） - 人与环境
中等教育	中学校	生物的观察和分类方法 - 生物观察 - 生物的特征和分类方法		
	一	生物体的共同点和不同点 - 植物体的共同点和不同点 - 动物体的共同点和不同点（从中 2 年级开始过渡）	/	/
		生物和细胞 - 生物和细胞		
	二	植物的结构和功能 - 叶、茎、根的形成和作用（从中 1 年级开始过渡） 动物机体的结构和功能 - 维持生命的作用 - 刺激和反应	/	/

续 表

学段	学年	生物学知识类型及内容设置		
		生物的结构与功能	生命的连续性	生物与环境的关系
中等教育	中学校 三	/	生物的生长和繁殖方式 - 细胞分裂和生物的成长 - 生物的繁殖方法 遗传规律性与基因 - 遗传的规律性与基因 生物多样性和进化 - 生物多样性和进化(从中2年级开始迁移)	生物与环境 - 自然界的平衡 - 自然环境的调查和环境保护 - 地区自然灾害 自然环境保护和科学技术利用 - 自然环境保护和科学技术利用(与第1领域相同)
	高级中学	生物学基础	生物的特征 - 生物的共性和多样性 - 生物和能源		
			神经系统和内分泌系统的调节 - 信息的传递 免疫 - 免疫的作用	基因及其作用 - 遗传信息和DNA - 遗传信息和蛋白质的合成	植被与演替 - 植被和演替 生态系统及其保护 - 生态系统和生物多样性(从生物过渡) - 生态系统的平衡和保护

日本从小学三年级开始设置有关生物学的课程内容,从表6-5可以看出,小学三年级到六年级的生物学课程内容设置均围绕生物学的三种知识类别。根据学生的认知水平,在小学三年级设置了一些相对宏观的生物学知识,即主要是通过对身边生物的观察,了解一些常见生物(昆虫、植物)的生长和结构,及生物与环境之间的关系等;在小学四年级设置了人的骨骼和肌肉及其运动功能,及动植物生长活动与季节之间的相关性两方面的生物学知识;在小学五年级的生物学内容侧重于学习"生命的连续性",具体内容包含了生物界的两大类群(植物和动物);而在小学六年级的生物学内容中着重关注了"生物的构造与机能"和"生物与环境的关系"两大主题,具体内容涉及人体的结构与功能、植物的结构与功能、生物与环境因子(水和空气)之间的关系、基于食物的生物关系,及人与环境的关系等相对简单,但可以为初高中生物学知识学习打

基础的内容。

日本的初中生物学课程内容同样围绕其三大主题，但是在小学生物学知识上有所提升。其中，初中一年级侧重于学习生物的观察和分类方法；初中二年级开始关注动物、植物的结构与功能，及生物的基本单位细胞。由此可以看出，初中一、二两个年级的课程设置侧重于"生物的结构与功能"这一主题。而初中三年级的生物学课程设置了"生物的连续性"和"生物与环境的关系"两个主题的内容。至于高中，日本在"生物学基础"中设置有生物的特征、神经系统和内分泌系统的调节、免疫、基因及其作用、植被与演替、生态系统及其保护等内容，是对小学和初中所设三个主题生物学知识的进一步深化。

二、研究内容介绍

本章选取日本新修订的《高等学校学习指导要领》（平成 30 年 3 月告示，即 2018 年 3 月）为研究对象，与我国《普通高中生物学课程标准（2017 年版）》进行了比较研究。

日本的《高等学校学习指导要领》（平成 30 年 3 月告示）是文部科学大臣于 2018 年初新修订出台的，如前所述，其中包括了普通教育和专业教育所应修读的所有科目群和科目，而与普通教育生物学有关的内容集中于该《高等学校学习指导要领》中理科部分的"科学和人类生活""生物学基础""生物学"，故本章具体以这三个科目为研究对象。值得说明的是，"科学和人类生活"这个科目包含的三个一级主题"(1) 科学技术的发展""(2) 人类生活中的科学"和"(3) 未来的科学与人类生活"，其中第一个主题叙述的内容相对较笼统、模糊，在研究中意义不大，故本章的定量研究未纳入其中；而第二个主题包括了"（ア）光热科学""（イ）物质科学""（ウ）生命科学"和"（エ）宇宙和地球科学"四个学科领域的知识内容，本章仅对与生物学有关的"（ウ）生命科学"这一部分进行研究。此外，在《高等学校学习指导要领》的三个科目"科学与人类生活""生物学基础""生物学"中，又分别设置有与各自对应的"目标""内容""内容的处理"，其中："目标"介绍了相应模块所要求学生掌握的总体性目标，"内容"概述了该模块的生物学概念，"内容的处理"对处理内容的注意事项、内容的程度和范围进行了较为细节的解释。因此，本章的定量研究选取了"内容"和"内容的处理"这两个部分中的内容，与我国课程标准进行了比较研究。

日本高中生物学课程"科学和人类生活""生物学基础"和"生物学"，分别位于《高等学校学习指导要领》《理科》部分的第1节、第6节和第7节（表6-6），它们被视为与我国课程标准相对应的一级主题。而在每个科目的"内容"中，又包括了相当于我国核心概念的二级主题，例如"第1节 科学和人类生活"中"(2) 人类生活中的科学"，"第6节 生物学基础"中的"(1) 生物的特征"等。每个二级主题由1~3个（日语："ア""イ""ウ"）三级主题组成。三级主题进一步细化为四级主题，例如在《高等学校学习指导要领》中"⑦遗传信息和DNA"的详细解释为："基于DNA结构的相关资料，发现并理解作为遗传信息物质的DNA的特征，并理解碱基的互补性和DNA复制的关联"，因此，本章将"遗传信息和DNA：基于DNA结构的相关资料，发现并理解作为遗传信息物质的DNA的特征，并理解碱基的互补性和DNA复制的关联"作为四级主题，并从中提炼知识点与我国课程标准中的最小知识点进行课程广度和课程深度的定量研究。

表6-6 日本课程标准中设置的生物学内容

一级主题（科目）	二级主题	三级主题	四级主题
第1节 科学和人类生活	(1) 科学技术的发展	/	/
	(2) 人类生活中的科学	(ウ)生命科学	⑦ 人类的生命现象
			④ 微生物及其利用
	(3) 未来的科学与人类生活	/	/
第6节 生物学基础	(1) 生物的特征	(ア)生物的特征	⑦ 生物的共性和多样性
			④ 生物和能源
		(イ)基因及其功能	⑦ 遗传信息和DNA
			④ 遗传信息和蛋白质的合成
	(2) 人体的调节	(ア)神经系统和内分泌系统的调节	⑦ 信息的传递
			④ 维持机体内环境的机制
		(イ)免疫	⑦ 免疫功能

续　表

一级主题（科目）	二级主题	三级主题	四级主题
第6节 生物学基础	(3) 生物多样性和生态系统	(ア) 植被和演替	⑦ 植被和演替
		(イ) 生态系统及其保护	⑦ 生态系统和生物多样性
			⑦ 生态系统的平衡和保护
第7节 生物学	(1) 生物的进化	(ア) 生命的起源和细胞的进化	⑦ 生命的起源和细胞的进化
		(イ) 基因突变和进化的机制	⑦ 基因的变化
			⑦ 基因组合的不同
			⑦ 进化的机制
		(ウ) 生物的系统和进化	⑦ 生物的系统发生和进化
			⑦ 人类的系统发生和进化
	(2) 生命现象和物质	(ア) 细胞和分子	⑦ 生物物质和细胞
			⑦ 生命现象和蛋白质
		(イ) 代谢	⑦ 呼吸
			⑦ 光合作用
	(3) 遗传信息的表达和发育	(ア) 遗传信息及其表达	⑦ 遗传信息及其表达
		(イ) 发育和基因表达	⑦ 基因表达调控
			⑦ 发育和基因表达
		(ウ) 基因处理技术	⑦ 基因处理技术
	(4) 生物对环境的响应	(ア) 动物的反应和行为	⑦ 刺激的接受和反应
			⑦ 动物的行为
		(イ) 植物的环境应答	⑦ 植物的环境应答
	(5) 生态和环境	(ア) 种群和群落	⑦ 种群
			⑦ 群落
		(イ) 生态系统	⑦ 生态系统的物质生产和物质循环
			⑦ 生态系统和人类生活

三、结果与分析

(一) 课程内容结构及课程目标

1. 课程内容组织结构的比较

对日本高中课程标准的一级主题(表6-6)与我国(见表1-8)的"模块"进行比较可以看出:我国设置的五个主题,是按照学科知识专题来组织课程内容,通过模块的形式由微观(分子、细胞)、中观(动、植物生命活动调节)到宏观(生态系统)铺开。其与我国初中生物学课程设置的十个主题(科学探究;生物体的结构层次;生物与环境;生物圈中的绿色植物;生物圈中的人;动物的运动和行为;生物生殖、发育与遗传;生物的多样性;生物技术;健康地生活)[20]之间不呈现一一对应关系。而日本小学、初中和高中都仅设置三个主题,其中,"生物学基础"侧重于基础知识,"生物学"是对基础知识的提高和深化,而"科学和人类生活"关注了生物学知识的实际应用,其意在通过基础内容的学习为后续高水平内容的学习打下基础。

从二级主题的比较可以看出:(1)在呈现方式上,我国的二级主题是以完整的句式对一级主题进行了分解和概述,例如"概念1 细胞是生物体结构与生命活动的基本单位";而日本则以短语的形式介绍了一级主题对应的内容(表6-6)。虽然呈现形式不同,但总体来说两者都是对一级主题的具体化。(2)在内容上,中日两国的高中生物学内容设置均涉及到了细胞生物学、动物生理学、遗传生物学、进化与生态学、生物技术等领域的内容,其中在日本的11个二级主题中专注于生物技术与人类生活之间的关系的多达3个,而我国则专门设置了一个生物技术与应用的模块。可见日本与我国一样,均十分注重科学技术的实际应用。(3)在层次上,我国的二级主题呈现从微观到宏观再到应用的趋势,而日本则是呈现由表及里、由易到难,层层深化的趋势,如"生物学基础"中的二级主题"生物多样性和生态系统"对生态系统进行了初步的、简要的介绍,而在"生物学"中的二级主题"生态和环境"中,进一步剖析了生态系统的组成、物质产生及物质循环等更深层次的知识。

2. 日本生物学的课程目标

本章选取了我国《普通高中生物学课程标准(2017年版)》的"课程目标"与日本"理科"科目群中"科学与人类生活""生物学基础""生物学"三个方面设置的"课程目标"进行比较，日本的"课程目标"如表6-7。我国的高中生物学课程目标主要围绕学科核心素养四个维度(生命观念、科学思维、科学探究、社会责任)展开。而日本的"理科"及"科学与人类生活""生物学基础"和"生物学"的课程目标类似，都分为三大类"(1)加深对知识的理解，掌握科学探究所必需的观察、实验等相关技能；(2)进行观察、实验等，培养科学探究的能力；(3)主动参与，培养科学探究的态度"，分别对应了日本培养目标的资质·能力的三大支柱，即"知识及技能""思考能力、判断能力、表达能力等"以及"面向学习的能力·人性等"。

表6-7 日本高中生物学课程标准的课程目标

"理科"的总目标
1.加深对自然事物·现象的理解，掌握科学探究所必需的观察、实验等相关技能。 2.进行观察、实验等，培养科学探究的能力。 3.主动参与自然事物·现象，培养科学探究的态度。

与生物学相关主题的目标	
科学和人类生活	1.加深对自然、科学技术与人类生活的关系的理解，掌握科学探究必需的观察、实验等相关技能。 2.进行观察、实验等，培养与人类生活相关联的科学探究的能力。 3.参与自然事物·现象，培养科学探究的态度，同时提高对科学的兴趣·关心。
生物学基础	1.尝试联系日常生活和社会，在理解生物和生物现象的同时，掌握科学探究所必需的观察、实验等相关的基本技能。 2.进行观察、实验等，培养科学探究的能力。 3.主动参与生物和生物现象，培养科学探究、尊重生命、有助于保护自然环境的态度。
生物学	1.加深对生物学基本概念、原理和规律的理解，掌握科学探究所必需的观察、实验等基本技能。 2.进行观察、实验，培养科学探究能力。 3.主动参与生物和生物现象，培养科学探究、尊重生命、有助于保护自然环境的态度。

(二) 课程广度和深度

根据第一章的定量分析方法和步骤，参照我国课程标准对生物学课程内容的划分模块，对我国和日本课程标准的课程广度和平均课程深度进行比较研究，汇总结果见表6-8。日本的总课程广度为82，总平均课程深度为1.99，均低于我国(120和2.22)。

表6-8 日本高中生物学课程广度和平均课程深度比较

项目 \ 一级主题	分子与细胞		遗传与进化		稳态与调节		生物与环境		生物技术与工程	
	中国	日本	中国	日本	中国	日本	中国	日本	中国	日本
课程广度(G)	23	16	22	24	23	18	22	17	30	7
平均课程深度($\bar{S}$)	1.91	2.00	2.23	2.00	2.13	2.00	2.77	1.94	2.03	2.00

从表6-8看，我国课程标准中设置的五个模块生物学知识内容，在日本《高等学校学习指导要领》中均有涉及。但相对日本来说，我国课程标准对内容的划分更加多而细，尤其在"生物技术与工程"模块，我国对发酵工程、细胞工程、蛋白质工程等一系列相关的生物技术都作出了要求，课程广度达30，而日本仅从"科学技术的发展""人类生活中的科学"和"未来的科学与人类生活"这三个方面入手，并按照时间轴对科学技术的发展进行了大致的概述，因此该主题内容其课程广度仅为7(表6-8)。此外，中日两国的高中生物学课程内容并非呈现一一对应的关系，其中均包含了各自特有的内容，在本章后面会详细加以说明。

与前面几章一样，作为分析各主题平均课程深度的参照，本章对日本课程标准所设各知识点前的行为动词也进行了梳理(见表1-5)，并依据布卢姆认知水平，统计出了各认知水平出现的频次和所占百分比，具体见表6-9，以用于与我国课程标准中相对应内容(见表1-7)进行比较。

从表6-8可以看出，在日本课程标准中，与我国设置的五个模块相对的生物学知识其平均课程深度相对稳定，除"生物与环境"相关知识的平均课程深度为1.94外，其他均为2.00。结合表6-9可以看出，日本就生物学知识对学

表6-9 日本课程标准中各知识点认知水平要求频次和所占百分比

认知水平	一级主题	分子与细胞	遗传与进化	稳态与调节	生物与环境	生物技术与工程
1	记忆/回忆	/	/	/	1 (5.88%)	/
2	理 解	16 (100.00%)	24 (100.00%)	18 (100.00%)	16 (94.12%)	7 (100.00%)
3	应 用	/	/	/	/	/
4	分 析	/	/	/	/	/
5	评 价					
6	创 造					

生认知水平的要求几乎全部处于"理解"层次。但为了更加直观清晰地展示中日两国具体课程内容的异同，下文以我国课程标准中设置的五个模块为准，分主题进行了分析。

1."分子与细胞"模块课程内容的设置

以我国课程标准中的"分子与细胞"模块为主题，与其对应的内容在日本课程标准中主要分布于"第6节 生物学基础"的"(1)生物的特征"，以及"第7节 生物学"的"(2)生命现象和物质"中(表6-6)。

中日两国在"分子与细胞"模块的知识点重合度一般。从表6-8可以看出，我国在此模块的课程广度(G=23)高于日本(G=16)。其中：

(1)中日两国均关注了细胞内的脂质、蛋白质、核酸和质膜、原核细胞与真核细胞的异同、酶的功能及特性、能量ATP、光合作用、细胞呼吸、细胞分裂及细胞分化等内容。其中仅"组成细胞的物质"相关内容的共有知识点就有脂质、蛋白质和核酸。由于日本《高等学校学习指导要领解说》对这部分知识的目的要求是基于有关生物物质和细胞的资料，将构成细胞的物质与细胞的功能联系起来进行理解，因此日本这部分的重点侧重于介绍与细胞膜结构相关的脂质、蛋白质和核酸这三个知识点。

此外，日本在酶、光合作用、细胞呼吸三个知识点上多次出现内容的重复要求,例如,在"生物学基础"中,对"酶"是这样定义的:"生物和能量:涉及了酶的催化作用和底物特异性";而在"生物学"中,进一步对"酶"进行定义:"生命现象和蛋白质:进行有关生命现象和蛋白质的观察、实验等,把蛋白质的功能和生命现象联系起来理解。关于酶,要处理它的功能与蛋白质立体结构之间的关系。"这是造成日本在"分子与细胞"模块的课程广度低于我国的原因之一。上文已介绍过,日本的生物学课程分为基础性的"生物学基础"和提高性的"生物学",意在通过基础内容的学习为后续的高水平学习奠定基础,虽然两者都涉及了"酶",但知识的内容范围和深度各有侧重。

(2)在日本《高等学校学习指导要领解说》中还强调了细胞的光化学系统、光合作用的电子传递、糖酵解、柠檬酸循环、细胞呼吸的电子传递系统等细胞生命活动中较为细节的内容。在我国,这些知识往往出现在高等教育的生物学课程中,由此可见日本在光合作用和细胞呼吸等相关内容的设置上更广。

(3)而我国课程标准中细胞内的生命元素、水、无机盐和糖类,以及细胞器、细胞核、细胞器各部分之间关系、单细胞和多细胞生物、质膜的选择透过性、物质的跨膜运输方式、细胞衰老和凋亡等内容,在日本生物学课程标准中均未涉及。

与我国相比,日本在"组成细胞的物质"这部分内容较少,其中元素、水、无机盐、糖类等知识点均未涉及。日本虽然未在《高等学校学习指导要领解说》中对这部分知识进行具体要求,但在这部分的"内容的处理"建议中提到"涉及从分子水平上认识生命现象所必需的最低限度的化学知识",因此要求比较笼统,本章默认为这些知识不属于指导要领规定的内容。

此外,日本高中生物学课程未设置"细胞的结构"和"细胞的物质输入和输出"的相关内容,查阅资料发现,日本初中阶段已学习了这部分课程内容。在初中的课程标准《中学校学习指导要领》中曾明确规定"㋐生物和细胞:进行生物组织等的观察,发现并理解生物体由细胞构成以及动植物细胞的构成特征,掌握观察器具的操作、观察记录的方法等技能",这表明中学初级阶段已经修读了这部分知识。

在"分子与细胞"模块,日本($\bar{S}=2.00$)的平均课程深度略高于我国($\bar{S}=1.91$),且两国的认知要求都集中在"理解"这一层次上。其中,我国"理解"

层次达到了91.3%，其余均为"记忆/回忆"层次；日本则全部为"理解"层次。由此可见，虽然日本在本模块平均课程深度高于我国，但对知识点的掌握要求十分单一(表6-8，表6-9)。

2."遗传与进化"模块课程内容的设置

以我国课程标准中的"遗传与进化"模块为基准，日本与其对应的内容主要分布在"第6节生物学基础"的"(1)生物的特征"，及"第7节生物学"的"(1)生物的进化""(3)遗传信息的表达和发育"和"(4)生物对环境的响应"中，此外在"第1节科学和人类生活"的"(2)人类生活中的科学"中也略有涉及。具体见表6-6。

中日两国在"遗传与进化"模块的知识点重合度较高。从表6-8可以看出，我国在此模块的课程广度(G=22)略低于日本(G=24)。其中：

(1) 中日两国均关注了DNA结构和功能、DNA的复制和表达、细胞的减数分裂、有性生殖通过配子传递遗传信息、基因的分离和自由组合、伴性遗传、碱基的突变(替换、插入或缺失)及其后果、基因重组、共同祖先学说、生物的共同特征、现代生物进化理论、新物种形成的原因等知识点。由此可以看出两国都比较重视"遗传学"基础知识的学习。

(2) 与我国相比，日本课程还设置了DNA剪接、遗传基因与基因组的关系、基因表达调控及原核生物和真核生物共同的转录水平调节机制、发育过程中的细胞分化与基因表达调节、被子植物胚胎发育及器官分化、动物器官分化的开始、生命的起源学说、遗传漂变、生物的系统发育和进化、人类的系统发育和进化等特有内容。

日本课程设置的真核生物的基因剪接、原核生物和真核生物在转录水平的调节机制、发育分化过程与基因表达调节的关系等知识点，以及其《高等学校学习指导要领解说》中提到的蛋白质参与的基因表达调控和大肠杆菌β-半乳糖苷酶的相关实验等，这些内容在我国往往出现在高等教育的生物学课程中，可见，相对我国来说，日本更加关注高中生对分子和遗传知识的学习。

日本在高中对动、植物生长发育相关内容的设置也十分系统，例如在"动物的发育"方面包含了动物的配子形成、受精、卵裂、形成个体和诱导、细胞分化和形态形成、器官分化的开始等知识，而"植物的生长"方面设置了被子植物的精细胞和卵细胞的形成过程、受精及胚胎的形成过程、花的形态形成等器官分化。而在我国，相关内容被分散设置在初中、高中的"分子与细胞"模块，不及日本在此模块中知识点设置的详细和系统。

众所周知，生命起源和生物进化是生物学的核心内容之一，且其中一些知识偏理论，较难以理解，但对学生科学思维的培养具有重要价值。日本的《高等学校学习指导要领解说》中特别设置有"生命的起源和细胞的进化"这部分内容，对这部分的要求是"根据有关生命起源和细胞进化的资料，理解有关生命起源的学说，同时理解细胞的进化与地球环境变化之间的关系"，同时涉及了化学进化学说和细胞内共生学说等内容。在《高等学校学习指导要领解说》中也提到了生命起源与地球环境变化的关联、生命诞生之前氨基酸等有机物的产生和蓄积、化学进化的场所和条件、蓝细菌的出现和真核生物的细胞内共生与大气组成变化的关系等。虽然我国在此模块也提及了共同祖先说、自然选择、现代生物进化理论等知识，但并未像日本一样如此细致入微地进行阐述，可见日本十分重视对生物"进化"的学习。同时，在"进化的机制"内容的设置方面，日本关注了遗传漂变等内容，并在其《高等学校学习指导要领解说》中建议通过进行模型实验，加深对遗传漂变的理解等，可见日本十分注重让学生通过实验理解生物进化的机制。此外，关于生物与人的系统发生和进化，日本《高等学校学习指导要领解说》建议"根据有关生物遗传信息的资料，找出并理解生物系统与碱基序列和氨基酸序列的关系"，"根据有关灵长类的资料，将包括人类在内的生物系统和进化与形态特征等相关联起来进行理解"，这其中涉及了生物系统树和分子系统树，生物类群间的系统发育关系和衍生性状，灵长类的脑容积、枕骨大孔、骨盆、脚的构造等，灵长类共同的特征和人类特有的特征，人类的进化道路等十分丰富的证据，而我国的课程标准中并未明确设置这些知识点。由此可见，日本在"进化学"这部分的内容体系设置更为完善。

（3）在我国课程标准中设置的部分内容，例如：基因的概念、表观遗传、基因突变的原因、染色体变异、人类遗传病、种群内可遗传变异的优势、优势性状个体等，在日本课程标准中并未明确设置。

在本模块，日本($\bar{S}=2.00$)的平均课程深度低于我国($\bar{S}=2.23$)，其中，我国在"理解"层次为86.36%，"应用"和"分析"层次分别占4.55%和9.09%，较日本仅设置有"理解"层次的知识则更显多样(表6-8、表6-9)。

3."稳态与调节"模块课程内容的设置

以我国课程标准中的"稳态与调节"模块为基准，日本与其对应的内容主要分布在"第6节生物学基础"的"(2)人体的调节"和"第7节生物学"的"(4)生物对环境的响应"中，此外在"第1节科学和人类生活"的"(2)人类生活中的科学"中也有涉及(表6-6)。

中日两国在"稳态与调节"模块的知识点重合度不高，从表6-8可以看出，我国在此模块的课程广度(G=23)略高于日本(G=18)。其中：

(1) 中日两国均关注了神经系统对刺激的接收和反应(反射和反射弧、静息电位和动作电位、突触的化学传递)、自主神经，激素调节机制、免疫系统的功能、防御机制和免疫功能异常，以及植物激素的作用及其对植物生长的调节等。由此可以看出，中日两国都比较重视对神经、内分泌和免疫系统基础知识的学习。

(2) 与我国相比，日本"内环境"这部分的内容较少，并未涉及内环境的构成、功能、形成、维持等方面的知识，可能因为日本在这部分更加侧重于内环境变化与神经系统、内分泌系统调节的关系。

(3) 中日两国在"神经系统"这部分内容的侧重点不同，我国侧重于神经调节的基本方式、生物电、神经冲动的传导与传递、脊髓和脑与自主神经的功能，以及大脑皮层控制的高级神经活动等理论知识；而日本则更侧重于与实际生活相关的内容，如人类生命现象的视觉和生物钟，与中枢神经系统相关的脑死亡的问题，神经系统的记忆活动以及动物行为与神经系统的功能的关联，可见日本更重视知识与实际生活的关联。

(4) 中日两国在"内分泌系统"和"免疫系统"这两部分的知识重合度较高，我国特有的内容包括神经调节和体液调节的关系、其他体液成分的稳态调节、免疫调节的结构与物质基础；日本特有的内容是血液凝固的相关知识，提及通过防止失血来保持机体内环境稳态，可见中日两国都比较重视这两部分内容，且日本更重视维持内环境稳态的实例的展现。

(5)"植物激素调节"方面的知识，我国还额外涉及了生长素的发现过程、植物激素类似物，以及其他因素对植物生命活动的调节，这都是日本未曾涉及的。而日本在这部分特有的内容为与植物激素相关的光受体和被子植物的相关知识，其中，与植物激素相关的光受体，在我国属于高等教育层次。

(6)日本在此模块特有的内容还包括"信息的传递"这部分知识，这部分的内容要求是"进行与机体调节相关的观察、实验等，发现并理解机体内信息传递与机体调节的关系"，涉及了机体内环境的变化与神经系统、内分泌系统的调节的关系。《高等学校学习指导要领解说》中则提到了进行数分钟的踏板升降运动前后测量心率的实验，发现从运动部位的腿部传递信息，使心脏的搏动发生变化；提示心脏的搏动通过自主神经和激素的作用被促进或抑制的资料等，考察神经系统和内分泌系统与对应内环境变化的机体调节，可见日本更重视知识的系统性。

在本模块，日本($\bar{S}=2.00$)的平均课程深度低于我国($\bar{S}=2.13$)，其中，我国在"理解"层次占比为86.96%，"记忆/回忆"层次和"分析"层次占比分别为4.35%和8.70%；日本则全部集中于"理解"层次(表6-8、表6-9)。

4."生物与环境"模块课程内容的设置

以我国课程标准中的"生物与环境"模块为基准，日本与其对应的内容主要分布在"第6节生物学基础"的"(3)生物多样性和生态系统"及"第7节生物学"的"(5)生态和环境"中，此外在"第1节科学和人类生活"的"(2)人类生活中的科学"中也略有涉及(表6-6)。

中日两国在"生物与环境"模块的知识点重合度一般，从表6-8可以看出，我国在此模块的课程广度(G=22)高于日本(G=17)。其中：

(1)中日两国都关注了种群特征、群落结构、群落演替、生物之间的关系(食物链和食物网)、物质循环和能量流动、影响生态系统稳定的因素、生态系统的自我调节能力、人类对环境的影响和环境保护的重要性等知识点。其中在"生态系统的稳定性"和"人类活动与生态系统"这两部分的知识点重合度较高，可见两国都比较重视生态系统的平衡与保护。

(2) 中日两国在"种群"和"群落"这两部分的知识点的重合度较低。两者尽管都涉及了种群的结构、群落的结构以及群落的演替，但与我国相比，日本缺少了种群数量变动的数学模型、影响种群特征的因素、群落生物与其环境相适应这部分知识。而日本特有的知识点包括种群内个体之间的关系（如种内竞争和社会性）、物种共存方式、植被的演替与光和土壤等的关系、植物的环境形成作用等。日本的《解说》中提到，"种群内个体之间的关系"涉及了在种群内存在围绕营养成分和生活空间等资源的种内竞争，外交关系和血缘关系等；"物种共存方式"涉及了因食物和栖息场所等资源的利用方法不同而能够共存的例子；"植被和演替"涉及了根据有关演替各阶段的土壤发育程度和植被内的光环境变化的资料，以及有关植物对光的特性的资料，注意到演替与土壤、光照方法等环境条件的关系。由此可见，日本更重视个体、种群、群落及其与环境之间的关系。

(3) 中日两国在"生态系统的结构和功能"这部分的知识点重合度很低，这是造成日本在此模块课程广度低于我国的主要原因。虽然两国都涉及了食物链和食物网、物质循环和能量流动，但日本缺失了生态系统的组成、物质循环和能量流动的利用、生态金字塔、有害物质的富集、生态系统中信息的传递、决定生态系统营养结构的因素这些内容，可见我国在此部分的知识划分更为详细。

(4) 中日两国在此模块虽然都包含了"生物多样性"，但我国侧重于生物多样性的意义，而日本则旨在通过关于生态系统和生物的多样性的观察、实验等，让学生发现并理解生态系统中生物的物种多样性，其中涉及了土壤动物的采集和校内的植物调查等，可见日本侧重于让学生自己发现生态系统的生物多样性。

在"生物与环境"模块，日本（$\bar{S}=1.94$）的平均课程深度远低于我国（$\bar{S}=2.77$），其中，我国的内容要求中"理解"层次最多，占 50.0%，"分析"层次次之（36.36%），"应用"和"记忆/回忆"层次分别为 9.09% 和 4.55%；日本除一个知识点为"记忆/回忆"层次（5.88%）外，其他均在"理解"层次（94.12%）（表 6-8、表 6-9）。

5."生物技术与工程"模块课程内容的设置

以我国课程标准中的"生物技术与工程"模块为基准,日本与其对应的内容主要分布在"第1节科学和人类生活"的"(2)人类生活中的科学",及"第7节生物学"的"(3)遗传信息的表达和发育"两个主题中(表6-6)。

中日两国在"生物技术与工程"模块的知识点重合度很低,从表6-8可以看出,我国在此模块的课程广度(G=30)远高于日本(G=7)。

(1)与我国相比,日本在此模块设置相关的具体生物技术较少,仅涉及了基因工程的相关技术,如基因处理技术、基因扩增技术,且缺少我国包含的发酵工程、细胞工程、蛋白质工程等一系列相关的技术。值得说明的是,在日本的"第1节 科学与人类生活"这一模块中,其中的两个一级主题"(1)科学技术的发展"和"(3)未来的科学和人类生活"涉及了科学技术的发展对当今人类生活的贡献、科学技术的发展和人类生活的关系以及未来的科学和人类生活的关系,由此可见,日本更侧重于科学技术与人类生活的关联以及科学技术的发展对当今人类生活的贡献。

(2)日本在此模块特有的内容为"各种微生物的存在和微生物的发现过程"。《解说》中对于这部分的要求涉及了在生态系统的物质循环中各种微生物的存在,包括通过观察氰基细菌等细菌和菌类,发现它们细胞的形状和大小等特征;通过观察豆科植物的根瘤,理解植物和根瘤菌的作用之间的关系;通过土壤中和水中的微生物分解有机物的实验,理解微生物被利用于水的净化等,对人类生活起到了作用。由此可见,日本此部分的侧重点还是在于微生物与人类生活的关联。

在本模块,我国的内容要求主要集中于"理解"层次,占90.00%,在"记忆/回忆"和"分析"层次各有1个知识点,分别占3.33%和6.67%;日本则全部集中于"理解"层次(表6-8、表6-9)。

四、结论

在课程内容组织上,中日两国存在较大差异,我国按照生物学专题分模块编排，而日本则按照基础性、提高性、实际性三个方向进行编排，但两国的二级主题的数量和内容相差不大，都涉及到了细胞生物学、动物生理学、遗传生物学、进化与生态学、生物技术这五个内容领域。

在内容覆盖面上，中日两国都涉及到了"分子与细胞""遗传与进化""稳态与调节""生物与环境""生物技术与工程"这些模块的内容，但中日两国侧重点有差异，且包含各自特有的内容；在课程目标上，我国围绕学科核心素养进行规划，而日本则按照"知识及技能""思考能力、判断能力、表达能力等""面向学习的能力·人性等"三大支柱展开；在课程广度上，我国在"分子与细胞""稳态与调节""生物与环境""生物技术与工程"四个模块上的课程广度均高于日本，两者仅在"遗传与进化"模块下的广度值最为接近，而在其他主题下两者的广度值相差较大；在平均课程深度上，两国平均课程深度基本都分布在2～3，且我国在"遗传与进化""稳态与调节""生物与环境""生物技术与工程"四个模块的平均课程深度均高于日本，其中，两者在"生物与环境"模块相差较大。

五、对课程实践的启示

通过本次比较研究可以发现，中日两国在课程内容组织结构、内容覆盖面、课程目标等方面存在较大的差异，研究日本在高中生物学课程设置中的特色，无疑可为我国基础教育改革及生物学教材编写提供一定的参考价值。

1. 课程编排方面

日本从基础、提高、应用三个方面对高中生物学进行编排，将其分为"生物学基础""生物学"和"科学和人类生活"三个方面，"生物学基础"注重与生物学相关的基础性知识（生物的特征、人体的调节、生物的多样性和生态系统）；"生物学"在"生物学基础"的基础上，对知识进行深化提升（生物的进化、生命现象和物质、遗传信息的表达和发育、生物的环境应答、生态和环境）；"科学与人类生活"侧重于科学技术和人类的关系，其中包含了光热科学、物质科学、生命科学、宇宙和地球科学与人类生活的关系。

值得注意的是，日本"生物学基础"与"生物学"在内容上呈螺旋上升式的结构，即两个模块会有部分知识的重叠，其实是对基础知识的进一步补充提高，相似内容第一次出现时只要求学生掌握较为表层、浅显的知识，再出现时则对相关知识作了更高层次、深入的要求。"科学和人类生活"与"生物学基础"和"生物学"也有知识的重叠，但其实是对生物学知识的实际应用进行扩充。这样的编排方式，使得知识之间并非彼此孤立，而是层层深化、逐步提高，更符合学生的认知规律，有助于学生对知识的理解掌握，也有利于相关概念的迁移应用。这是值得我国借鉴的。

2. 课程目标方面

日本的高中生物学课程目标围绕"知识和技能""思考能力、判断能力、表达能力等"和"面向学习的能力·人性等"三个维度展开，这其实是对日本学校教育长久以来培养目标中"生存能力"的具体化。其中，"知识和技能"维度中，要求通过对自然事物·现象的观察、实验等，在谋求对自然事物·现象的概念、原理、规律的理解的同时，掌握科学探究所必需的观察、实验等相关的基本技能，强调注重探究过程；"思考能力、判断能力、表达能力等"维度中，重视在自然事物·现象中发现问题，带着前景进行观察、实验等，分析并解释所得的结果等活动，要求通过探究过程，使学生掌握科学的方法，力求培养科学的探究能力；"面向学习的能力·人性等"维度中，重视激发学生的学习热情，培养学生参与自然事物·现象，主动探究的态度。三个维度都涉及了"科学探究"，由此可见，日本十分注重科学探究能力的培养，这一点值得我国借鉴。

3. 课程内容方面

日本的高中生物学课程标准只是对高中生物学的内容范围、程度进行了大纲式、简要的描述，其内容要求中的行为动词相对单一，在实际教学中有赖于各学校的自行发挥，而我国的高中生物学课程标准的知识面更广、内容要求更具体，在这一方面我国是优于日本的。

日本在高中生物学中涉及了在我国属于高等教育层次的内容，如"基因表达调控""柠檬酸循环"等。这一点值得我们学习,如若在我国的高中生物学课程中适当出现大学认知水平的知识可以帮助学生更准确、更深入地理解生物世界。

与我国相比,日本的四级主题往往包含了多个层次的知识点,如"6.1.(ア).①遗传信息和蛋白质的合成:基于遗传信息表达的相关资料,发现并理解DNA碱基序列和蛋白质氨基酸序列之间的关系",其中不仅包含了转录和翻译的知识,还涉及了蛋白质在生命现象中的重要性、基因的选择性表达、基因与基因组的关系等。日本这样的内容组织形式,更有利于学生理解知识的系统性。

日本更加重视对进化生物学的科学教育,高中的生物学内容涉及了生命的起源、细胞的进化与地球环境变化的关联、化学进化、细胞内共生、生物的系统和进化以及人类的系统和进化这些内容,还涉及了一些关于界和门的知识,而我国这部分的知识较少。进化学相关的知识可以帮助学生更加清晰地认识生物界,形成良好的分类知识框架,因此这一点也值得我们反思借鉴。

日本的高中生物学十分注重与现实生活的联系,不仅在"生物学基础"和"生物学"中涉及了与实际生活相关的内容,例如:人类生命现象的视觉和生物钟,与中枢神经系统相关的脑死亡的问题,血液凝固等,还单独另设一门"科学和人类生活"科目,从科学技术的发展、人类生活中的科学、未来的科学与人类生活三个方面学习科学技术和人类的关系。"科学和人类生活"属于综合性科目,其中设置了光热科学、物质科学、生命科学、宇宙和地球科学四个方面的知识内容,能够使学生进行与自然和科学技术相关的尽可能广泛的领域的学习。

第七章　新加坡

新加坡作为一个城市国家，于20世纪60年代独立，其经济和科技均十分发达，这主要得益于其极具特色的教育制度。新加坡的教育是集东西方文化所长于一身的精英教育，它采用以英语为主、华语为辅的双语教学制度。新加坡复杂的历史发展背景以及多元的社会文化共同成就了其颇具特色的课程体系，由于新加坡的课程体系与其社会文化高度契合，因此在促进经济和科学技术发展过程中展现出显著的成效。以国际学生评估项目（PISA）为例，历次测试中新加坡学生的成绩总名列前茅，最近两次更是表现卓越——2015年的总分位列第一，其中科学成绩排名榜首，而2018年的总分位列第二，科学成绩与2015年相接近，相较2009年、2012年测试中科学的排名第四和第三。其评估成绩上升明显，这得益于新加坡独特的教学体系[63]。尽管PISA测试成绩不能作为衡量一个国家的教育质量的绝对指标，但新加坡在历次测试中均表现突出且相对稳定足以说明其教育制度具有一定的可借鉴性。此外，在OECD公布的全球中小学排名中，新加坡位居榜首，在该排名中我国教育较发达的香港和台湾地区也有参与，这从某个角度说明新加坡基础教育已得到了全球的认同。所以本章关注了新加坡。拟希望通过对新加坡与我国的生物学课程设置异同点进行分析，挖掘其课程设置中对我国具有启示性价值的内容，为今后我国生物学课程改革的深化提供建设性启示。

一、新加坡基础教育及高中课程设置

(一) 新加坡基础教育概况(新加坡教育体系)

集东西方文化所长的新加坡教育体系,通过采用灵活的教学方法,充分培养和发展学生的潜能,使学生在力所能及范围内成为最好的自己。学生自身的发展是检验教学成果的重要标准之一,新加坡教育成就了学生的同时,学生也成就了新加坡教育。

新加坡教育体系主要由小学教育、中学教育、大学前教育(中学后教育)和大学教育组成(图7-1)。

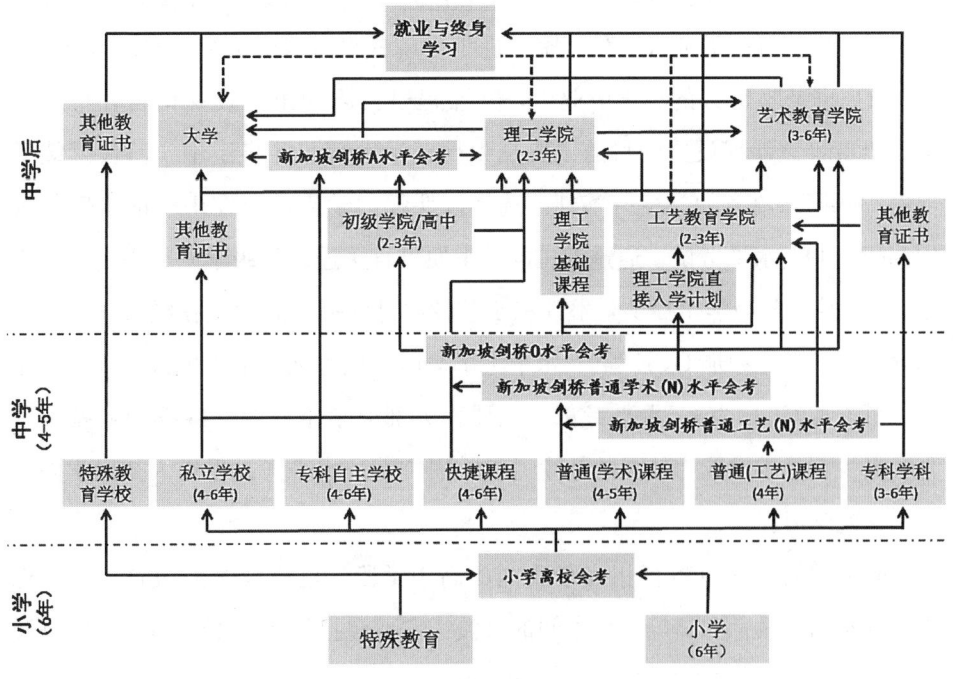

图7-1 新加坡教育体系

新加坡的小学教育分为三个阶段,即学前准备阶段、基础教育阶段和定向教育阶段[64]。其中小学学制为6年,分为4年基础阶段和2年分流阶段课程,新加坡学童一般在6岁时进入小学学习[65]。学生在小学前四年需要学习统一的课程,经过四年学习之后学校会根据学生语文能力水平差异将学生分入三种不同类型的课程体系学习,每一种课程体系设置的目的都是促使学生能够适应中学课程,在修读完小六课程后,新加坡学生将参加类似于我国小升初考试的离校考试(Primary School Leaving Examination,PSLE)。

通过PSLE的学生可以升入中学完成中学教育。新加坡学校在中学教育阶段为其学生提供三种不同的课程,即特别班、快捷班和普通班课程。三种课程学制和学习内容都不一样,学生可以根据自己的兴趣爱好和能力进入三种课程班学习。特别班和快捷班课程学制为四年,普通班课程则为五年。其中:(1)特别班只录取PSLE考试成绩优异的学生,每年差不多只有5%的小学毕业生能进入特别班学习,该课程通过英语和母语教授,学生经过该课程四年的学习后要参加新加坡-剑桥普通教育证书考试(Singapore-Cambridge General Certificate of Education Ordinary Level Examination,简称GCE"O"水平考试)[①],通过考试的学生便可申请进入初级学院、理工学院或设有大学先修班的中学学习。(2)快捷班录取56%的小学毕业生,其课程以英语为第一授课语言,母语为第二语言,该课程设置的目的主要是为具有学术倾向并将于中学阶段继续学习第一、第二语言的学生打基础。选择该课程的学生也要在中学的第四年参加GCE"O"水平考试,通过考试的学生便可直接进入初级学院或理工学院学习。(3)普通班为学生提供学术性和工艺性两种课程,其学生在经过中学四年的学习后,必先参加GCE"N"水平考试,通过该考试的学生再持续学习一年后方可参加GCE"O"水平考试。该课程大部分学生毕业后继续职业技术教育,极少部分学术能力较强的学生通过GCE"O"水平考试后进入初级学院或理工学院学习[66]。

新加坡的中学后教育相当于我国的高中学段,也称大学前教育,顾名思义,这是初等教育和高等教育之间的过渡,主要包括初级学院、理工学院以及

---

① 新加坡-剑桥普通教育证书(GCE"O"水平)考试是新加坡教育部和英国剑桥大学地方考试委员会共同主办的考试,考试一年举办一次,统一考试后颁发文凭,英联邦国家承认该考试成绩。考生可以用获得的成绩为标准申请进入新加坡初级学院、理工学院或工艺教育学院,或者是海外英联邦国家的初级学院或是大学预备班。新加坡教育部辖下的新加坡考试与评鉴局负责制定考试大纲、考试模式及评分。所有考试科目均分为剑桥科目(Cambridge Subjects)和本地科目(Local Subjects)两种。剑桥科目由剑桥大学地方考试委员会拟题,考卷被送往英国批改后会被送还新加坡;本地科目则由新加坡考试与评鉴局负责拟题,并由新加坡的中学老师批改。

工艺教育学院。其中：(1) 初级学院学制为两年，主要招收学术性强的中学毕业生，并向学生提供科学、艺术和商业等课程的学习。学生在两年学期结束后参加 GCE "A" 水平考试，该考试相当于我国的大学入学考试(高考)，通过该考试就算获得继续深造的资格，可直接进入大学学习。(2) 理工学院学制为三年，主要是为通过 GCE "O" 水平考试并有意接受实践指导课程的学生提供针对就业的工程技术、商业、航海、大众传媒以及市场营销等课程。大部分该课程学生毕业后直接就业，少部分成绩优异者进入大学继续学习。(3) 工艺教育学院是为学生提供一至两年工艺或职业教育课程的学院，中学毕业生通过 GCE "O" 水平或 "N" 水平考试便可进入该学院，接受全日制课程以及商科实习和技术训练课程的学习，为将来的就业奠定基础。当然，该学院成绩优异的学生可根据自我意愿转入理工学院学习，成绩合格后还可以升入大学继续学习[67]。

(二) 新加坡教育分流制度

新加坡是一个岛屿国家，国土面积不到八百平方公里，相当于我国的直辖市上海。虽然国土面积匮乏，各种资源也不丰富，但新加坡却能在成立后的短短几十年时间内，迅速成为一个经济高度发达的国家，并成为"亚洲四小龙"之一，由此可以看出，新加坡先进的教育制度在其国家经济发展过程中一定功不可没。从本章前述对新加坡教育学段的设置可以看出，新加坡以分流制度作为其教育制度的核心，在培养精英人才的同时又解决了新加坡快速发展所面临的技术人员培养需求问题，使其教育功能发挥出最大的效益。新加坡教育分流制度非常有特色，其兼备统一分流与多次分流策略，并会根据学生实际情况灵活变换。

第一次分流发生在学生小学四年级结束时，依据学生英语、母语和数学分流考试的成绩，从高分到低分把学生分配到普通双语班、延长双语班和单语课程班三种不同的课程班，三种课程间的差异主要表现在语言学习的类别及深度。其中：(1) 百分之九十左右的学生升入普通双语班，进入该课程班的学生与我国大部分小学的学制设置一样，需要完成共 6 年时间(含已修读的 1~4 年级)的小学课程，经过 6 年的学习后参加新加坡教育部组织的 PSLE 考试，成绩合格者便可升入中学学习；(2) 同时，有百分之六左右成绩不稳定的学生会进入延长双语班学习，其课程设置与普通双语班学生一样，不同之处在于其进度相对较慢，学生需要用 8 年时间(含已修读的 1~4 年级)完成小学课程，之后才可参加 PSLE 考试，成绩合格的学生也可进入中学；(3) 最后，尚有百分之四左右学习能力较差的学生则进入单语课程班进行单语学习，该课程课业负担不重，只需要修读一门语言课，进入单语课程班的学生经过 5 年(含已修读的 1~4 年级)学习后参加新加坡工业与职业训练局①提供的初级技能训练，进入技能训练系统的学生将来可成为与其训练相关行业的技术工人。需要特别强调的是，新加坡分流制度并非一成不变，学生可通过一定途径实现从一种课程班到另一种课程班之间的再分配，例如成绩好的学生可进入普通双语班学习，但学习成绩下降了就要进入延长双语班学习[68]。

第二次分流发生在学生小学六年级结束的时候，教育部会按照学生 PSLE 考试成绩及参考家长的意见将学生分入三个不同的课程班学习。

第三次分流则发生在中学课程结束后，特别课程班和快捷课程班学生经过四年学习后参加 GCE "O" 水平考试，大部分进入两年学制的初级学院或三年学制的理工学院学习，而普通课程班的学生则在中学四年级结束后要参加 GCE "N" 水平考试，未通过该考试的学生则会进入工艺教育学院进行职业教育，同时职业教育过程中如果学生成绩优异并想继续学业，便可以升入理工学院学习；此外，一些通过 GCE "N" 水平考试且愿意继续学业的学生，可再经历一年的学习后参加 GCE "O" 水平考试，若取得相应证书就可以到初级学院或高中就读，为参加 GCE "A" 水平考试做充分准备。

(三) 新加坡中学后教育的课程设置概况

新加坡中学后教育课程的设置更像是新加坡的大学预科，课程分为文理两大类，可选择的科目大约有 20 多种，但无论是选择文还是理，都要文理兼顾。其中同一个科目，往往从易到难分为 H1、H2 和 H3 三个难度等级，不同难度

---

① 新加坡工业与职业训练局成立于 1979 年，全面负责技术人才的培训工作。目前新加坡的职业教育包括工艺教育学院、理工学院和大学三部分。

等级内学习的主题相同,但范围有所差别,其中 H1 的考试范围是 H2 的一半,H3 难度要求较高。学生可以选择不同难度等进行修读。

(1) O-Level 课程

在新加坡,特别课程班和快捷课程班的学生于四年级时要参加 GCE "O" 水平考试后才能升入高中、理工学院或技术教育学院继续学习。在 GCE "O" 水平考试的教学大纲设计方面,新加坡教育部一直和英国剑桥大学地方考试委员会有合作,并将试题的编制及考卷的评鉴工作交给该委员会负责。其中,特别课程班的必修科目包括英语、母语(通常是华语、马来语和泰米尔语,还有某些南亚地区语言[69])、数学、科学和人文;而快捷课程班学生除修读一系列必修科目外,还可自中学第三年起选修部分课程。为进一步培养学生的能力,该快捷课程班为学生提供了丰富的选修课程,甚至一些学校还会提供计算机和戏剧等应用类课程的学习。

(2) A-Level 课程

新加坡-剑桥普通教育证书考试高级水平(A-Level)的课程体系其内涵可以用三个同心圆表示,图 7-2 反映了该课程体系中各部分之间的关系。

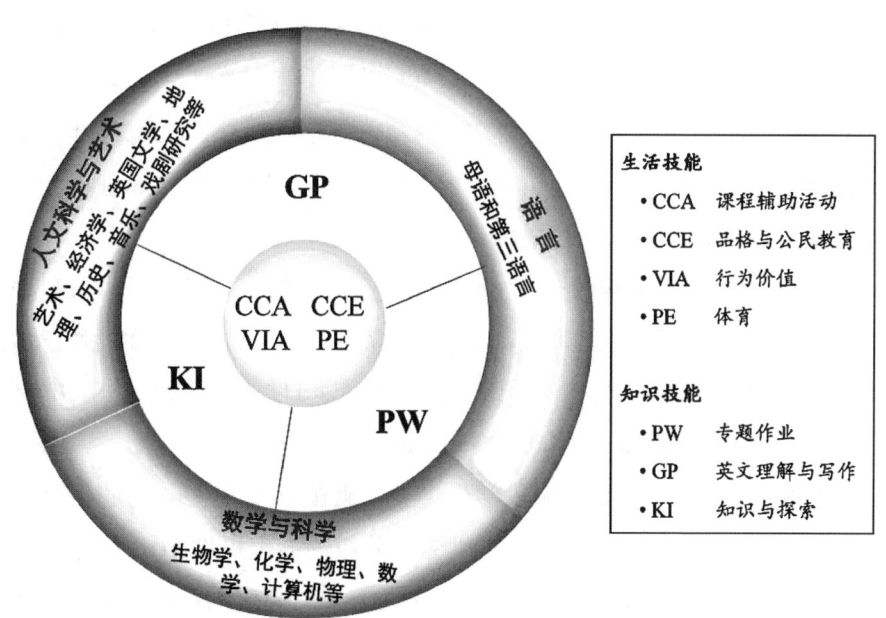

图 7-2　新加坡 GCE "A" 级课程

新加坡 GCE "A"级课程体系分为语言、人文与艺术、数学与科学3个模块，其中图7-2内环聚焦生活技能，它是新加坡学校教育的核心和基础组成部分，包括课程辅助活动(CCA)、品格与公民教育(CCE)、行为价值(VIA)和体育(PE)等非学术性课程，这类课程在确保学生建立正确价值观的同时获取基本生活技能，培养学生成为责任感强的积极公民。中环主要注重知识技能的培养，着重于强调学生思维、沟通及交流能力的培养，使学生能够清晰有效地表达其想法，主要包括英文理解与写作(GP)、专题作业(PW)和知识与探索(KI)等以技能为基础的学科。外环则是立足于内容的一些学术性科目，例如语言类科目母语和第三语言，数学与科学类科目生物学、化学、物理、数学、计算机等，人文科学与艺术类科目艺术、经济学、英国文学、地理、历史、音乐、戏剧研究等。

二、研究内容介绍

在新加坡，从小学到 A-Level 的生物学的课程设置具有一定的连续性，即：小学3~6年级主要关注个体和系统层面的生物学内容，从初中科学到 O-Level 生物学主要关注生理层面的生物学内容，而在 A-Level 生物学则聚焦细胞和分子层面的生物学。新加坡的生物学教学大纲在 O-Level 和 A-Level 的生物学课程内容设置方面呈现无缝衔接，O-Level 生物学课程内容作为基础，是 A-Level 生物学内容学习的必要知识储备，因此打算学习 H2 水平生物学的学生被默认为已对 O-Level 生物学内容有所了解和理解，A-Level 生物学不会重复设置 O-Level 已设置过的内容[70]。

与我国高中学段相对应的是新加坡的中学后教育阶段，因为本书主要针对中学教育高中阶段的生物学课程设置，故本章只关注新加坡初级学院的生物学教学大纲，即：新加坡对应学段教学大纲《高中生物学 H2 教学大纲》(BIOLOGY SYLLABUS Pre-University Higher 2 Syllabus)[70]。

新加坡中学初级学院课程阶段学生年龄大概在16~19岁，与我国高中学生年龄相一致。新加坡依据其教学大纲为该阶段的学生提供 H1、H2、H3 三个不同难度等级的生物学内容进行修读。其中，H1 虽然内容少于 H2，但两者难度值一样；而 H3 难度要求较高，部分涉及大学生物学课程内容，其目标是在满足学生兴趣的同时，为学生未来专业发展方向奠定基础[66]，通俗来讲，新加坡 H1 水平课程相当于选修课程，H2 水平相当于必修课程，H3 水平则是拓宽课程，并且其 H2 水平的生物学与我国高中生物学的高考水平相当，所以本章选取的是 H2 水平的教学大纲与我国高中生物学课程标准进行比较。

新加坡在其 H2 生物学教学大纲中明确表示"生命科学领域的快速进步对生物学教育提出了挑战"，为此通过整合基础知识、技能和态度设计了 H2 生物学课程框架(表 7-1)。该课程框架的内容是围绕生物学四个核心概念组织的，对于每一个核心概念，都列出了相关的开放式指导问题，以帮助学生构建概念并促进探究，而概念和概念之间，核心思想内部和核心思想之间则用文字描述建立联系。

表 7-1　H2 生物学课程框架概述

类别	实践的科学(Practices of Science)				学生经验(Learning Experiences)
模块	科学的本质 // 科学探究能力 // 科学与社会				
	H2 生物学中的核心概念				
一级主题	细胞与分子生物学	遗传学与遗传	能量与平衡	生物进化	
二级主题	➢ 细胞器与细胞结构 ➢ 生物分子与细胞运输 ➢ 蛋白质 ➢ 干细胞	➢ 核酸结构与基因表达 ➢ 基因组组成 ➢ 基因表达的控制 ➢ DNA 突变 ➢ 细胞周期 ➢ 遗传	➢ 环境与生物间的能量转换 ➢ 交流与平衡	➢ 自然选择与适应 ➢ 进化与生物多样性/物种与物种形成	
拓展主题	延伸课程：(A) 传染病；(B) 气候变化对动植物的影响				

除了核心概念之外，H2 生物学教学大纲还有两个拓展主题，即：(A) 传染病和(B) 气候变化对动植物的影响。这两个主题的内容都涉及当前影响新加坡当地和全球环境的问题。此外，拓展主题可使学生具备必要的知识和应用技能，以便就科学问题做出明智的决策。两个拓展主题内容分别占 H2 生物学课程的 10% 左右，并且在教学大纲中以启发性的问题、可视化的文字叙述、可评估的学习结果和建议等形式来呈现。新加坡学生需要学习四个核心概念和两个拓展主题的所有内容(表 7-1)。

通过表 7-2 可以看出，新加坡生物学教学大纲针对四个核心概念和两个拓展主题，均采用问题驱动的形式开展，以引导学生更好地达成学习目标，例如，(1) 针对四个核心概念，均设置有相应的驱动问题；围绕这些问题，进而凝炼相应主题下的核心内容，并设置了具体的切入知识点(二级主题)；(2) 针对两个拓展主题，每个主题设置有相应的驱动问题及主要关注领域，但未设置具体的切入知识点。此外 H2 水平的教学大纲针对具体的切入知识点设置有"学习成果"要求。

表 7-2　新加坡生物学课程内容组织形式

类型	一级主题			二级主题*
	主题	学生构建概念的驱动问题	核心内容	
核心概念	1：细胞与分子生物学	1. 为什么细胞是生命的基本单位，它如何促进生命的延续？ 2. 理解生命的基本单位为何是至关重要的？ 3. 生物分子的结构与其功能有什么关系？ 4. 细胞如何调节物质进出，这种生命活动的含义是什么？ 5. 原核生物和真核生物的细胞之间，植物和动物的细胞之间，单细胞和多细胞生物的细胞之间有什么不同？ 6. 病毒在哪些方面不同于细胞模型？	1. 亚细胞结构提供了驱动细胞过程的手段 2. 蛋白质是一类生物分子，在细胞中扮演着重要的角色 3. 干细胞有可能分裂和分化成不同的细胞类型	1. 细胞器与细胞结构 2. 生物分子与细胞运输 3. 蛋白质 4. 干细胞
	2：遗传学与遗传	1. 生物和环境的遗传组成如何影响生物的外貌、行为和生存？ 2. 遗传信息的遗传如何确保人类作为一个物种的连续性？	1. DNA(在某些情况下还有 RNA)形式的可遗传信息提供了生命的连续性 2. 遗传信息的表达涉及分子机制，基因调控导致基因表达差异 3. 细胞周期受到严格调节 4. 突变产生于遗传信息的不完全复制；与其他生物过程一起，这种突变增加了遗传变异 5. 遗传的染色体基础揭示了基因从父母传给后代的模式	1. 核酸结构与基因表达 2. 基因组组成 3. 基因表达的控制 4. DNA 突变 5. 细胞周期 6. 遗传

续 表

类型	主题	一级主题 学生构建概念的驱动问题	一级主题 核心内容	二级主题*
核心概念	3：能量与平衡	1. 生物体如何获得和使用能量来生长和生存？ 2. 生物体如何应对内部和外部变化？	1. 需要能量来驱动生物体内的生化过程 2. 生物体需要交流来应对环境并保持平衡	1. 环境与生物之间的能量转换 2. 交流与平衡
核心概念	4：生物进化	1. 为什么生物之间有如此多的相似之处，却有如此多不同的植物、动物和微生物？ 2. 为什么生物多样性很重要？	1. 自然选择是进化的主要驱动机制 2. 进化的过程解释了生命的多样性	1. 自然选择与适应 2. 进化与生物多样性 3. 物种与物种形成
拓展主题	A：传染病	1. 什么导致传染病？ 2. 在感染期间，身体如何反应？ 3. 如何预防、诊断和治疗传染病？	主要关注领域： 因微生物（病毒和细菌）破坏人体内环境的稳态而导致的疾病	
拓展主题	B：气候变化对动植物的影响	1. 我们的生活方式如何影响气候变化？ 2. 为什么迫切需要通过对科学的理解和应用来改善气候变化？	主要关注领域： 1. 需要安全和充足的食物供应 2. 传染病如何产生威胁 3. 维护生态系统，是医药和食品等生物资源的储存库	

注："＊"——因与我国课程标准中的二级主题相当，所以本章也将此设置为二级主题。

本章主要采用定性和定量的方法，对我国高中生物学课程标准的"内容要求"部分和新加坡 H2 教学大纲的"学习成果"部分进行分析。其中定性方法主要是对两国课程内容的总体覆盖面进行比较与分析，而定量方法则主要针对两国课程内容广度和课程深度要求，通过对其赋值后进行定量比较研究。

三、结果与分析

（一）课程内容结构

新加坡与我国生物学课程组织形式有各自特点和差异，主要可以通过两国课程内容标准的一级主题和二级主题的比较来揭示。从表7-1可看出，我国和新加坡一级主题的数量相似，其中：我国为两个必修模块，三个选择性必修模块；新加坡为四个核心概念和两个拓展主题。对于我国学生而言，生物学必修课程是我国高中生物学核心素养发展的共同基础，是所有高中学生必须学习的必修模块课程；选择性必修课程则是学生根据个人需求与升学考试选择学习的课程[9]。对于新加坡学生而言，H2教学大纲中规定的四个核心概念和两个拓展主题都是他们高中毕业必须学习的内容。

通过对一级主题进行比较可以发现，我国和新加坡都涉及的内容有细胞生物学、遗传学、生物进化、能量与平衡，这四者是两国共有的内容。除此之外，我国特有的是生物技术与工程，新加坡特有的是传染病和气候变化对动植物的影响。两者在内容上的共同之处还有课程的编排呈现出从微观到宏观再到应用的趋势，先学习基础内容，为后续高水平的学习奠定扎实的基础。

通过对二级主题的比较我们可以发现，我国的课程标准中的二级主题以完整的句式呈现核心概念，是对一级主题的分解和概述，例如"细胞是生物体结构与生命活动的基本单位"，而新加坡教学大纲二级主题以知识点关键词的形式存在，例如"细胞器与细胞结构""生物分子与细胞运输"。还有一点比较特别的是，在生物技术这一部分，我国把所有生物技术编排在了一个选择性必修模块中统一学习，而新加坡则注重知识点与技术的结合与应用，将相应技术融合进对应知识点的学习中，这一点会在后续比较研究中继续说明。

（二）课程广度和深度

具体研究方法见第一章的阐述，我国课程标准和新加坡教学大纲中设置生物学内容的课程广度、平均课程深度比较结果见表7-3。新加坡的总课程广度为85，低于我国的120，但其总平均课程深度为2.29，略高于我国的2.22。

从表7-3可以看出，我国课程标准中设置的五个模块生物学内容，在新加坡生物学的H2教学大纲中均有涉及。但新加坡在分子与细胞、遗传与进化两方面设置的课程广度高于我国，而在稳态与调节、生物与环境、生物技术与工程三方面则低于我国，其中在生物技术与工程方面，新加坡只涉及"干细胞的应用"1个内容。

表7-3　我国和新加坡高中生物学课程广度、平均课程深度比较

一级主题 项目	分子与细胞		遗传与进化		稳态与调节		生物与环境		生物技术与工程	
	中国	新加坡	中国	新加坡	中国	新加坡	中国	新加坡	中国	新加坡
课程广度（G）	23	29	22	39	23	8	22	8	30	1
平均课程深度（S）	1.91	2.17	2.23	2.23	2.13	2.38	2.77	2.75	2.03	4.00

作为分析各主题平均课程深度的参照，本章对新加坡H2教学大纲所设"学习成果"中各知识点前的行为动词进行了梳理（见表1-5），依据布卢姆认知水平，统计出了要求学生达到认知水平的出现频次和所占百分比，具体见表7-4，以用于与我国课程标准中相应知识点（见表1-7）的比较。

表7-4　新加坡课程标准中各知识点认知水平要求频次和所占百分比

认知水平	一级主题	分子与细胞	遗传与进化	稳态与调节	生物与环境	生物技术与工程
1	记忆/回忆	/	/	/	/	/
2	理解	24(82.76%)	34(87.18%)	6(75.00%)	5(62.50%)	/
3	应用	4(13.79%)	2(5.13%)	1(12.50%)	/	/
4	分析	1(3.45%)	2(5.13%)	1(12.50%)	3(37.50%)	1(100.00%)
5	评价	/	1(2.56%)	/	/	/
6	创造	/	/	/	/	/

从表7-3可以看出，在新加坡H2教学大纲中，与我国设置的"分子与细胞""遗传与进化""稳态与调节""生物与环境"四个模块相对的生物学知识，其平均课程深度分布在2.17～2.75，而"生物技术与工程"的1个知识点其课程深度高达4.00。结合表7-4可以看出，新加坡对生物学知识的最低认知要求为"理解"水平，并在该水平占大多数。

为清晰明了地表示出我国和新加坡的具体课程内容异同，本章采用分模块阐述的形式对五个模块进行分析研究，具体见下文。

1. "分子与细胞"模块课程内容的设置

与我国分子与细胞模块课程内容相对应,新加坡 H2 教学大纲中这部分内容分布在核心概念1"细胞与分子生物学",及核心概念3"能量与平衡"中的"环境与生物间的能量转换"中(表7-2)。

通过将表7-2与我国设置的课程内容进行比较可以看出,我国与新加坡在"分子与细胞"模块设置内容的重合度较高。从表7-3可以看出,该部分内容上新加坡课程广度(G=29)高于我国(G=23)。其中:

(1) 新加坡和我国的生物学课程中均设置了糖类、脂质、蛋白质、核酸等大分子物质的内容,也都包含质膜和质膜功能、细胞器、物质的跨膜运输方式、酶的结构与功能以及影响酶活性的因素、光合作用和呼吸作用、细胞分裂以及细胞分化等知识点。但深入比较发现,两国对同一知识点的要求和描述不一样:新加坡 H2 教学大纲较我国课程标准对同一知识点的要求更具体,而我国课程标准对知识点的要求较为概括性。例如:在呼吸作用这个知识点上,我国课程标准的要求是"说明生物通过细胞呼吸将储存在有机分子中的能量转化为生命活动可以利用的能量",而新加坡教学大纲的要求则是"概述糖酵解的过程,主要包括这一过程发生的场所、所使用的原料和形成的产物;概述连接反应和 Krebs 循环的过程,主要包括其发生的场所、使用的原理和形成的产物;概述氧化磷酸化的过程,包括氧和电子运输链在有氧呼吸中的作用,探究底物浓度、底物类型和温度等因素对呼吸速率的影响"。类似情况在有机物糖类、脂质、蛋白质,及光合作用等相关内容的比较中尤为突出。

(2) 与我国相比,新加坡在此模块设置的特有内容包括:细胞理论、细菌和病毒及其结构、蛋白质结构特点及其功能关系、抑制剂对酶活性的影响等内容。新加坡在此模块更加关注无氧呼吸,详细要求学生了解和掌握无氧呼吸及其产生 ATP 的原因;此外,新加坡还比较关注细胞信号部分的内容。作为一个发达的城市国家,新加坡对公民的健康尤为重视,例如:新加坡在此模块对病毒相关知识点的重视,体现了新加坡高中生物学教学和生活息息相关的特点;对于某些新加坡 H2 教学大纲特有的内容,其实在我国所编写的生物学教材中是有涉及到的,只是在课程标准上没有细致表达出来,比如肽键、光合色素等,当然相对于我国来说,新加坡也有特有的知识,比如抑制剂、细胞信号主要阶段等。

(3) 与我国相比,新加坡在此模块缺少细胞中的物质(元素、水、无机盐)、细胞的衰老与结构特征、单细胞与多细胞生物比较、原核细胞与真核细胞差异,以及细胞中的能量物质 ATP 的重要性等内容。

此外,在该模块新加坡平均课程深度($\bar{S}$=2.17)比我国($\bar{S}$=1.91)高。我国的内容要求集中于"理解"认知水平(91.30%),此外在"记忆/回忆"占 8.70%(见表 1-7);而新加坡 H2 生物学教学大纲"学习成果"的要求也以"理解"认知水平居多(82.76%),在"应用"(13.79%)和"分析"(3.45%)认知水平也略有分布(表 7-4),体现了新加坡高中生物学教学大纲在该模块对知识点的掌握要求层级更高且认知水平更丰富。

2. "遗传与进化"模块课程内容的设置

以我国课程标准"遗传与进化"模块为基准,新加坡与其对应的内容主要分布在概念 2"遗传学与遗传"中,少部分分布在概念 4"生物进化"中(表 7-2)。

通过将表 7-2 与我国设置的内容进行比较可以看出,我国和新加坡两国在"遗传与进化"模块重合度比较高。但从表 7-3 可以看出,在该部分内容的设置上,新加坡的课程广度(G=39)远高于我国(G=22)。对比该模块发现:

(1) 我国和新加坡共有的内容包括:DNA 的结构功能和中心法则、基因及其选择性表达、蛋白质决定生物性状、表观遗传、减数分裂、有性生殖的重要性及其基因的分离和自由组合、预测子代遗传性状、基因突变的类型与后果及诱变因素、原癌基因和抑癌基因、染色体变异对性状影响、生物进化的证据、共同祖先说、可遗传变异的意义、优势性状个体、自然选择的作用,以及现代生物进化论和物种形成等。说明在遗传与进化模块我国和新加坡在重点知识点上比较契合,例如中心法则以及基因突变,也从侧面说明这些知识点在该模块的奠基作用。

(2) 与我国相比,新加坡在该模块特有的内容比较多,主要包括:基因座与基因图、遗传图解、连锁和交叉遗传、RNA 的结构和作用、卡方检验、病毒基因组遗传和变异、聚合酶链式反应、凝胶电泳、Southern 印迹和核酸杂交等技术的原理和步骤,以及癌症的发展等内容。从中可以看出,新加坡在日常教学过程中比较注重基础知识点和生物技术的融合,比如"卡方检验"和"聚合酶链式反应、凝胶电泳、Southern 印迹和核酸杂交等技术的原理和步骤";其次,新加坡在该模块还比较重视病毒这个知识点的学习,旨在让学生掌握病毒的基因组遗传和变异等内容,以实现知识和现实生活的联系。

(3) 与我国相比,新加坡在该模块缺少了伴性遗传、基因重组、子代变异、人类遗传病、生物的共同特征,以及人类与生物多样性等内容。这些知识点出现在我国生物学课程标准中,可能与我国作为一个人口大国,遗传病的发病率极其高,大约有 20%～25% 的人患有遗传病,仅 21 三体综合征的患者人数,就不少于 100 万人的国情有一定关系[71]。

在深度方面比较发现,我国($\bar{S}$=2.23)和新加坡($\bar{S}$=2.23)在该模块的深度相当。其中我国在该模块的知识点的能力要求集中于"理解"认知水平(86.36%),在"应用""分析"认知水平上有少量分布,分别占 4.55% 和 9.09%(见表 1-7);而新加坡在该模块设置的课程深度涉及的面比我国广,主要集中于"理解"认知水平(87.18%),在"应用""分析"和"评价"三个认知水平各占 5.13%、5.13% 和 2.56%(表 7-4)。

3. "稳态与调节"模块课程内容的设置

以我国课程标准中的"稳态与调节"模块为基准,新加坡 H2 生物学教学大纲在该模块的内容主要分布在拓展主题 A"传染病"中(表 7-2)。

前面已介绍过,新加坡在初中科学的 O‑Level 生物学的课程内容主要关注生理层面的知识内容,因此我国在高中学段设置的一些内容,例如内环境和神经系统等,均未再出现于新加坡的高中生物学课程内容中。从表 7-3 也可以看出,我国和新加坡在"稳态与调节"模块的课程广度相差悬殊,我国的课程广度(G=23)远高于新加坡(G=8)。结合表 7-2 可以发现:

(1) 我国和新加坡在该模块都介绍了非特异性免疫和特异性免疫,除此之外,再无其他相一致的内容。

(2) 与我国相比,新加坡在此模块特有的内容包括:抗体分子结构和功能的关系、基因重组如何产生抗体分子、疫苗接种的好处和风险、流感和病毒、细菌病原体的传播和感染、抗生素对细菌的作用方式等。这体现了新加坡对公民身体健康的关注程度。

（3）与我国相比，新加坡缺少的内容是：内环境及其调节与功能，呼吸、消化、循环和泌尿等系统的功能，反射和反射弧，静息电位和动作电位及其化学传递，脊髓和脑的功能，自主神经，大脑皮层的高级神经活动，内分泌系统，激素调节机制，神经调节与体液调节与其他体液的稳态调节，免疫调节及其功能异常，植物激素及其应用等。综上可以看出，新加坡 H2 教学大纲对植物生长素和植物激素这一块基本没有要求，而我国对该方面内容的学习比较重视，可能是与两国的基本国情有关，我国是农业大国，农业对我国经济的发展非常重要，所以在基础教育阶段较注重这方面知识的学习，而对新加坡来说，他们国家的农产品基本靠进口，所以对这方面的学习就比较少甚至没有；但新加坡在该模块还比较关注疫苗、流感和病毒等的学习，学生学习该模块的知识点可以有意识地对生活中一些影响健康的疾病能有所预防和控制，深刻体现新加坡生物学教学的实用性。

在深度方面，我国（$\bar{S}=2.13$）在该模块的深度低于新加坡（$S=2.38$），这主要是因为我国对于该模块知识点的能力要求主要分布在"理解"认知水平上，约占 86.96%，在"记忆/回忆"和"分析"认知水平也分别占 4.35% 和 8.70%；而新加坡虽然在该模块的能力要求也主要分布在"理解"认知水平（75.00%），但在"应用"和"分析"认知水平较高，各占 12.50%。

4."生物与环境"模块课程内容的设置

以我国课程标准中"生物与环境"模块为基准，新加坡在该模块的内容分布在拓展主题 B "气候变化对动植物的影响"中（表 7-2）。

从表 7-3 可以看出，我国在该模块的课程广度（G=22）远高于新加坡（G=8）。结合表 7-3 会发现，我国和新加坡在该模块的知识点重合度很低。其中：

（1）我国和新加坡在该模块共有的内容仅有"生态环境问题"和"生物多样性意义，人与环境和谐相处"这两点。其中生态环境问题对人类的发展有直接影响，而人类社会又无时无刻不影响生态环境，新加坡和我国在该模块对生态环境问题的关注说明生态环境问题已日益成为全社会关注的焦点。

(2) 与我国相比,新加坡特有的内容为:历史人类活动导致气候变化、温室气体排放对气候变化的影响以及温度变化对昆虫的影响、埃及伊蚊的生命周期、人类病毒性登革热疾病的发展以及全球变暖对蚊传播疾病的影响等。从中可以看出新加坡对气候变化及其影响非常关注,这表明其已然领悟到"气候变化从根本上来说是发展问题,只有把经济增长、社会发展、环境保护统筹协调起来,建立适应可持续发展要求的生产方式和消费方式才是一个国家发展的正确道路"这一真理[72]。其次,新加坡在该模块对埃及伊蚊和人类病毒性登革热疾病等内容的关注也再次反映出其对公民健康的关注。

(3) 与我国相比,新加坡缺少的内容有:种群特征及其影响因素和数量变动、群落结构特征及其演替、群落生物与环境相适应、生态系统组成、物质循环与能量流动及其利用、生态系统中信息传递、营养结构和动态平衡及其稳定性影响因素等、生态系统自我调节、人口增长对生态的压力、人与自然环境和谐发展和环境保护意识等。而我国在该模块比较关注种群及其特征、生态系统等知识点主要是出于对我国国情的考虑,因为我国国土面积大,生态系统类型多样且其影响大,而新加坡作为一个相当于上海的城市国家,在这方面的关注并不甚重要。

在深度方面,我国在该模块的深度(2.77)略高于新加坡(2.75)(见表7-3)。其中我国在该模块的内容要求以"理解"认知水平最多(50.00%),其次是"分析"认知水平占36.36%,此外在"记忆/回忆"和"应用"认知水平分别占4.55%和9.09%(见表1-7);而新加坡H2教学大纲针对该部分内容规定的"学习成果"要求62.50%为"理解"认知水平,37.50%为"分析"认知水平(表7-4)。从整体上看,我国在该模块对学生的要求较为多样,而新加坡相对于我国则比较单一,这主要是因为新加坡在该模块知识点内容比较少且关注点不一样。

5. "生物技术与工程"模块课程内容的设置

以我国课程标准"生物技术与工程"模块为基准,新加坡H2生物学教学大纲中相应的内容仅分布在核心概念1"细胞与生物分子"中(表7-2)。

新加坡在该模块只在干细胞应用的一个知识点上与我国重合,这从一方面反映了我国对生物技术的重视；另一方面可以反映我国的基本国情，例如注重学生在植物组织培养等技术的学习有助于我国农业的持续性发展。但这并不是说新加坡对生物技术不重视，只是说其重视程度较我们低而已，且相对于集中学习，新加坡高中生物技术的内容主要渗透在日常知识点的学习过程中。例如在遗传与进化模块中，"H2.2.2.2(k)聚合酶链式反应、凝胶电泳、Southern 印迹和核酸杂交等技术的原理和步骤"中的聚合酶链式反应就属于基因工程里面的内容。

在课程深度方面，针对该模块我国课程标准中设置的认知水平占比从高到低依次为"理解"（90.00%）、"分析"（6.67%）和"记忆/回忆"（3.33%）。而新加坡，针对"干细胞的应用"这个唯一与我国相重叠的内容，其认知要求达到"分析"层次（$\bar{S}=4.00$）。

四、结论

通过以上研究发现，我国和新加坡课程标准一级主题的数量相似，其中我国为两个必修模块，三个选择性必修模块；而新加坡为四个核心概念和两个拓展主题。通过一级主题的比较可以发现：（1）我国和新加坡都涉及细胞生物学、遗传学、生物进化、能量与平衡的内容，这四者属于两国公认的基础知识；（2）我国特有的是"生物技术与工程"模块，而新加坡特有的是"传染病和气候变化对动植物的影响"模块；（3）两者在课程内容的编排上均呈现出从微观到宏观再到应用的趋势。而在二级主题上，可以发现：（1）我国的课程标准二级主题以完整的句子呈现核心概念，是对一级主题的分解和概述，而新加坡教学大纲二级主题以知识点关键词的形式存在，具体细化到每个知识点；（2）新加坡注重知识与实践相结合，将生物技术融入相关知识点的学习，而我国则偏向于集中学习生物技术，将生物技术统一到一个选择性必修模块里面学习。

从广度上来看，我国将生物学知识点在每个模块基本进行平均分布，而新加坡高中更注重"分子与细胞"和"遗传与进化"两部分知识，因此两者的课程广度均高于我国，而在其他三个模块上新加坡均低于我国。虽然我国课程广度比较大，但从深度上来看，除了"生物与环境"模块我国略高于新加坡，

"遗传与进化"模块两国相当，其他三个模块我国内容深度均低于新加坡。

五、对课程实践的启示

通过以上研究，发现新加坡 H2 教学大纲和我国课程标准在生物学内容的设置和要求上都非常贴合两国国情。在内容设置上，我国作为农业大国比较关注植物组织培养等方面的内容，而新加坡作为城市国家则比较关注疾病的预防与人体健康。在内容要求上，新加坡在知识点要求的描述上非常具体，某个知识点需要掌握哪些知识，掌握到什么程度都有细致描述，这有利于教师编写教材和授课教师对课堂教授知识点的把握。具体描述的知识点要求对于新加坡来说，非常便于统一和实施，但是作为泱泱大国，我国在知识点的要求上非常难做到具体描述，东西部教育的不均衡导致知识点要求没法统一；其次，两国在课程内容的编排上都采用从微观到宏观再到应用的趋势，这种层次性的学习安排非常有利于学生形成完整的生物学知识理论体系。对于一个国家来说，课程标准是一个国家对其基础教育课程的基本规范和要求，体现了国家对公民素质的基本要求。课程标准的编写不仅要贴合国家基本国情，还要考虑各地区学生的接受程度，在这点上我国就做得非常好。

通过此次比较研究，本书认为新加坡高中教学大纲在内容的设置上有以下几点值得我们学习：

1. 在知识点的要求上，新加坡 H2 生物学教学大纲在知识点要求的描述上非常具体，对每个知识点需要掌握的知识和程度的描述都非常具体。基于我国国情，虽然我国不可能在课程标准的描述上非常具体，但是各省、各地区可以结合自身实际情况，对本地区生物学教学内容有一个纲领性的要求，以解决我国课程标准在这方面的缺失。

2. 在知识点深度上，我国课程标准在深度上基本每个模块都低于新加坡，这是我国教育的不均衡所致。但基于生物学知识和技术所带来的巨大社会生产力和经济效益，我国可以在不改动课程标准的情况下根据地方的教育水平适当加深课程深度，例如：对北上广的学生来说，可根据教学技术和水平加深课程深度，设置校本课程等支持学生深入学习的课程，而对于教育不发达地区和欠发达地区，可结合当地特色让学生学习一些与生活息息相关的知识；在知识点内容的设置上，可以增加对病毒模块的学习。随着社会的发展，病毒越来越成为威胁我们人体健康的元凶，各种流行性病毒引发的疾病，对人体健康产生了非常大的威胁，比如 HIV、寨卡病毒、SARS 病毒、COVID-19 等，因此了解和研究病毒的产生、结构等就变得相当重要。了解了病毒的生长环境，我们在日常生活中就会注意和预防；此外，知己知彼也能让我们在面对病毒时不再那么恐惧。

3. 在必修模块的安排上，可将生物技术融入到知识点的学习中。对新加坡教学大纲和我国课程标准内容要求进行比较后发现，新加坡高中生物学注重知识点和技术的融合，生物技术会在知识点的学习过程中渗透，这样做的好处在于学生易于掌握生物技术并将生物技术运用到日常生物学知识学习中，而我国的课程标准将生物技术全部汇编于生物技术与工程模块中，知识点和技术的分离可能不太利于学生掌握和运用生物学知识。所以建议我国高中生物学课程标准在这点上可适当借鉴。

第八章 韩 国

韩国与我国地理位置毗邻、社会文化相似。作为继日本和新加坡后亚洲地区第三发达国家，韩国教育水平处于领先地位。自 1945 年韩国现代教育制度萌生以来，其七次课程改革在始终紧随美国等西方发达国家课程发展潮流的同时，也紧密结合本国的发展现状，形成了具有韩国特色的基础教育课程，当前韩国正在经历第七次基础教育课程改革。自 1997 年课程标准启动后，韩国教育部分别于 2007 年、2009 年和 2015 年对其进行了三次修订，最终确立了以培养具有未来社会所需核心力量的"创意融合型人才"为理念的教育目标。韩国对基础教育十分重视，其教育成就明显，以 PISA 测试为例，2006 年至 2018 年间连续五次的测试结果显示，韩国学生在科学、数学和阅读三大领域的平均表现始终高于 OECD 成员国家或地区的平均水平[①]。

一、韩国基础教育及高中生物学课程设置

（一）韩国基础教育概况

2009 年韩国的第二次课程标准修订仍未改变其学生学业负担过重、课程内容吸引度不足，及课程体系不利于融合性人才培养这三大问题[73]，为此，韩国顺应国际教育的新趋势，强化了人才培养中对"核心力量"和"融合型

---

① 资料来源于经合组织官方网站（OECD）的公开信息：Country Overview：Korean（https://www.compareyourcountry.org/pisa/country/kor? lg=en）。

人才"的要求，于2015年9月23日颁布《初、中等学校教育课程总论》①，其对国家基础教育阶段课程方案的课程理念、分级目标、课程体系和各学科课程标准的内容和结构进行整体性的重设和规划。该课程方案自2017年3月1日起在韩国小学1、2两个年级率先实施，2018年推行至小学3、4年级、初中1年级和高中1年级，最终于2019年完成对小学6年的全面覆盖，于2020年完成对初中3年和高中3年教育的全面覆盖，而原有课程方案于2020年2月29日正式废除。

  2015年新课程方案的教育理念和目标，在延续了韩国教育的传统"弘益人间"，即"使广大国民得益"的原有理念的基础上，首次将未来公民所需的"核心力量（핵심 역량）"引入学校教育中，形成了融人文、社会和科技素养为一体的"创意融合型人才（창의융합형 인재）"培养新理念，旨在让全体国民具有健全的人格、自主生活的能力和民主社会的必备素质，最终实现社会发展和国家繁荣。"核心力量"是韩国教育界对关键能力（Key Competence）的本土翻译，早在新国家课程出台前，韩国地方教育部门就通过相应的教育项目在基层学校教学中开展了探索性的实践工作[74]，因此"核心力量"在新国家课程中的出现是经实践验证的，其体系包括：自我管理力量、知识信息力量、创新思维力量、审美感性力量、沟通力量和共同体力量。此外，韩国的"创意融合型人才"是指具备人文、社会和科学技术等多领域素养，并能在新情景下将这些多领域素养进行有机融合以解决综合性问题的未来社会所需人才。为此，韩国制定了相对具体的分学段培养方案，包括：（1）小学6年：侧重于让学生养成日常生活和学习的基本习惯、基础能力和良好品德；（2）初中3年，在进一步加强能力和品德培养的同时，侧重于使学生形成国家和地区的共同体意识，这为"创意融合型人才"的养成创造了前提条件；（3）高中3年，则要根据学生自身的兴趣和特点，促使他们探索适合自己的未来职业道路，并形成世界共同体的意识，最终培养成"创意融合型人才"。

  根据分学段教育的目标，配套了相应的课程体系，其中主要有"创意体验活动"课程和"学科（群）"课程两大类：前者类似于我国的综合实践活动，包

---

① 资料来源于韩国教育部官方网站：교육부（https://www.moe.go.kr/main.do?s=moe）。

括学生自主活动、志愿者活动、社团活动和职业活动[75]，旨在让学生在切身体验过程中提升个人素养并激发潜力，培养共同体意识；后者不仅包含独立的学科课程，而且还将部分教育目标接近、研究对象相似、学习方法相通，以及生活方式关联的课程进行了重新整合，形成科目群，目的是减少学生修读负担，强化课程间的关联，例如小学的"科学/实用艺术"、初中的"科学/家庭·技术/信息"、高中的"综合社会（包括社会、历史和道德）"等科目群。

这些课程分为必修课和选修课两种类型。小学和初中学段，为了培养学生基础知识和技能，绝大部分课程是学校统一安排的共同教育课程，即必修课程；而到了普通高中学段，在继续强化学生基础学科领域学习的同时，为了满足学生职业发展所需，设置的课程则以学生选择为主，即选修课程。高中学段的科目（群）被细分为基础、探究、体育与艺术、生活与文化四大主题领域。除了基础领域中的韩国语、韩国史、数学、英语，及探究领域中的综合社会、综合科学、科学实验探究共七门为公共必修科目（共58学分）外，其他36学分的必修课、86学分的选修课以及24学分的创意体验活动课，共占总学分的71.57%，学生皆可自由选读。

目前，与韩国新课程对应的新高考，即"大学学术能力测试"，其方案的具体细则尚未出台，因此暂时沿用了之前的高考方案。韩国教育课程评价院于2019年7月8日公布的《2020学年大学学术能力测试实施计划细则》① 规定：2022年高考按照2019年修订的教育课程内容和水平出题。韩国大学教育协会于2019年5月1日发布的《2022学年高考科目指定情况介绍》② 指出：2021年和2022年韩国高考科目将基本保持一致，在11月份的高考中，考生要在一天内考完5个科目，其中韩国历史、英语、第二外语（9选1）为必考科目，韩语、数学改为"必考＋选修"体制，即这两门学科除必考项目外，考生还

---

① 资料来源于韩国教育课程评估院（한국교육과정평가원）官方网站的公开信息：학년도 대학수학능력시험 대리접수 안내 및 서약서 양식（http://www.suneung.re.kr/boardCnts/view.do?boardID=1500229&boardSeq=5037699&lev=0&m=0301&searchType=null&statusYN=W&page=1&s=suneung）。
② 资料来源于韩国大学教育协会（한국대학교육협의회는）官方网站的公开信息：학년도 수능 과목 지정 현황 안내（http://www.adiga.kr/PageLinkAll.do?link=/kcue/ast/eip/eis/inf/bbs/EipRecsroomCnView.do&p_menu_id=PG-EIP-07501&sn=7563&no=1）。

需要从中各选择一个项目参加应试。探究科目属于选择性科目，普通高中的学生可以在探究领域中的9门社会科目（群）和8门科学科目（群）中任意选择2科参加考试。

（二）韩国生物学及相关课程的设置概况

在韩国历次基础教育课程改革中，生物学及相关概念和内容在课程方案和各学科课程标准中得到了及时的调整和更新，其中仅就高中学段的课程标准而言，自1955年首次颁布迄今已经历了7次编写和3次修订。在2015年的韩国高中生命科学课程标准调整和更新中，除了在原有课程内容中添加新概念和新素材以顺应社会发展和科技进步的需要外，更重要的是将韩国的国家课程教育理念和目标作为新课程方案的重要组成部分，与各学段的其他生物学和相关课程以及其他学科课程共同写进了课标。

生物学作为科学领域的重要组成部分，其核心概念和相关内容贯穿了从小学到高中整个课程体系，其内容框架包括：与生命科学相关的"创意体验活动"；"科目（群）"中的综合课程"科学"，它融合了生物学与物理、化学和地理等学科内容；以及"生命科学Ⅰ"和"生命科学Ⅱ"这类以生物学内容为主体的分科课程。

自小学起，韩国1和2年级的学生就可以通过"正确的生活（바른 생활）""智慧的生活（슬기로운 생활）"和"快乐的生活（즐거운 생활）"这三门课程，分别以知识学习、动手探究和游戏参与等形式学习和内化与生物学相关的知识内容。这三门课的课时占到整个科目（群）总课时量的50%以上，与韩国语和数学的课时总和相当，其内容设置十分有特色，相应内容的授课时间和季节变化同步，包含了学校、春天、家庭、夏天、村庄、秋天、国家和冬天共八个主题。其中，"正确的生活"课与生活联系密切，能帮助学生内化知识、养成习惯和提升能力，例如：保持身心健康和卫生清洁、适应四季变化、爱护动植物、认识生命的可贵、注意节约能源和粮食等内容；"智慧的生活"课会通过观察、分组、调查、绘图、假设等方式进行探究，促进学生思考，使学生了解自己身体的结构和功能、简单的医疗防护措施、春夏秋冬的季节特点、常见动植物的外形特征及其生活习性等；而"愉快的生活"课则以唱歌、跳舞、话剧、游

戏、手工制作等方式开展学习。

对于小学3~6年级和初中1~3年级的学生，生物学与物理、化学、地理四个学科是在综合课程"科学"中的，该课程内容与学生日常生活密切相关，旨在让学生在快乐和探索中习得科学知识、科学探究方法和经验，进而培养科学素养，正确认识科学与社会间的相互关系，成长为理想的民主公民。其中，小学3~6年级"科学/使用技术"科目群的学习主题有"水的旅行""能量"和"生命"；初中"科学/家庭·技术/信息"科目群的学习主题有"科学和我的未来""灾害·灾难与安全""科学技术和人类文明"。该阶段"科学"课中设置的生物学内容是对小学1、2两个年级所学相关内容的拓展和深化，同时将为高中阶段相关课程内容的学习打下良好的基础。

在高中，生物学及其相关课程集中于探索领域的科学科目（群）中。其中：

（1）高一年级的学生都需要修习"综合科学"和"科学探究实验"两门必修的"公共科目"。"综合科学"是小学和初中"科学"课的延续，对各学科领域相关内容进行了重构，形成了"物质和规律""系统和相互作用""变化和多样性"以及"环境和能源"四个学科交叉主题，其目标是在探索中帮助学生全面地理解人与自然，提升科学素养，并能够预测未来生活和适应科技发展的变化，合理判断社会问题。"科学探究实验"是围绕"综合科学"的主题，让学生以小组形式开展历史上、生活中和学科内的科学探究，其中包括对科学概念和原理的验证性实验活动，及对日常生活中的科学问题进行的协作探索活动，例如巴斯德曲颈瓶实验、调查生物大灭绝的原因、寻找周围天然抗生素、设计可持续环保能源城市等。

（2）高二开始，学生可以根据个人兴趣或招生高校的要求选修"一般选择科目"和"职业选择科目"。在探究领域的科学科目（群）中，前者包括"物理Ⅰ""化学Ⅰ""生命科学Ⅰ""地球科学Ⅰ"共4个基础科目；后者是对前者内容的拓展和补充，包括"物理Ⅱ""化学Ⅱ""生命科学Ⅱ""地球科学Ⅱ""科学史""生活与科学""融合科学"共7个科目。

上述选修课程中，"生命科学Ⅰ"和"生命科学Ⅱ"是以生物学科知识为主体内容的分科科目，在韩国高考中属于选考科目，而与生物学相关的综合科目"科学史""生活与科学"和"融合科学"是以过程评价为考核方式的科目，其科目设置主要供学生根据自身兴趣、特点和职业期望选择修读。其中，(1)"科学史"以科学历史和科学哲学为基本框架，目的是帮助学生了解西方和韩国的科学思想和方法发展历程，深化对科学本质的理解，及对科学和社会间关系的认识；(2)"生活与科学"偏重于让学生理解科学原理对日常生活的实用价值，主要设置有"健康的生活""美好的生活""便捷的生活""文化的生活"4个主题，可使学生了解饮食与健康、美容与服饰、建筑与交通、体育与艺术等方面的原理，并且能够在现实生活中灵活运用和合理选择相关的原理；(3)"融合科学"由讲述宇宙诞生、太阳系形成和地球生命出现整个过程的"宇宙和生命"，以及介绍新材料、信息通讯、人类健康、能源环境等相关尖端科技的"科学和文明"两大领域组成，其目的是帮助学生将自然现象中的核心概念关联起来，使学生能从总体性视角全面、系统地理解自然界，并能够综合运用自然现象中的基本原理，提升学习科学的兴趣和欲望。

除上述外，新课程体系还在小学到高中的每个学段都设置了创意体验活动课程，并赋予了学校充分的开课自主权。教师可以在该课程体系中就生物学的内容进行拓展和探究，也可以将生物学学科与其他学科的内容进行交叉和融合设计，同时还可以联合当地社区组织推动学生的实践活动，以培养学生综合运用生物学学科等多种领域的核心概念、原理技术和学习经验从事科学发现和创造的能力。

二、韩国高中生命科学课程标准组成及研究内容介绍

1. 韩国高中生命科学课程标准的结构组成

生命科学作为一门独立的科目，于韩国的高中二年级面向全体学生开设，是基础教育阶段唯一一门从综合课程（包含生命科学与物理、化学、地理等学科）中独立出来的分科科目。新课程内容体系将生物学内容重组为"生命科学与人类生活""生物的结构与能量""稳态与体内调节""生命的延续"和"环境与生态系统"5大领域，并交叉贯穿于"生命科学Ⅰ"和"生命科学Ⅱ"科目中(图8-1)。

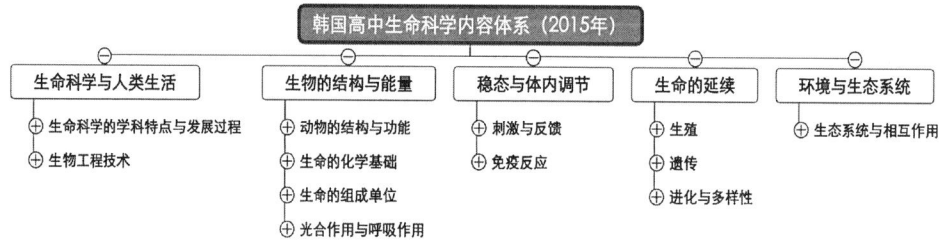

图8-1 韩国高中生命科学内容体系(2015年)

具体落实到课程方案中,生命科学课隶属于"探究"领域"科学科"科目群中的"选择中心课程","生命科学Ⅰ"和"生命科学Ⅱ"分别归属于"一般选择科目"和"职业选择科目"。学生可以根据自身的学习兴趣和未来职业规划选择其中的一门或两门科目进行全面而深入地学习,并以"探究"科目名义参加韩国高考。与课程方案相配套,韩国教育部也分别出台了韩国高中"生命科学Ⅰ"和"生命科学Ⅱ"两套课程标准,两者都对其课程性质、课程目标、内容体系和成就标准、教学及评价方向四个部分做出了明确而细致的规定。两者的课程性质与课程目标基本保持一致,内容组成上呈逐步递进且各有侧重之态。

韩国将生命科学定性为"通过以人体为中心所呈现的生命现象,来培养生命科学的基本素养,从而使学生能够创造性地解决生命中的多种疑点的一门学科"。"生命科学Ⅰ"通过设置与日常生活相关的情境,使学生能够有兴趣学习科学知识与探究方法,培养科学素养,认识科学与社会间的相互关系,从而成为一名合格的民主公民;而"生命科学Ⅱ"是"生命科学Ⅰ"的深化,旨在使有意从事生命科学相关工作的学生全面理解生命现象背后的原因及其相关关系。

在内容设置上,"生命科学Ⅰ"和"生命科学Ⅱ"呈现一定的梯度。其中:"生命科学Ⅰ"是对"生命科学是什么"的概括性理解,同时还会采用以探究为主的多种学习方式,让学生能够养成科学的思考能力、探究能力、问题解决能力、沟通能力、参与和终身学习能力等科学的核心能力;"生命科学Ⅱ"会通过生命科学的重要发现与探究方法,培养学生从宏观和微观两个视角理解生物圈中生物(表8-1)的能力。在新课程内容体系的呈现方式上,韩国课程标准将其划分了四个层次,分别为"领域""核心概念""一般性知识"和"内容要素"。

表8-1 韩国生命科学Ⅰ和Ⅱ的内容体系[①]

领域 (一级主题)	核心概念 (二级主题)	一般性知识 (三级主题)	内容要素		技能
生命科学Ⅰ	1. 生命科学与人类生活	1.1 生命科学的特性及其发展历程	1.1.1 生命科学是理解生命体的诞生、维持、变化其发展历至今	• 生物的特性	• 问题发现 • 探究设计与实施 • 数据收集 • 分析与解释 • 数学思维与计算机应用 • 模型的开发与应用 • 基于证据的讨论与论证 • 结论的生成与评价 • 沟通
		1.1.2 生命科学通过多种探究方法,随人类历史一同发展至今	• 归纳性探究方法 • 演绎性探究方法 • 控制变量 • 对照实验		
	2.1 动物的结构和功能	2.1.1 骨骼与肌肉起到支撑或运动身体的作用	• 肌肉收缩		
		2.1.2 通过消化器官可以吸收营养物、通过排泄器官可以排除代谢产物	• 新陈代谢 • ATP • 代谢产物的排泄过程	消化、呼吸、循环、排泄、代谢性疾病	
		2.1.3 通过呼吸器官与循环器官可以交换氧气与二氧化碳	• 细胞呼吸		
	3.1 刺激与反应	3.1.1 因感受器与神经系统的功能,机体能对多种刺激产生反应	• 神经元的分类 • 动作电位 • 兴奋的传导与传递 • 突触 • 中枢神经系统与周围神经系统		

[①] 资料来源于韩国教育部官方网站:교육부(https://www.moe.go.kr/main.do?s=moe)。

续 表

领域（一级主题）	核心概念（二级主题）	一般性知识（三级主题）	内容要素	技能
3. 稳态与体内调节	3.1 刺激与反应	3.1.2 因内分泌系统与神经系统的作用，机体能保持稳态	● 稳态 ● 内分泌系统与神经系统相关疾病 ● 激素与激素的特性	
	3.2 免疫反应	3.2.1 对于人体来说，多种因素可引起疾病	● 疾病的原因	● 问题发现 ● 探究设计与实施 ● 数据收集 ● 分析与解释 ● 数学思维与计算应用 ● 模型的开发与应用 ● 基于证据的讨论与论证 ● 结论的生成与评价 ● 沟通
		3.2.2 人体会对病原体产生免疫反应	● 特异性免疫（两次免疫） ● 非特异性免疫（一次免疫） ● 疫苗的作用原理 ● 抗原抗体反应	
4. 生命的延续	4.1 生殖	4.1.1 多细胞生物产生配子、经过受精与发育产生新个体	● 生殖细胞的多样性	
	4.2 遗传	4.2.1 生物的性状通过遗传递至后代	● 染色体构造 ● DNA 与基因 ● 基因组 ● 染色体组合	
		4.2.2 生物的性状由基因表达控制	● 常染色体遗传 ● 性染色体遗传 ● 系谱分析 ● 遗传病的种类与症状	
	4.3 进化与多样性	4.3.1 生物通过适应环境变化从而进化	● 生物多样性的意义与重要性	

续表

领域 （一级主题）	核心概念 （二级主题）	一般性知识 （三级主题）	内 容 要 素	技 能
生命科学Ⅰ	5. 环境与生态系统	5.1 生态系统及其相互作用	5.1.1 生态系统的构成要素之间有着密切的关系并相互影响	• 生态系统的构成 • 群落的特性 • 种群的特性 • 群落调查方法 • 演替	• 问题发现 • 探究设计与实施 • 数据收集 • 分析与解释 • 数学思维与计算 • 模型的开发与应用 • 基于证据的讨论与论证 • 结论的生成与评价 • 沟通
		5.1.2 生态系统内的物质循环，能量流动	• 生态系统平衡 • 能量流动 • 物质循环	
生命科学Ⅱ	1. 生命科学与人类生活	1.1 生命科学的特性及其发展历程	1.1.1 生命科学通过多种探究方法随着人类历史共同发展	• 生命科学的发展过程 • 生命科学的研究方法	
	1.2 生物工程技术	1.2.1 生物工程技术被应用于疾病治疗、粮食生产等与人类生活相关的领域	• 生物工程技术的原理与事例 • 生物工程技术的影响 • 生命伦理	
	2. 生物的结构与能量	2.1 生命的化学基础	2.1.1 生命体由碳水化合物构成	• 碳水化合物 • 脂质 • 蛋白质 • 核酸	
		2.1.2 生命现象会因多种化学反应而产生	• 酶的作用 • 活化能 • 底物特异性	
	2.2 生命的构成单位	2.2.1 生命体由细胞构成	• 生命体的有机构成 • 原核细胞与真核细胞的差异	
		2.2.2 细胞被细胞膜包围，内有细胞器	• 细胞器之间的关系 • 物质输送	

第八章 韩国 177

续表

领域 (一级主题)	核心概念 (二级主题)	一般性知识 (三级主题)	内 容 要 素	技 能
2. 生物的结构与能量	2.3 光合作用与呼吸作用	2.3.1 通过光合作用将光能转换为化学能	● 叶绿体的结构与功能 ● 通过光系统的光反应 ● 光合作用的暗反应	● 问题发现 ● 探究设计与实施 ● 数据收集 ● 分析与解释 ● 数学思维与计算机应用 ● 模型的开发与应用 ● 基于证据的讨论与论证 ● 结论的生成与评价 ● 沟通
		2.3.2 通过呼吸作用，获取生命活动所必需的能量	● 线粒体 ● 氧化磷酸化 ● 化学渗透 ● 有氧呼吸与发酵 ● 电子传递系统	
3. 生命的延续	3.1 生殖	3.1.1 多细胞生物产生配子、经受精与发育过程产生新个体	● 基因的表达与发生	
	3.2 遗传	3.2.1 生物的性状因基因表达而出现	● 基因组的结构与基因的结构 ● DNA的半保留复制 ● 转录与翻译 ● 基因的表达与调控 ● 原核细胞与真核细胞的转录调节	
	3.3 进化与多样性	3.3.1 生物因适应环境变化而导致进化	● 生物膜形成与多细胞的重要性 ● 从单细胞向多细胞的进化	
		3.3.2 因进化而产生生物多样性	● 进化的证据与进化 ● 物种的进化	
		3.3.3 生物多样性可依据分类体系进行分类	● 3域(动物、植物、微生物)6界(原核生物、原生生物、真菌、动物、植物、病毒) ● 动物与植物的分类体系 ● 生物系统树图谱	

生命科学的目标包括：(1)培养对生命现象的好奇心与兴趣，培养科学地解决问题的态度；(2)培养科学探究生命现象与日常生活问题的能力；(3)探究生命现象，理解生命科学的核心概念；(4)认识生命科学与技术、社会的相互关系，在此基础上培养民主公民的素养；(5)认识生命科学的学习乐趣与科学的有用性，培养终身学习能力。

此外，在新课程内容体系中，课程标准除搭建了基础性和结构化的生命科学知识体系外，还融入了思维性和过程化的生命科学探究方法，包括"问题发现""探究设计与实施""数据收集""分析与解释""数学思维与计算机应用""模型的开发与应用""基于证据的讨论与论证""结论的生成与评价"和"沟通"九大技能。上述技能培养在各探究活动中均有体现且各有侧重，例如："使用黄豆汁分解尿液中尿素的探究活动"侧重于"结论的生成与评价"技能的习得，而"根据给定的材料等描述猜测其所患的神经系统疾病的名称"则倾向于"分析与解释"技能的培养，最终能够帮助学生更有意识地掌握生命科学的探究方法，了解生命科学知识内容的产生过程，促进生命科学核心概念的形成，为"科学科"核心力量的形成奠定基础。

需要注意的是，韩国的"大学学术能力测试"是依据"生命科学Ⅰ"和"生命科学Ⅱ"的"成就标准"进行测试题编制的。一般来说，会有20道选择题，每题都要求学生在五个备选答案中选择一个正确的答案，题目顺序按照单元主题先后排布，但分值不一，其中10题的分值为2分，而另外10题的分值为3分，总分值为50分，考试时间为30分钟。若学生同时选修了这两门科目，则总分值为100分，与韩国语、英语和数学的分值相当，具有同等重要的课程地位和学习要求。

2. 本章内容介绍

本章将韩国课程标准中的"领域"定义为与我国课程标准中的"模块"相对的一级主题，将其"核心概念"定义为二级主题，其"一般性知识"定义为三级主题，因此其"内容要素"刚好可以与我国课程标准中最小级别概念（次位概念）中的知识点进行比较。

此外，韩国2015年修订版普通高中"生命科学Ⅰ"和"生命科学Ⅱ"两门科目课程标准针对其每个"领域"都设置了相应的"成就标准",且在"成就标准"中对高中"生命科学Ⅰ"和"生命科学Ⅱ"的各"领域"内需掌握的生物学知识均有较为具体的要求,一般用陈述句式呈现,以"生命科学Ⅰ"中的"生命科学与人类生活"为例,在"成就标准"中设置有"〔12生命科学01-01〕理解生物的特性,能够说明生物与非生物的差别""〔12生命科学01-02〕理解生命科学的系统特性,能够举例说明同其他学科领域的联系"和"〔12生命科学01-03〕理解生命科学的探究方法,比较生命科学中的多种探究方法";此外,"成就标准"中设置的"探究活动""学习要素""成就标准解释""教学与评价方法""注意事项"及"教学提示"和"学业要求"等也为相应生物学内容的落实提供了较为详细的说明。因此,本章将选择"生命科学Ⅰ"和"生命科学Ⅱ"两门科目课程标准中的"成就标准"与我国课程标准进行比较研究。此外,依据第一章中关于课程难度的定量分析模型,本章对中韩两国的课程难度进行了比较研究。

三、结果与分析

(一)课程内容结构

将韩国生命科学与我国生物学课程标准的内容体系进行比较发现,韩国凝炼了"生命科学与人类生活""生物的结构与能量""稳态与体内调节""生命的延续"和"环境与生态系统"五大领域,但这五大领域均出现在"生命科学Ⅰ"中,而"生命科学Ⅱ"仅设置了其中三个领域,其中后者是对前者的深化和拓展(表8-1)。我国生物学课程标准也整合了五个模块"分子与细胞""遗传与进化""稳态与调节""生物与环境"和"生物技术与工程",尽管五个模块之间存在一定的关联性,但总体上呈现并列关系。

通过对一级主题进行比较可以看出,我国与韩国在高中学段均重视内环境稳态与机体调节、生命的延续,及生物与环境这三方面的内容;此外,韩国生命科学课程标准中设置的"生命科学与人类生活"与"生物的结构与能量"十分有特色。结合韩国课标中的二级主题(核心概念)和三级主题(一般性知识)会发现，其在神经、内分泌和免疫调节、生殖、遗传、进化、生态系统，及生物技术等多个方面与我国课程标准的关注点一致，但侧重有所不同。以生物技术为例，韩国在"生命科学Ⅰ"和"生命科学Ⅱ"的"生命科学与人类生活"领域中均设置了有关生物技术的内容，但前者关注生物技术本身及其与社会发展之间的交互作用，而后者重点在生物工程技术在人类生活中的应用，因此前者是后者在知识和技能方面的铺垫；而我国生物学课程标准将"生物技术与工程"设置为独立的模块，内容包括发酵工程、细胞工程、基因工程和生物技术安全与伦理等，其中各主题"既是对必修内容的扩展和应用，又是对生物技术和工程的认识和理解"[9]。

（二）课程广度和深度

经课程广度和平均课程深度的统计（表8-2），结果显示：韩国高中生命科学的53条"成就标准"涵盖了与我国生物学课程标准设置内容存在相关性的69个知识点，它们的总平均课程深度为2.79；其他另有5个知识点在我国生物学课程标准中未设置，它们平均课程深度为2.00。因此韩国高中生命科学的课程广度远低于我国的120，但平均课程深度却高于我国（2.22）。

表8-2 中韩高中生物学课程标准各模块的广度和深度比较结果

	分子与细胞		遗传与进化		稳态与调节		生物与环境		生物技术与工程		其他	
	中国	韩国	中国	韩国	中国	韩国	中国	韩国	中国	韩国	中国	韩国
课程广度(G)	23	15	22	18	23	14	22	6	30	16	/	5
平均课程深度(S)	1.91	2.00	2.23	2.78	2.13	2.71	2.77	2.50	2.10	4.00	/	2.00

从表8-2可以看出，我国课程标准中设置的五个模块生物学内容，在韩国生命科学课程标准中均有涉及，但韩国在课程广度方面均低于我国，而平均课程深度却高于我国，尤其在生物技术与工程相关内容的设置方面，韩国的课程广度尽管仅有16，但平均课程深度达4.00；此外，韩国"生命科学Ⅰ"课标中出现的"〔12生命科学01-01〕理解生物的特性，能够说明生物与非生物的差

别""〔12生命科学01-02〕理解生命科学的系统特性,能够举例说明同其他学科领域的联系"和"〔12生命科学01-03〕理解生命科学的探究方法,比较生命科学中的多种探究方法",以及"生命科学Ⅱ"课标中出现的"〔12生命科学01-01〕了解生命科学的历史与发展过程,并可以按照时间先后罗列和说出主要的科学发现事件"和"〔12生命科学01-02〕调查并展示生命科学发展过程中重大科学发现所运用的研究方法",在我国生物学课程标准中未设置。

本章参考我国生物学课程标准,对韩国生命科学课程标准内与我国设置内容相关的知识点前的行为动词进行了梳理,并依据布卢姆认知水平,统计出了要求学生所要达到认知水平的出现频次和所占百分比,具体见表8-3,以用于与我国课程标准相应知识点(见表1-7)的比较。

表8-3 韩国课程标准中各知识点认知水平要求频次和所占百分比

认知水平	一级主题	分子与细胞	遗传与进化	稳态与调节	生物与环境	生物技术与工程	其他
1	记忆/回忆	/	/	/	/	/	/
2	理解	15 (100.00%)	9 (50.00%)	9 (64.29%)	4 (66.67%)	/	4 (80.00%)
3	应用	/	4 (22.22%)	/	1 (16.67%)	/	/
4	分析	/	5 (27.78%)	5 (35.71%)	1 (16.67%)	16 (100.00%)	1 (20.00%)
5	评价	/	/	/	/	/	/
6	创造	/	/	/	/	/	/

从表8-2可以看出,相对于我国设置的"分子与细胞""遗传与进化""稳态与调节""生物技术与工程"四个模块,韩国生命科学课程设置的相应生物学知识的平均课程深度均高于我国。其中在"生物技术与工程"相关内容的设置方面,其平均课程深度更是高达4.00,结合表8-3可知,韩国在该方面对学生的认知要求均在"分析"层次。韩国在"生物与环境"相关内容的设置方面仅有6个知识点,其中66.67%的认知要求为"理解"层次,而"应用"和"分析"层次各有1个知识点,各占16.67%。

此外，韩国在高中生命科学课程的课时安排和学分要求上，"生命科学Ⅰ"和"生命科学Ⅱ"作为选修课程，其学分数各为 5 分。两门选修课程的总学分为 10 分，占韩国普通高中毕业学分最低要求 204 个学分数的 4.90%。韩国新课程标准规定 1 个学分为 17 个课时，高中阶段每课时 50 分钟，即韩国高中生命科学课程的总学习时长为 8500 分钟。参考我国课程设置的标准，韩国生命科学课程标准内设置的总课程广度（G）为 74，总课程深度（S）为 206.98，课程难度（N）为 0.017，而我国的这三者分别为 120、264、0.024（见表 1-8），由此可以看出我国生物学课程的这三项指标均高于韩国。

为清晰明了地表示出我国和韩国的具体课程内容异同，本章采用分模块阐述的形式对五个模块进行分析研究，具体见下文。

1. "分子与细胞"模块课程内容的设置

与我国高中生物学课程标准中"分子与细胞"模块课程内容相对应，韩国相应的内容主要集中在"生命科学Ⅱ"内"生物的结构与能量"领域，以及"生命科学Ⅰ"内"生物的结构与能量"领域的核心概念"动物的结构和功能"中的"ATP"和"细胞呼吸"两个内容要素（表 8-1）。

通过将表 8-1 与我国课程标准设置的课程内容进行比较可以看出，韩国在分子与细胞主题设置的内容几乎完全被涵盖在我国设置的课程内容范围内，其中韩国在个别知识点上的设置相较我国更高位，例如："生命科学Ⅱ"中一个"成就标准"〔12生命科学02-02〕能够说明碳水化合物、脂肪、蛋白质、核酸的基本结构与功能"即对应了我国课程标准中"分子与细胞"模块下的 4 个次位概念。从表 8-2 可以看出，在该主题内容的设置方面韩国课程广度（G=15）低于我国（G=23）。其中：

（1）中韩两国均关注了细胞内糖类、脂质、蛋白质和核酸的结构和功能、细胞器及其关联、原核和真核细胞的异同、物质进出质膜的方式、酶的作用原理和特性、ATP 的作用、光合作用和呼吸作用等相关内容。

（2）韩国课程标准中设置的比较动植物有机构成的异同，及解释 ATP 与消化、循环、呼吸、排泄过程的关系这两个知识点，在我国课程标准中均未涉及。

（3）而我国课程标准中也设置了多个未在韩国生命科学课程标准中出现的

内容，主要包括：细胞内的元素构成、水、无机盐、细胞质膜结构与功能、遗传信息的储存位置、单细胞生物和多细胞生物、大分子进出细胞的方式（胞吞、胞吐）、有丝分裂、细胞分化、衰老和死亡等。

此外，在该主题部分，韩国平均课程深度（$\overline{S}=2.00$）略高于我国（$\overline{S}=1.91$），主要原因是在分子与细胞相关内容的设置上，韩国对学生的认知要求全部为"理解"层次，而我国除91.30%在"理解"层次外，其他则在"记忆/回忆"层次。

2."遗传与进化"模块课程内容的设置

与我国遗传与进化模块课程内容相对应，韩国相应的内容主要分布于"生命科学Ⅱ"内"生命的延续"领域，以及"生命科学Ⅰ"内"生命的延续"领域的核心概念"遗传"中（表8-1）。

通过将表8-1与我国课程标准设置的课程内容进行比较可以看出，韩国与我国在"遗传与进化"主题设置内容的重合度一般。结合表8-2可知，尽管韩国在该主题的课程广度（G=18）低于我国（G=22），但已是其五个主题中占比最高的，因此可以认为韩国高中比较重视在遗传与进化主题内容的学习。

（1）中韩两国在遗传与进化相关内容的设置上都关注了DNA半保留复制、转录与翻译、有性生殖中的基因分离和自由组合、染色体上的基因与性别的关联、基因突变和染色体变异及它们与性状之间的关系、减数分裂过程染色体组合、物种形成的原因等知识点。

（2）韩国还专门设置有原核细胞与真核细胞的基因组结构和基因结构之间的差异、DNA复制与细胞分裂时染色体的形态和数目变化、遗传密码子解读、原核生物与真核生物的转录调节过程、真核生物个体发育和细胞分化中的基因表达调控过程、原始细胞的产生及生物膜的重要性、生物从原核到真核生殖及从单细胞到多细胞演化过程、生物分类系统、以门为分类单元的动植物类群特征及其亲缘关系等内容。

（3）我国课程标准中特有的内容包括：生物的基因本质、DNA结构、表观遗传现象、减数分裂中染色体减半、有性生殖的生物遗传信息通过配子传递、外界物理和化学因素可导致基因突变或细胞癌变、遗传病可检测和预防、通过证据说明生物具有共同祖先、基于细胞和分子知识说明生物具有共性、遗传变异是某些个体适应环境的基础、优势性状的个体在种群中占比会升高、自然选择学说等。

此外,在遗传与进化相关知识内容的设置方面,韩国生命科学课程标准的平均课程深度($\bar{S}=2.78$)高于我国($\bar{S}=2.23$),其中对学生认知的要求50.00%处于"理解"层次,22.22%为"应用"层次,27.78%处于"分析"层次;而我国"理解"层次占86.36%,"应用"层次占4.55%,"分析"层次占9.09%。

3."稳态与调节"模块课程内容的设置

与我国"稳态与调节"模块课程内容相对应,韩国相应的内容全部位于"生命科学Ⅰ"的"稳态与体内调节"领域,及"生物的结构与能量"领域的内容要素"新陈代谢"中(表8-1)。

通过对表8-1与我国课程标准设置的课程内容进行比较可以看出,韩国在"稳态与调节"主题设置的内容与我国的重叠度较高,其中韩国在多个知识点上的设置相较我国更高位,即可能涵盖我国课程标准中相应的2~3个次位概念,因此尽管韩国生命科学课程标准在该主题中仅设置了9条"成就标准",但应用第一章设置的课程广度研究方法,与我国进行比较,其课程广度为14;我国在该主题设置的课程广度为23。其中:

(1)中韩两国共同设置的内容包括动作电位及其在神经元上的传导和突触内的传递、中枢神经系统与周围神经系统的结构与功能、内分泌系统与激素调节、神经系统与内分泌系统的共同调节、免疫调节及免疫功能异常等。

(2)韩国生命科学课程标准中专门设置有细胞呼吸产生的废物排出细胞的过程与物质代谢的关系及与物质代谢相关的疾病、肌纤维结构及滑动学说、疫苗作用原理与抗原抗体反应等内容。

(3)而我国生物学课程标准设置的多个知识点在韩国课程标准中均未涉及,其中包括:内环境组成及其与机体细胞之间的关系、内外环境之间的物质交换、内环境稳态的维持借助多个系统完成、神经调节的基本方式及其结构基础、大脑皮层控制的高级神经活动、其他体液成分参与内环境稳态调节、免疫调节的结构与物质基础,及所有我国课程标准中设置的与植物激素相关的内容。

此外,在"稳态与调节"主题,韩国的平均课程深度($\bar{S}=2.71$)高于我国

($\bar{S}=2.13$),其中韩国在该主题对学生的认知要求64.29%设置为"理解"层次,35.71%设置为"分析"层次;而我国86.96%处于"理解"层次、8.70%处于"分析"层次和4.35%处于"记忆/回忆"层次。

4."生物与环境"模块课程内容的设置

与我国"生物与环境"模块课程内容相对应,韩国相应的课程内容仅分布于"生命科学Ⅰ"的"环境与生态系统"领域的核心概念"生态系统及其相互作用"中(表8-1)。

通过将表8-1与我国生物学课程标准设置的课程内容进行比较可以看出,韩国在"生物与环境"主题设置的内容相对较少,仅有6条"成就标准",其中3条与我国的课程设置有重叠,因此我国在该主题设置内容的课程广度(G=22)远高于韩国(G=6)。其中:

(1)中韩两国重叠的课程内容包括群落演替及环境因素的影响、生态系统的能量流动和物质循环、生物多样性的价值和重要性等。

(2)韩国课程标准中还专门设置有:生态系统、群落和种群三者之间的关系,种群与群落的特点及相互作用,物种丰度与优势种等内容。

(3)我国课程标准在该主题设置的内容更加丰富,不仅涵盖种群、群落、生态系统和环境保护等内容,还让学生构建"生态系统中的各种成分相互影响,共同实现系统的物质循环、能量流动和信息传递,生态系统通过自我调节保持相对稳定的状态"的核心概念,促使学生理解生态系统中生物与环境之间的相互作用,形成关心环境保护,落实绿色低碳生活方式的意识。

与我国相比,韩国课程标准在该模块的平均课程深度($\bar{S}=2.50$)稍低于我国($\bar{S}=2.77$)。结合表8-3会发现,韩国在该主题设置内容的认知要求66.67%处于"理解"层次,"应用"和"分析"层次各占16.67%;而我国设置课程内容的认知要求50.00%处于"理解"层次,36.36%为"分析"层次,"应用"层次占9.09%及"记忆/回忆"层次占4.55%。

5."生物技术与工程"模块课程内容的设置

与我国生物学课程标准中设置的"生物技术与工程"主题内容相对应,韩国相应的内容主要位于"生命科学Ⅱ"中"生命科学与人类生活"领域的核心概念"生物工程技术"中,这一主题内容还少量分布于"生物的结构与能量"领域核心概念"光合作用与呼吸作用"中。

通过将表8-1与我国课程标准设置的课程内容进行比较可以看出,韩国在该主题设置的内容几乎完全涵盖在我国设置的课程内容范围内,其中韩国在个别知识点上的设置相对更高位,例如,"生命科学Ⅱ"中一个"成就标准"为"〔12生命科学06-02〕理解细胞核移植、组织培养、细胞融合等技术的原理,调查并探讨这些技术的应用事例"即对应了我国课程标准中的"生物技术与工程"模块下的7个次位概念。从表8-2可以看出,在该主题内容的设置方面韩国的课程广度(G=16)远低于我国(G=30)。其中:

(1) 中韩两国共同关注了发酵技术在实际生活中的应用、细胞核移植、组织培养、细胞融合、单克隆抗体、基因治疗和干细胞技术、DNA重组技术的原理和应用、转基因技术的客观影响等内容。

(2) 韩国"生命科学Ⅱ"中"〔12生命科学06-05〕理解生物工程发展过程中出现的生态、伦理、法律和社会问题,并能够预测和报告其对未来社会的影响"涵盖了我国课程标准中生殖性克隆人伦理问题,及生物武器对人类的影响等内容但又不局限于此两方面。

(3) 而我国课程标准中设置的部分内容并未出现在韩国生命科学课程标准中,例如:发酵的工艺流程、胚胎发育过程及胚胎工程重要环节、基因工程的概念,及根据基因工程原理开展的蛋白质设计和生产过程等内容。

此外,在该主题上,韩国的平均课程深度($\bar{S}=4.00$)远高于我国($\bar{S}=2.10$),其主要原因是在该主题内容的设置上,韩国对学生的认知要求全部为"分析"层次,而我国课程标准中有90.00%内容设置为"理解"层次,6.67%为"分析"层次和3.33%为"记忆/回忆"层次。

6. 其他课程内容的设置

除与上述我国课程标准五大模块相对应的内容之外,韩国课程标准中还在"生命科学Ⅰ"和其下所设置的"生命科学与人类生活"领域核心概念"生命科学的特性及其发展历程"内分别设置了理解生命科学和生命科学史两个富有特色的"一般性知识"。它们的课程广度为5，平均深度为2.40，其中80.00%处于"理解"层次，20.00%为"分析"层次。

具体来说，韩国基础教育中，高二之前的生物学课程内容始终与物理、化学、地理等学科相融合并以"科学"（小学3～6年级、初中1～3年级）及"综合课程"（高中1年级）的形式呈现，因此"理解生命科学"作为"生命科学Ⅰ"的第一个主题单元，将生命科学从科学综合课程中独立出来。在内容设置上，它通过比较狗与狗机器人的异同点以及使用模型制造噬菌体等活动使学生理解生命所具有的由细胞组成、能够发生物质代谢、刺激与反应，生殖与遗传、生长与发育、适应与进化等七大特性，进而使学生认识到生命科学是一门研究地球生命体特点且与其他学科紧密联系的整合型学科，最后通过历史上的科学探究事例，如巴斯德研制疫苗的过程和达尔文进化论的发现过程，总结出归纳、演绎、控制变量和对照实验等多种探究方法。

而对于选择"生命科学Ⅱ"作为"探究Ⅱ"科目继续进行学习的学生来说，他们对生命科学更加感兴趣，也更有志于在将来从事生命科学领域的研究，因此构建一个完整的生命科学结构框架就显得尤为重要。基于此，"生命科学的历史"作为"生命科学Ⅱ"的第一个主题单元，以时间为线索从古代的发酵工艺和传统农业到17世纪显微镜下微小世界的发现，再到20世纪初实验法的普及和20世纪中后期DNA时代的开启，直至21世纪人类基因组计划和合成生物学的诞生，立体全面地呈现了生命科学发展过程中富有创意性和革命性的科学发现，并让学生调查科学家在整个过程中使用的研究方法和思维方式以及给社会或其他研究领域带来的变化。

四、结论

韩国普通高中阶段以培养学生的"核心力量"使其成为"创意融合型人才"为课程理念，将生物学作为"科学科"的一个组成部分，全面培养学生科学地思考、科学地探究、科学地解决问题、科学地沟通、科学地参与和终身学习五大能力的"科学科"核心目标。韩国生命科学课程标准中内容体系的"领域"设置与我国高中生物学课程标准中模块设置具有一定的相似性和对应性，例如：其"生物的结构与能量"和"生命的延续"领域对应我国必修课程中的"分子与细胞"和"遗传与进化"两大模块，"稳态与体内调节""环境与生态系统"和"生命科学与人类生活"与我国选择性必修中的"稳态与调节""生物与环境"和"生物技术与工程"三大模块相对应。由此可见，中韩两国高中生物学课程在内容选择上都涉及了遗传学、生态学、细胞生物学、分子生物学、生物技术与工程等生命科学各领域的多个方面，全方位呈现了生命科学的全貌，有助于学生获得基本的生物学知识和研究方法、领悟生物学学科本质和体悟其在人类生活方面的巨大作用。但在主题内容的课程广度和平均课程深度上，中韩两国存在较大的差异。

五、对课程实践的启示

通过上述一系列的比较分析，本章发现韩国课程标准对我国生物学课程标准未来的进一步完善提供了一定的启示和发展方向：

1. 新知联系已学

在生命科学课程内容的选择和组织上，韩国课程标准的一大特点是将已学与新知充分联系，这有利于学生已学的巩固和新知的构建，极大地提高了课堂时间的使用效率。它体现在韩国课程标准内的领域之间、"生命科学Ⅰ"和"生命科学Ⅱ"课程标准之间，及高中生命科学课程、初中和小学的"科学"和高一的"综合科学"课程之间。归纳起来大致有以下三种联系方式：

（1）课程标准内部的联系重在两个或多个相似概念的区别和比较，以加深学生对生物学核心概念的理解。例如"生命科学Ⅱ"的"呼吸作用与光合作用"主题单元让学生基于光合作用和呼吸作用的学习，进一步区分两者的相同点和不同点，如电子来源、能量转换、电子传递链、氢离子主动运输和扩散的方向等方面，使学生理解细胞呼吸和光合的整体过程。

（2）课程标准之间的联系，"生命科学Ⅰ"以人为主线呈现各种生命现象，"生命科学Ⅱ"则紧密联系了前者所包含的生物学概念并进行全面深化。例如"生命科学Ⅰ"中的"遗传"主题单元使学生理解人类繁育下一代的基本原理，包括DNA及基因和染色体之间的关系、生殖细胞的形成过程、人体常染色体和性染色体遗传现象以及基因和染色体突变造成的遗传病种类，而"生命科学Ⅱ"的"基因的表达与调控"主题单元则从分子的层面解释遗传信息的表达与调节，包括DNA的特性和复制过程、遗传信息的转录与翻译以及在细胞分化和发育过程中的表达调控过程。

（3）加强生命科学课程与科学课程的联系，统合各年级生物学相关课程的内容并使之顺序符合"螺旋式上升"的学科结构。例如将"生命科学Ⅰ"的"人体的新陈代谢"主题单元与小学5～6年级"我们身体的结构与功能"中消化、循环、呼吸和排泄器官的结构与功能相互联系，解释"消化系统的食物消化、循环系统的养分运输和呼吸系统的二氧化碳与氧气的交换等过程中包括ATP在内的人体生命活动能源的储存和释放过程"。

2. 个别贯穿整体

个别与整体相互贯穿是韩国课程标准在课程内容的选择和组织上的另一大特点。生命现象本就由生命体的各个要素之间复杂的相互作用而形成，因此在生命科学的学习过程中，不能仅仅对个别要素进行学习，而是要在整体上将生命体的各个级别从分子、细胞、组织、器官、系统、个体到种群、群落和生态系统等多个水平内部和不同水平之间都进行贯穿联系才能真正学习生命科学。韩国课程标准对个别和整体的贯穿体现在了四大方面：

（1）是生命科学水平内部的贯穿，厘清同一水平各个要素在动态变化中的关系。如"生命科学Ⅱ"中的"基因的表达与调控"主题单元在分子水平要求学生厘清DNA、基因、基因组和染色体之间的关系，并能够解释DNA的含量和染色体的数目和形态在体细胞有丝分裂与生殖细胞减数分裂中的变化。

（2）是生命科学水平之间的贯穿，由点到面地描绘出生物学的基本内容。如"生命科学Ⅱ"中的"细胞的特性"主题单元中除了有细胞的结构组成、物质运输和能量代谢等分子和细胞层面的内容以外，还让学生从组织、器官和系统水平了解动物和植物个体细胞集合体的组成和功能，如由导管细胞和筛管细胞组成的植物维管束组织负责运输水和养分，由神经细胞组成的动物神经组织负责传递刺激。

（3）是生命科学与其他学科之间的贯穿，体现生物学整合性的特征。"生命科学Ⅰ"中的"理解生命科学"主题单元就显化地将生命科学领域的研究成果与其他学科相贯穿，包括数学、化学、物理学和信息技术等领域对生物学研究复杂生命现象所做出的贡献，例如利用光学、电子和荧光显微镜观察细胞和亚细胞结构，使用同位素示踪法得出光合作用产生的氧气来自水的氧原子，运用计算机和统计学获取大数据计算患特定疾病的概率。

（4）是生命科学的某个发展阶段和生命科学的整体发展历史，甚至是全人类发展历史的贯穿。其最显著的体现位于"生命科学Ⅱ"中的"生命科学的历史"，全方位立体性地展示生命科学发展史上为人类生活做出贡献且富有创意和革新的实验技术和科学家的思考过程，使学生认识生命科学的发展现状与起源，学会主动地关心生命科学的发展，参与生命科学议题并养成终身学习的核心力量。

3. 双向衔接轨道

在课程设置上，"生命科学Ⅰ"和"生命科学Ⅱ"两门课程标准有着相类似的领域结构，但课程导向却各不相同，前者侧重于生物学领域基本框架和探究技能的形成，后者关注学生不同的职业选择和未来发展需求。

在领域结构上，通过上述对中韩课程标准内容的比较可以看出，无论是我国课程标准的五大模块，还是韩国特有模块，"生命科学Ⅰ"和"生命科学Ⅱ"两门课程主题单元都各有涵盖，使得选修"生命科学Ⅰ"的学生能够透过与人类生活相关的生命现象理解生命科学的基本含义、养成良好的饮食和生活习惯、保障种族的顺利延续和繁衍、关心身边的生态系统和生物多样性。

在课程导向上，学生在选修了"生命科学Ⅰ"之后即可以选择以生活和职业为导向的"生命与科学"课程，将与人体紧密相关的生物学原理和方法运用于生活中的饮食、健康、美容服饰等各个方面以培养职业倾向，也可以选择综合科学导向的"科学史"和"融合科学课程"再次从整体上理解整个自然世界。对生命科学怀有极大兴趣、有志于在大学阶段选择生物学科相关专业的学生，则可选择生物学专业导向的"生命科学Ⅱ"。

"生命科学Ⅱ"既是"生命科学Ⅰ"的递进和深化，也是高中到大学的知识衔接。在深化上，例如"生物的结构与能量"领域中，"生命科学Ⅰ"的"新陈代谢"说明了消化系统产生能量的过程中糖类、蛋白质和脂质经消化酶分解，成为小分子物质；而"生命科学Ⅱ"的"细胞的特性"则进一步说明细胞中的糖类、蛋白质、脂质和核酸等主要组成分子的基本结构和功能。在大学衔接上，该课程包含了一定的大学生物学科专业课有关内容。例如在"生命科学Ⅱ"的"呼吸作用与光合作用"主题单元中不仅包括了光合作用和呼吸作用的简单原理，还补充了前者涉及的"光反应"这一概念的具体内容，包括循环式光合磷酸化和非循环式光合磷酸化两种过程，并补充了后者涉及的糖酵解、丙酮酸氧化脱羧、柠檬酸循环和电子传递链等分子水平的详细过程。

第九章 芬 兰

为了追求未来在政治、经济、文化、科技等方面的持续发展,目前各国或地区政府都将发展教育作为基本国策,并不断启动新的课程改革以促进国家整体教育发展水平的提升,力求在日趋激烈的国际竞争之中脱颖而出。特别是在今天,全球社会民主化得到较大改善的情况下,教育公平与中小学教育质量的均衡发展已逐渐成为世界各国及地区教育中备受关注的重要任务。例如,美国在二次世界大战之后,将教育改革的方向从单纯的提高教育质量逐渐转移到了在保证一定教育质量前提下加强义务教育公平性方面[76];英国则出现了由政商界人士共同发起的公益性计划——"教学优先计划",力图促进英国教育的均衡发展,该计划得到了政府的大力支持,并通过选拔优秀大学毕业生到教学水平较低的偏远地区学校进行有偿支教等措施,来提升落后学校学生的受教育水平,从而大大改善了英国的教育公平问题[76]。我国政府及相关教育部门历来关注教育公平问题,但由于经济发展及师资分配不平衡等问题,我国的教育质量在不同地区,特别是东部与中西部之间、城乡之间极其不均衡,这对我国基础教育高水平均衡发展的实现产生了一定影响。在此需求下,放眼全球,在世界范围内,寻找在教育公平方面相对先进的国家和地区,通过比较并借鉴其在教育公平方面的成功经验,可以为我国的教育公平发展提供指导意义。

芬兰在教育公平方面成就斐然,因此受到了全世界的瞩目。历次PISA测试的结果分析也间接反映了其在教育公平方面的成效,例如:自2000年首次举办PISA测试开始,芬兰参与测试的学生即取得了非常好的成绩,多次获得各种测试项目的冠军,最为关键的是,其参与测试学生之间的水平都相差不大;

且芬兰参与测试的学生中排名后10％学生所取得的成绩较其他国家相应学生的表现更佳，这对芬兰总测试结果有着非常大的贡献[77]。换句话说，芬兰参与测试学生中后10％得分相对其他国家较高，学生之间的测试成绩差别更小，是芬兰在测试中多次名列前茅的主要原因[78]。尽管最近两次PISA测试(P1SA2015、P1SA2018)芬兰的排名有所下降，但仍然保持了较高的位置，如果不单纯从平均成绩来考量，而是结合学校之间和学生之间的成绩差异、学生社会政治经济背景与其学业成就之间的关联强度、教育资源投入产出比等诸多更为深层次的因素来综合考量，芬兰学生在PISA测试中的表现反映了其基础教育在保证质量、兼顾公平方面取得的成就，就此而言，芬兰基础教育在世界名列前茅当之无愧，并且预示着芬兰还将续写教育领域的传奇[79]。

总之，芬兰教育均衡发展的成功经验对我国教育未来的改革与发展势必具有较大的借鉴价值。本章的目的在于，以高中设置的生物学课程为载体，通过对我国和芬兰相关课程内容进行比较分析，厘清两国在其课程设计方面的异同点，明确两者各自的特点，试图对我国中学生物学课程标准实施及课程改革提出有根据、有价值的参考意见和建议。

一、芬兰基础教育及高中课程设置

（一）芬兰基础教育概况

1. 芬兰教育体系

芬兰国土面积仅有我国的3.5％，人口仅为我国的0.39％。芬兰对人才资源极其重视，并关注每一个学生的发展，其灵活多样的教育体系为其个性化人才培养提供了制度上的保障。芬兰教育体系见图9-1所示。

芬兰"基础教育"阶段包括6年小学和3年初级中学，该阶段属于义务教育，不仅学费、教材和其他辅助性材料是免费的，而且学生还享受免费的早餐和午餐，甚至免费的学校保健和其他福利服务[78]。几乎所有的孩子都是通过上综合学校完成其基础教育的。芬兰整个基础教育阶段没有统一的考试，但是教师会不定期地进行小测验，这些测验并不会进行比较和排名，其主要目的是发

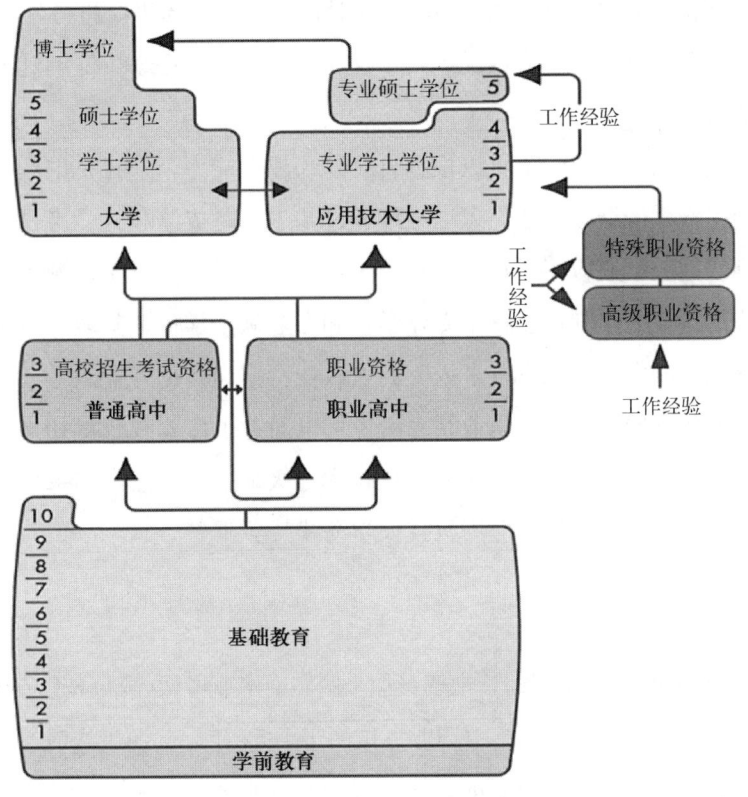

图9-1　芬兰教育体系示意图[78]

（注：图中数字代表学年）

现学生在知识掌握方面存在的薄弱点，并据此及时调整教学的侧重点。芬兰规定其儿童于7岁时进入小学，小学6年期间主要由一名班级教师（class teacher）授课，即除了英语课、体育课有专门的老师授课，其他的课程均由一名教师负责，因此也被称为全科教师；而初中的教学不同于小学，每门学科都有专门负责的教师，这样有助于学生接触并深度理解特定学科的内容，因此中学教师一般被称为学科教师（subject teacher）。

初中毕业时，学生依据平时测试成绩择优进入普通高中或中等职业学校，一般来说进入两种学校的学生人数比例约为1∶1。值得说明的是，与我国学生看待职业教育的态度不同，在芬兰许多学生愿意选择进入职业学校学习他们感兴趣的领域[80]，正因为是自愿选择的方向，他们往往会在专业知识学习方面格外用心。此外，针对那些有意继续学业但在学习方面存在一定困难的学生，芬兰还专门在初中阶段设立了第 10 年(正常情况下,小学 6 年,初中 3 年)的强化学习,期间会视学生的个人情况进行个性化教学,以确保学生能够达到继续其学业的要求。

中等教育结束后,学生可以根据自己的兴趣和能力,选择是继续学业还是参加社会工作。若继续学业,可以继续通过基于平时成绩和入学考试成绩的选拔方式到普通大学或应用科技大学学习。普通大学设置有学士、硕士和博士学位,而应用科技大学则可以授予专业学士和专业硕士学位,其教育目标是培养具有实际工作能力,能够直接进入工商农牧业特定岗位的专业人才。此外,接受中等职业教育的学生,其学业结束后也可以通过工作实践获得相当于应用科技大学专业学士或专业硕士毕业的专业技术等级证书;当然,如果他们想继续学业,也可以通过选拔进入应用科技大学继续其学业[80]。

2. 大学招生

芬兰所有高中学生毕业时,都要参加全国高中毕业考试(National Matriculation Examination)。芬兰的全国高中毕业考试始于 1852 年,起源于当时赫尔辛基大学(Helsingin Yliopisto)①设置的入学考试,但现如今,高中毕业考试的目的已演变为检验学生是否真正掌握了普通高中的课程内容,是否达到了普通高中教育目标的要求。

为了确保考试的公平性,芬兰在国家层面设有专门的高中教育考试委员会(Finnish Higher Education Evaluation Council),其负责组织和管理考试工作,及考试成绩的评定工作。该委员会成员由芬兰国家教育局(Finnish National Agency for Education)任命,包括主席和委员共约 40 人,他们是来自于各门考试科目相应领域的专家;此外,为了保证考试题目的质量与考试的公平性,研制考试题目与监督考试过程还会由多达 300 余名教师组成的专家协助委员会(Finnish Expert Assistance Committee)来负责[80]。

参加全国高中毕业考试的学生需要在一年半内完成四门科目的考试。芬兰

---

① 赫尔辛基大学,于 1640 年创建于芬兰旧首都图尔库,1828 年随都迁至赫尔辛基,是芬兰第一所大学及最高学府,也是世界顶尖大学之一。该大学的校旗也是芬兰国旗,由此可见其对整个芬兰的意义之重要。目前全球广泛使用的 Linux 操作系统于 1991 年 10 月 5 日诞生于此。

全国高中毕业考试具有一定的灵活性，例如，为了获得更好的成绩，即使科目已通过的学生也可以重复参加考试，每门科目最多有三次考试机会；此外，当报考的某门外语科目始终不能获得理想的成绩时，还可以转而参加其他外语的附加考试。芬兰的全国高中毕业考试同时还兼具获取高考资格的作用，即只有通过高中毕业考试的学生才有资格获得申请高等教育的资格。正常情况下，芬兰每年约有94％的高中毕业生能通过全国高中毕业考试并获得高考资格，其中全国高中毕业考试成绩和外语加分是高校选拔新生的重要参考。

芬兰的高校招生考试由各高校相应专业自行设置，其招生对象主要是通过全国高中毕业考试的学生，这些学生中大多数毕业于普通高中，少数毕业于中等职业学校。学生通过全国高中毕业考试仅仅是获得了可以参加高校自主考试的资格，学生能否被高校录取则取决于学生能否通过其理想高校的自主命题考试。在获得申请资格的学生中仅有部分有机会进入大学继续学业，一般来说，该比例约占普通高中毕业生的66％[81]。芬兰的这种招生模式赋予了各高校，甚至专业系所非常大的自主权，使得各高校可以按照自己的需求招收学生，当然，实际操作中高校的招生并不单纯依据学生的考试成绩及高中所学知识。因此，芬兰的高校招生更有助于选拔出适合高校自身特色的学生，这一点比我国单纯地依靠高考的招生模式有较大的优势，当然这也与芬兰国家较小、学生数量少有关。总而言之，芬兰大学的招生录取权力是下放到各高校的，其具有严格并兼具灵活的特性。

(二) 芬兰的课程改革

芬兰今天的教育成就也不是一蹴而就的，其也经历了由课堂教师传授为主到今天的以学生为中心，侧重个性化教育的教学过程。20世纪70、80年代芬兰开展的基础教育改革对教育理论和基本方法进行了全面反思，对"以教师为中心"的教学方法进行了批判，提出了"培养具有批判能力且能独立思考的公民"的理念；其中的一些外显性的举措包括：教师必须具备硕士及以上学位，其培养由研究型大学承担，所有设置教师教育专业的大学都要有相应的附属中小学作为教师教育的实践基地等[82]。

目前芬兰教育的国家核心课程是各教育阶段的重要指导性文件，几乎是每隔 10 年更新一次。最新一轮的更新是进入 21 世纪的第二个 10 年。芬兰的课程改革历经了十几年的探索和实施，但似乎并未达到理想的效果，例如，在 2012 年的 PISA 测试中芬兰学生的成绩出现了跌落。尽管 PISA 测试结果不能全面反映一个国家的教育质量，但还是引起了芬兰社会的高度关注，由此芬兰开始分析其现存的教育问题并总结其原因，自 2014 年开始先后颁布了《学前教育国家核心课程（2014）》（National Core Curriculum for Pre-primary Education 2014）、《基础教育国家核心课程（2014）》（National Core Curriculum for Basic Education 2014）、《普通高中教育预备教育国家核心课程（2014）》（National Core Curriculum for Preparatory Education for General Upper Secondary School 2014）、《普通高中国家核心课程（2015）》（National Core Curriculum for General Upper Secondary Schools 2015）、《艺术基础教育普通与高级教学大纲国家核心课程（2017）》（National Core Curriculum for the General and Advanced Syllabi for Basic Education in the Arts 2017）、《早期教育与护理国家核心课程（2018）》（National Core Curriculum for Early Childhood Education and Care 2018）等。此外，实际上，芬兰政府和教育部门在 21 世纪初即意识到：（1）科技的快速发展，例如多媒体设备的广泛使用，通讯设备的不断翻新等，使芬兰教育面临着新的挑战；（2）新时代下，芬兰教育必须要注重使用多媒体设备和通讯技能来提高学校的教学质量；（3）应该注重教孩子生活中所需的技能。此轮国家核心课程的目标是建立以激发学生兴趣和培养学生自主学习能力为目的的课程体系，并将学生现实生活中所涉及的知识点作为重要的教学内容之一。此次改革提出了新的教育理念，包括：

1. 强化了横越（通用）能力的培养目标

横越能力，即学生解决涉及多个课程知识问题的能力。这项能力有助于打破学科之间的界限，实现不同科目知识的融合，让培养的目标从讲授知识真正地转移到实际应用上来。核心课程大纲中明确指出，应该给予学生每年至少一次参与旨在解决实际问题的项目的机会，并能够促使学生从不同学科的视角关注和研究同一主题[83]。

2. 新增了多元识读能力的培养目标

多元识读能力指学生同时从多个信息来源中获取并整合知识的能力,它的提出是为了适应新时代下多媒体的迅速发展及电脑和网络在生活和教育中快速普及的情况。新时代下,教育的形式不再仅限于传统的以语言和文字为载体培养学生的识读能力;相反,以视频、图片、声音以及颜色等非语言符号系统为载体的识读能力培养模式有利于达到更好的教学效果[84]。

3. 采用了多学科融合的学习模式(基于实际问题解决的教学)

多学科融合的学习模式是以实际存在的一个或几个问题入手,让学生自发利用学习到的知识解决问题,其过程以解决实际问题为目标,不考虑学科知识的限制。在芬兰新核心课程中,这种基于现实社会中实际存在问题开展教学的模式占据了越来越重要的地位,其也被视为是此次课程改革的主导思想。

4. 培养学生的校外资源利用能力

根据以往教学局限于校内学习(第一空间)和重视校外实践(第二空间)的问题,芬兰在此次课程改革中强化了利用多种新兴电子渠道(即所谓的第三空间)开展高中课程内容的教与学,即在校内学习和校外实践相结合的基础上,支持和激励学生通过各种新兴电子手段开展学习[85]。这种学习模式强调让学生充分利用闲暇时间,通过博客、视频网站,甚至是游戏开展学习活动。该形式有利于地方及学校对其开设的课程在国家核心课程框架规定的总课时内视具体情况对每科目或章节内所耗课时进行重新分配[86]。

(三) 芬兰基础教育阶段生物学课程内容

芬兰于2014年在《学前、基础和自愿附加基础教育国家核心课程》中对原来的课程内容进行了调整和修改,将小学的核心课程"科学"分为两个学段。每学段都设置了"环境与自然研究"这门课程,该课程的主要内容围绕生物学相关内容设置,其中还涉及自然现象、环境保护等主题。表9-1展示了芬兰基础教育中小学两个学段"环境与自然研究"课程的核心内容。

表 9-1　芬兰小学科学核心课程内容[77]

课程	年级	领域	内容主题
环境与自然研究	1—2年级	个体生长发育	- 人体成长和发育 - 健康习惯及关注个人健康 - 常见的儿童疾病等
		家庭和学校中的行为	- 避免欺凌和暴力 - 尊重他人身体，个人身体安全等
		个体周围环境	- 环境 - 时间与季节 - 自然条件
		探索与实验	- 生活中的物质与材料 - 物质与材料的回收与再利用等
		生命的基本需求	- 生命与非生命的基本特征 - 生命环境及适应环境的机理等
		实践可持续发展的方式	- 生活方式的指导，生活技能的学习等
	3—6年级	人体、生长、发育及健康	- 人体的结构与各器官功能 - 生殖 - 青春期的生理、心理等
		在日常生活情景和社区的行为	- 交通行为与避免危险处境 - 发生的意外 - 钱财的使用等
		多样的世界，人类生活和居住环境	- 世界地图与读图的能力 - 人类生存环境 - 人类活动等
		探索环境	- 认识周围的动植物，采集植物标本 - 森林与沼泽的生存环境、食物链与森林等
		自然结构、原理与周期	- 人类的产生、发展以及组成 - 生物进化等
		构建可持续发展的未来	- 生物多样性的重要性 - 在保护生物多样性中的公民责任等

芬兰中学设置核心课程"科学"，其内容涉及五个学科领域①，其中：生物学部分主要关注自然与生态、生命与进化、共同环境与生态和可持续发展；地

---

① 资料来源于芬兰教育部官方网站：Education Finland(https://www.educationfinland.fi/)的2015年公开信息：Elements of the curriculum。

理部分主要讲述芬兰在内的世界各地的地理和景观；物理部分主要研究运动和力、振动和电波、磁性及其自然结构；化学部分主要研究空气和水、原料和产品、自然和社会；健康教育部分注重学生的生活作息，体育锻炼和芬兰的社会情况等等[87]。

二、研究内容介绍

（一）芬兰普通高中的修读状况及课程内容设置

目前，芬兰共有高中约450所，其中包括特色高中50所，成人高中50所，其他均为普通高中，它们均由地方教育局负责管理。在校学生共计13万多人，每年新生近4万人。芬兰曾于2010年对高中的在校时间进行过改革，已经从过去固定的三年制改成了现行较为灵活的两到四年制，每位学生都可以依据学习能力、兴趣和成绩等有限地调整自己的修读时间，即学习能力强的学生最少可以在两年内完成高中学业，而学力相对较弱的则可以延长至四年。同时芬兰高中教育允许学生根据自己的情况和兴趣爱好，制定自己的学习计划，并据此选择不同的课程和合适的教师。为了有效地推行无固定班教学制度，芬兰的高中建立了辅导员和学生自我管理制度，并设置有专业的学生顾问，其职责是解答学生在学习、生活、未来职业选择或继续教育方面遇到的各种问题。

芬兰教育课程体系分为国家核心课程、地方课程、学校课程与年度计划三个层级，除非经教育和文化部批准并授权，否则所有高中教育机构均必须依据《国家核心课程大纲》编制高中课程；同时，在实施高中课程之前，学校应具备开设使用芬兰语、瑞典语和萨米语等课程的教学能力，若有必要，还可切换为其他语言进行教学。每所高中和教育机构在设置课程之前，都要及时与组织者和各利益相关方（包括所有家长和监护人、任课老师及其他相关人员）进行沟通，同时高中生有表达自己意见和建议的机会。

（二）芬兰高中生物学课程内容设置

本章关注了芬兰2014年修订并颁布的《普通高中国家核心课程》，针对生物学部分的课程内容叙述集中在第五章的第七节,其中除规定了高中生物学部分的课程目标和课程内容外,还针对任课老师应采用的授课方法等提出了建议,其中"授课内容"介绍了该模块包含的主要内容及相应模块的教学目标,"授课指导"用于指导任课老师的授课,"授课方法"中涉及到了学生需要了解的生物学实验方法。因此,本章仅以《普通高中国家核心课程》第五章第七节为研究对象。

核心课程设置的生物学部分课程目标(Opetuksen tavoitteet)包括相对具体的13条,即:(1)对生物学信息产生兴趣并积极关注生物学相关新闻;(2)在制定学习目标过程中获得指导,并在学习过程的不同阶段获得支持和鼓励;(3)了解生物学这门学科,了解生物的结构和发育过程、遗传,并了解进化的意义;(4)掌握生物学数据的采集方法和生物学研究方法;(5)能够针对观察到的现象提出相应问题并开展研究;(6)具有独立或与他人合作设计并开展实验探究的能力;(7)能够获取、处理、分析和解释研究材料并评估和展示研究结果;(8)可以在数字化学习环境、实验室和室外环境下开展工作;(9)严格评估来自媒体的生物学信息;(10)广泛利用信息通信技术支持生物学研究;(11)研究生物学在各个领域的应用现状;(12)在日常生活中应用生物学知识和技能;(13)认识到可持续发展的必要性,并理解其对生态系统长远发展的意义。

在芬兰核心课程生物学部分的"授课内容"下设"目标(Tavoitteet)""评测(Arviointi)""必修课程(Pakolliset kurssit)"和"国家高级课程(Valtakunnalliset syventävät kurssit)"四部分。"必修课程"和"国家高级课程"共设置有"生命与进化""生态与环境""细胞与遗传""人类生物学"和"生物学应用"5个一级主题,其中每个一级主题下设若干个二级主题,依次在二级主题下涉及相应的三级主题;此外,每一级主题都有针对学生的学习"目标"要求(表9-2)。由于"目标""必修课程"和"国家高级课程"与我国生物学课程标准中的5个模块在课程广度和课程深度方面具有可比性,因此在本章的定量分析过程中,选取了它们与我国高中生物学课程标准进行对比研究。

表 9-2 芬兰国家核心课程内高中生物学部分的课程内容及其"目标"[88]

课程类型	一级主题	二级主题	主要内容（Keskeiset sisällöt）三级主题	成果（Tavoitteet）
必修课程	BI 1：生命与进化	1. 生物学作为一门科学	- 基本特征，生存条件和组织水平 - 生物科学及其研究方法应用 - 基于模型的生物学信息展示	1. 获得并加深对生物学及其研究兴趣的经验 2. 以生物学特有的方式使用和批判性地评估生物学的相关信息，并能用不同的观点表达和证明 3. 了解生物基本特征和生存条件，知道如何研究生命现象 4. 了解进化的连续性、过程和意义 5. 理解现存生物的结构并解释其进化过程 6. 开展实验性工作，并与他人合作开展小型研究或项目
		2. 细胞作为生命的基本单位	- 生命的起源 - 细胞结构及其能量 - DNA 和基因表达	
		3. 生物的生命周期	- 有性生殖与无性生殖 - 变异 - 生长，发育和死亡	
		4. 进化	- 自然选择和适应 - 物种的产生和灭绝 - 生物图谱	
		5. 与生物学相关的小型研究或实验项目		
	BI 2：生态与环境	1. 生态学基础	- 自然界生命与非生命之间的相互作用 - 生态系统的结构和可逆性 - 生态系统中的物质循环和能量流动 - 生物多样性 - 数量特征 - 物种之间的关系 - 生物对环境的适应及生物的分布	1. 了解人口、社区和生态系统的结构，相互作用和功能的原理 2. 能够比较、分析和评估人类活动对生态系统的影响 3. 了解生物多样性对人类未来的重要性 4. 了解环境问题的原因及其导致的生态系统后果，并了解监测环境状况和解决问题的方法

续表

课程类型	一级主题	二级主题	主要内容（Keskeiset sisällöt）三级主题	成果（Tavoitteet）
必修课程	BI 2: 生态与环境	2. 环境问题及其原因和解决方案	- 气候变化的生态因素 - 生物多样性和生态系统受到的威胁 - 物质循环和能量流动问题 - 当地环境问题	5. 了解生态社会教育和可持续生活方式的必要性，并学会采取相应的行动 6. 可以自己设计或与他人合作设计和实施小型生态或环境研究项目，或联合开发项目
		3. 迈向可持续发展的未来	- 生态系统价值及其重要性 - 生态可持续发展、循环经济和生态社会教育 - 促进当地环境可持续发展的生活方式和行动	
		4. 生态或环境现状研究，或环境开发项目		
国家高级课程	BI 3: 细胞与遗传	1. 细胞研究的主题	- 如何观察细胞 - 细胞生物学和基因组数据的需要和使用	1. 使用概念、模型和理论来研究与细胞和遗传有关的现象 2. 深入了解细胞内各部分的功能，并基于细胞发育过程了解不同生物的结构和功能 3. 检查并解释细胞和基因表达相关的细胞和组织 4. 评估细胞和基因知识对个人和社会的重要价值 5. 与他人合作设计并开展实验研究
		2. 生命体由细胞构成	- 生物分子 - 细胞核及其结构与功能 - DNA 和 RNA 的结构 - 蛋白质合成和表观遗传调控	
		3. 细胞增殖	- 有丝分裂及其意义 - 细胞分裂、生长和分化	
		4. 遗传的基础知识	- 基因和等位基因 - 生殖细胞及其减数分裂 - 世代间基因及性状的遗传 - 突变和诱变剂	
		5. 细胞生物学实验室或研究电子资源的使用		

续表

课程类型	一级主题	二级主题	主要内容（Keskeiset sisällöt）三级主题	成果（Tavoitteet）
国家高级课程	BI 4：人类生物学	1. 能量、代谢和调节	- 营养和消化 - 循环系统 - 呼吸和呼吸控制	1. 能够分析组织和器官的结构原理 2. 了解人体生化平衡的调节，以及内外部因素对其的影响 3. 了解神经系统和激素功能在调控人体生命活动中的作用 4. 了解与生殖和人类生命周期有关的生理变化 5. 能够解释人体适应性变化及抵御外部威胁的原因 6. 了解基因组和环境对人体生理活动与人类健康的关系 7. 能够开展小型的人体生理活动研究并展示其结果
		2. 运动	- 肌肉骨骼系统	
		3. 生理功能调节	- 神经系统和感官 - 腺体和激素 - 体温调节 - 化学平衡 - 身体适应和防御机制	
		4. 繁殖	- 受精、怀孕和分娩 - 性发育和性行为 - 遗传与环境的价值	
		5. 测量研究人体的活动		
	BI 5：生物学应用	1. 生物技术的应用和意义	- 用可再生资源生产食品、能源、产品和服务 - 生物技术在工业和环境保护中的应用	1. 了解生物学创新及其应用的重要性 2. 探索生物技术新方法、产品和时机，促进未来的可持续发展 3. 了解基因技术在医药和工业领域的应用潜力 4. 了解微生物在自然界和人类各种食品生产中的重要性 5. 了解动植物育种在生物生产中的重要性 6. 能够评估生物技术和遗传学应用时机，威胁和伦理问题 7. 能单独或与他人一起设计和开展与生物学应用相关的实验或研究
		2. 生物学的应用和重要性	- 细菌和病毒的结构和功能 - 细菌的培养、加工和鉴定 - 自然界与人类社会经济中的微生物	
		3. 基因技术的应用和意义	- 基因工程的方法手段 - 基因组信息 - 基因工程中的微生物	
		4. 植物和动物生产及育种		
		5. 生物学领域的实验或研究		

三、结果与分析

(一) 课程内容结构

通过对芬兰国家核心课程高中生物学部分设置的课程内容(表9-2)与我国生物学课程标准进行比较会发现:芬兰生物学课程也设置了5个一级主题,但中芬两国在各一级主题的具体生物学内容设置方面并未形成一一对应的关系,而是存在交叉,且针对同一内容的设置也各有侧重点。从一级主题看,中芬两国均比较注重进化学、生态学、细胞学、遗传学、生物学应用等生物学领域及技术方面的内容设置。与我国生物学课程标准设置的前四个模块以从微观到宏观且几乎并列的关系不同,芬兰国家核心课程高中生物学部分设置的课程内容的前四个一级主题首先关注了生物的基本特征、生存条件及起源和进化,继而设置了生物学与现在生态环境间的依存关系,接下来关注了生物在细胞、分子及生命活动规律方面的统一性,第四部分回归人类自身,芬兰在高中生物学内容方面的课程设置与学生的认知规律更为贴合;此外,中芬两国在最后一个主题的设置上都与生物技术及其应用有关。

在二级主题的设置形式上,我国高中生物学课程标准的表述使用的是陈述句式,而芬兰则采用了短语和名词形式呈现;三级主题的设置上,我国同样采用了陈述句式,而芬兰同样采用了关键词或短语的呈现形式。但芬兰国家核心课程的生物学部分在每个一级主题下设置了较为详细的"成果"规定,借助其可以较好地理解二级和三级主题的教与学目标。但总的来说,芬兰国家核心课程只是指导性文件,相对我国课程标准的强制性作用而言,其仅规定了要教与学的内容,而对于采用何种方式进行讲授、学生的学习应该达到什么认知程度等未做明确的规定,这也使得芬兰教师在教学过程中拥有更大的自主权。在二级主题的设置上,芬兰在五个一级主题内均额外设置了与其所属的一级主题相关的实验探究主题,例如,"BI 1:生命与进化"主题设置了"与生物学相关的小型研究或实验项目","BI 2:生态与环境"主题设置了"生态或环境现状研究,或环境开发项目","BI 3:细胞与遗传"主题设置了"细胞生物学实验室或电子资源的使用","BI 4：人类生物学"主题设置了"测量研究人体的活动"和"BI 5：生物学应用"主题设置了"生物学领域的实验或研究",由此可以看出,芬兰在生物学课程内容的设置方面十分重视对学生实验探究能力的培养。

此外,在课程目标的设置上,芬兰国家核心课程中生物学部分提及的"数字化学习环境"和"利用信息通信技术"等都体现了其对新时代下新科技的关注。

(二) 课程广度与深度

经对芬兰国家核心课程中设置的生物学内容进行课程广度和平均课程深度的统计(表9-3),结果显示：依据我国高中生物学课程标准设置的内容计算,芬兰高中生物学"必修课程"和"国家高级课程"的总课程广度为102,总平均课程深度为2.15,两者均略低于我国的120和2.22。

表9-3　中芬两国知识模块对比

项目 \ 一级主题	分子与细胞		遗传与进化		稳态与调节		生物与环境		生物技术与工程		其他	
	中国	芬兰	中国	芬兰	中国	芬兰	中国	芬兰	中国	芬兰	中国	芬兰
课程广度(G)	23	19	22	22	23	14	22	16	30	23	/	8
平均课程深度(S)	1.91	2.00	2.23	2.00	2.13	2.29	2.77	2.38	2.03	2.00	/	2.63

从表9-3可以看出,我国高中生物学课程标准中设置的五个模块,在芬兰国家核心课程中均有涉及。芬兰五个主题内容的课程广度均比我国的低,且变动在14～23之间,其中"生物技术与工程"主题内容的课程广度最大,为23;而"稳态与调节"主题内容最小,为14。

此外,与我国课程标准相对应的五个主题的平均课程深度变动在2.00～2.38之间,其中"分子与细胞"和"稳态与平衡"两个主题的平均课程深度均高于我国,其他三个主题的平均课程深度均低于我国。结合表9-4可以看出,芬兰国家核心课程生物学部分对学生的认知要求主要集中在"理解"层次。例如,与我国"分子与细胞""遗传与进化"和"生物技术与工程"三个模块对应的生物学内容,芬兰对学生的认知要求100%处于"理解"层次。

表9-4 芬兰课程标准中各知识点认知水平要求频次和所占百分比

认知水平	一级主题	分子与细胞	遗传与进化	稳态与调节	生物与环境	生物技术与工程	其他
1	记忆/回忆	/	/	/	/	/	/
2	理 解	19 (100%)	22 (100.0%)	12 (85.71%)	13 (81.25%)	23 (100%)	3 (37.50%)
3	应 用	/	/	/	1 (6.25%)	/	5 (62.50%)
4	分 析	/	/	2 (14.29%)	1 (6.25%)	/	/
5	评 价	/	/	/	1 (6.25%)	/	/
6	创 造	/	/	/	/	/	/

除上述五个主题外，芬兰国家核心课程生物学部分中还专门设置有针对实验研究的内容(表9-2)，十分有特色。例如，在二级主题层面上，"BI 1：生命与进化"中设置有"与生物学相关的小型研究或实验项目"，"BI 2：生态与环境"中设置有"生态或环境现状研究，或环境开发项目"，"BI 3：细胞与遗传"中设置有"细胞生物学实验室或电子资源的使用"，"BI 4：人类生物学"中设置了"测量研究人体的活动"和"BI 5：生物学应用"中设置有"生物学领域的实验或研究"，结合它们对应的"成果"可以看出，相关内容对学生的认知水平要求均达到了"应用"层次；此外，三级主题层面，"BI 1：生命与进化"中还设置有"生物科学及其研究方法应用"和"基于模型的生物学信息展示"，以及"BI 3：细胞与遗传"中还设置有"如何观察细胞"，这三者的认知水平均为"理解"层次。

为清晰明了地表示我国和芬兰的具体课程内容设置的异同，本章采用分主题阐述的形式对各部分内容进行分析研究，具体见下文。

1."分子与细胞"相关课程内容的设置

与我国高中生物学课程标准中"分子与细胞"模块内容相对应，芬兰国家核心课程生物学部分的相应内容分布于其"必修课程"的"BI 1：生命与进化",及"国家高级课程"的"BI 3：细胞与遗传"和"BI 4：人类生物学"三个一级主题中(表9-2)。

通过将表9-2与我国课程标准设置的课程内容进行比较可以发现，芬兰在"分子与细胞"主题设置的内容与我国课程标准的重叠度较高，其中芬兰在多个知识点上的设置相较我国更高位，例如，"BI 3：细胞与遗传"中的三级主题"生物分子"即可涵盖我国课程标准中糖类、脂质、蛋白质和核酸等知识点；而"BI 1：生命与进化"中的三级主题"细胞结构及其能量"更是囊括了我国课程标准中的质膜、细胞器、细胞核、ATP等知识点。

从表9-3可以看出，在该主题内容的设置方面，芬兰课程广度(G=19)略低于我国(G=23)。其中：

(1) 中芬两国共同设置的课程内容包括：细胞的分子、细胞的结构和能量学、细胞核及其结构和功能、DNA和RNA结构、生物的共同特征、细胞分裂、生长和分化等。

(2) 芬兰国家核心课程中还设置有与生长发育相关的内容，其中有性和无性生殖，及生长、发育和死亡均分布于"BI 1：生命与进化"的二级主题"生物的生命周期"中，而受精、怀孕和分娩，及性发育与性行为则分布于"BI 4：人类生物学"的二级主题"繁殖"中，它们均与细胞学具有一定相关性，但相关内容在我国课程标准中未设置。

(3) 此外，我国课程标准中设置的细胞内元素、水和无机盐、质膜的选择透过性及物质进出细胞的方式、酶及其特性等内容，在芬兰国家核心课程中未见设置。

基于表9-3可以看出，芬兰国家核心课程中设置的分子与细胞相关内容其平均课程深度为2.00，略高于我国的1.91；结合表9-4可以看出，芬兰设置的相关内容对学生的认知要求全部处于"理解"层次，尽管我国在主题内容中有91.30%的知识点对学生的要求也为"理解"层次，但仍有8.70%为"记忆/回忆"层次，这也是造成我国在该主题中平均课程深度略低于芬兰的原因。

2. "遗传与进化"相关课程内容的设置

与我国"遗传与进化"模块相对应的课程内容比较，在芬兰国家核心课程生物学部分中主要出现在"BI 1：生命与进化"和"BI 3：细胞与遗传"中，此外，"BI 4：人类生物学"和"BI 2：生态与环境"中分别有一个知识点的分布(表9-2)。

通过将表9-2与我国课程标准设置的课程内容进行比较可以发现，芬兰在"遗传与进化"主题设置的内容与我国课程标准的重叠度十分高，但芬兰在多个知识点上的设置相较我国更高位。例如，在"BI 1：生命与进化"中的三级主题"变异"，其可涵盖我国课程标准中该主题设置的碱基、染色体、基因序列等改变导致的生物性状变化，理化因子和病毒导致的基因突变和细胞癌变，及生殖过程染色体自由组合和交叉互换导致子代变异等五个次位概念。

从表9-3可以看出，在该主题内容的设置方面，芬兰课程广度(G=22)与我国(G=22)相当。其中：

(1) 中芬两国共同关注了基因的概念，DNA组成及基因表达，蛋白质合成和表观遗传现象，减数分裂，有性生殖中基因、染色体和性状之间的关系，内因(碱基、染色体、基因序列、有性生殖中的染色体自由组合等变化)和外因(理化因素和病毒)导致的生物性状变异，遗传和环境对生物的价值，自然选择和生物的适应性，物种的产生和灭绝，及生物多样性等内容。

(2) 芬兰专门设置有生命的起源及生物谱系两个知识点，两者均设置在"必修课程"的"BI 1：生命与进化"中。生物进化谱系通常被视为系统发生树的子集。一个谱系是树内的一个单系或线性链，系统发育树通常由DNA、RNA或蛋白质序列数据创建；此外，形态上的差异和相似性已经并且仍然被用来建立系统发生树。相关内容的学习有利于学生在问题解决途径的选择等方面的科学思维的形成。

(3) 而我国设置的多个知识点在芬兰国家核心课程未涉及，其中包括：生物具有共同祖先的证据(化石记录、比较解剖学和胚胎学、细胞生物学和分子生物学)、优势性状个体占比的变化、现代进化理论，及人类遗传病可测可防等。

基于表9-3可以看出，芬兰国家核心课程中设置的"遗传与进化"相关内容其平均课程深度为2.00，略低于我国的2.23；结合表9-4可以看出，芬兰设置的相关内容对学生的认知要求全部处于"理解"层次，而我国在该主题内容中有86.36%的知识点对学生的要求也为"理解"层次，并且分别有

4.55%和9.09%的知识点达到了"应用"和"分析"层次的认知要求,这是造成我国在该主题中平均课程深度略高于芬兰的原因。

3."稳态与调节"相关课程内容的设置

与我国"稳态与调节"模块相对应的课程内容比较,在芬兰国家核心课程生物学部分中主要集中在"BI 4:人类生物学"的二级主题"生理功能调节"和二级主题"能量、代谢和调节"中(表9-2)。

通过将表9-2与我国课程标准设置的课程内容进行比较可以发现,芬兰核心课程生物学部分中设置的与"稳态与调节"相关的内容全部被我国课程标准设置的相关内容涵盖,且我国相对于芬兰还多设置了植物激素调节方面的内容,但芬兰在多个知识点上的设置相较我国更高位。例如,在"BI 4:人类生物学"中的三级主题"神经系统和感官"涵盖了我国课程标准中设置的神经调节的全部五个次位概念。

从表9-3可以看出,在"稳态与调节"相关内容的设置方面,芬兰课程广度(G=14),远小于我国(G=23)。其中:

(1)中芬两国共同设置的内容有内外环境之间物质交换的途径、体温调节和化学平衡、神经调节、激素调节、免疫调节。

(2)芬兰在"BI 4:人类生物学"二级主题"运动"部分设置了肌肉骨骼系统的内容。由于我国课程标准侧重于大概念"稳态与调节",在"生物组织和器官的结构"方面仅会在教材中落实相关概念时有所涉及,但不做为重点进行阐述,所以芬兰在二级主题中设置的循环系统、呼吸系统和肌肉骨骼系统等的结构,在我国高中课程标准中均未提及,此外我国义务教育阶段的初中生物学课程标准"生物体的结构层次"中也已涉及这部分内容。

(3)我国课程标准中专门设置有植物激素的调节,相对芬兰来说,十分有特色;此外,我国课程标准设置但芬兰没有的内容还包括:内环境构成、机体细胞与内环境之间的关系、不同器官和系统共同参与维持内环境稳态、语言活动和条件反射等高级神经活动、除激素以外的其他体液调节、免疫功能异常等。这也是在"稳态与调节"模块,我国课标的课程深度与广度高于芬兰课标的主要原因。

基于表9-3可以看出，芬兰国家核心课程中设置的"稳态与调节"相关内容其平均课程深度为2.29，略高于我国的2.13；结合表9-4可以看出，芬兰设置相关内容对学生的认知要求中，有85.71%处于"理解"层次，14.29%处于"分析"层次，而我国处于"理解"与"分析"层次的分别为86.96%和8.70%，但有4.35%处于"记忆/回忆"层次。

4."生物与环境"相关课程内容的设置

与我国"生物与环境"模块相对应的课程内容比较，在芬兰国家核心课程生物学部分中主要集中在一级主题"BI 2：生态与环境"中。在此主题下，芬兰设置了"生态学基础""环境问题及其原因和解决方案""迈向可持续发展的未来"和"生态或环境现状研究，或环境开发项目"4个二级主题，其中我国设置的相应内容分布于其中的前三个二级主题中（表9-2）。此外，在芬兰，其一级主题"BI 1：生命与进化"下的二级主题"生物学作为一门科学"中，设置有三级主题——生物的"基本特征、生存条件和组织水平"，其中也涉及要求学生了解生物生存条件的内容。

通过将表9-2与我国课程标准设置的课程内容进行比较可以发现，芬兰在"生物与环境"主题设置的内容与我国课程标准的重叠度十分高，其中芬兰在多个知识点上的设置相较我国更高位，例如，"BI 2：生态与环境"中的三级主题"生态系统的结构和可逆性"即可涵盖我国课程标准中生态系统具有维持动态平衡的能力、生态系统的组成及关系、生态系统的营养结构等内容。

从表9-3可以看出，在"生物与环境"相关内容的设置方面，芬兰课程广度（G=16）低于我国（G=22）。其中：

（1）中芬两国共同设置的课程内容包括：种群的数量特征、生物和非生物的相互作用、生物对环境的适应和分布、生态系统的结构、生态系统相对稳定、气候变化对生态的影响、生物多样性和生态系统面临的威胁、生态系统的物质循环和能量流动及相应的问题、种间关系、生物多样性、生态系统的服务价值、生态的可持续发展及其社会教育、保护生态系统的生活方式和行动等。

（2）芬兰国家核心课程中设置的当地环境问题的评估，在我国课程标准中未明确设置。

(3)此外,我国课程标准中设置的多个内容,在芬兰生物学课程中未出现,例如:通过数学模型解释种群数量变动、群落的结构特征可随时间变化、群落演替、生态系统营养结构的决定因素、形成保护环境的意识等。其中我国课程标准中的数学模型解释种群数量的变化过程的内容,对培养学生科学思维,以及帮助学生建立使用数学工具分析生物学问题的思想是十分重要的;此外,形成生态环境保护的意识在落实社会责任方面也发挥重要作用。

基于表9-3可以看出,芬兰国家核心课程中设置的生物与环境相关内容其平均课程深度为2.38,略低于我国的2.77;结合表9-4可以看出,芬兰设置相关内容对学生的认知要求中,处于"理解""应用""分析"和"评价"层次的分别为81.25%、6.25%、6.25%和6.25%,而我国则是在"记忆/回忆""理解""应用"和"分析"四个层次有分布,分别为4.55%、50.00%、9.09%和36.36%,其中"分析"层次占比较高,是我国课程中相应内容的平均课程深度高于芬兰的主要原因。

5."生物技术与工程"相关课程内容的设置

与我国"生物技术与工程"相关的课程内容比较,在芬兰国家核心课程生物学部分中主要集中在一级主题"BI 5:生物学应用"的"生物技术的应用和意义""微生物学的应用和重要性"和"基因技术的应用和意义"3个二级主题中。

从表9-3可以看出,在"生物技术与工程"相关内容的设置方面,芬兰课程广度($G=23$)低于我国($G=30$),但相对于芬兰在"分子与细胞"($G=19$)、"遗传与进化"($G=22$)、"稳态与调节"($G=14$)和"生物与环境"($G=17$)四个方面内容的设置来说,该方面内容的课程广度最大。由此可以看出,芬兰与我国一样,均十分重视学生对该部分内容的学习。此外,"生物技术与工程"相关内容的设置方面坚持了其一贯的风格,在多个知识点上的设置相较我国更高位,例如:三级主题"生物技术在工业和环境保护中的应用"即可涵盖我国课程标准中该主题设置的食品中的发酵技术、发酵工程及其应用、植物细胞工程和动物细胞工程、细胞融合技术等内容。

(1)中芬两国共同设置的内容包括:细菌的培养和处理、生物技术在农牧、食品、医药等工业方面的应用、生物技术在环境保护中的应用、动植物生产及育种、基因工程的方法及应用等。

（2）芬兰课程中还设置有：通过可再生资源生产食品、能源、产品和提供服务，细菌、病毒的结构和功能，自然界中的微生物和人类经济，基因组数据，基因工程中的微生物等。相关内容十分有特色。

（3）我国课程标准在该主题的设置中，相较芬兰也有一些特色内容，例如：灭菌对微生物培养的重要性、无菌技术、微生物数量的常用测定方法、干细胞在生物医学工程中的应用价值、胚胎形成过程及胚胎工程、转基因产品及其技术在应用中的影响、生殖性克隆人面临的伦理问题，以及生物武器对人类的影响等。

基于表9-3可以看出，芬兰国家核心课程中设置的生物技术与工程相关内容其平均课程深度为2.00，略低于我国的2.03；结合表9-4可以看出，芬兰设置相关内容对学生的认知要求全部集中在"理解"层次，而我国除了"理解"（90.00%）外，还有3.33%和6.67%分别处于"记忆/回忆"和"分析"层次。

6. 芬兰其他课程内容的设置

除了上述与我国课程标准设置五个模块相对应的内容外，在芬兰核心课程生物学部分还有5个二级主题，在我国高中生物学课程标准中没有涉及，它们分别为一级主题"BI 1：生命与进化"中的"生物学作为一门科学"和"与生物学相关的小型研究或实验项目"，"BI 2：生态与环境"中的"生态或环境现状研究，或环境开发项目"，"BI 3：细胞与遗传"中的"细胞生物学实验室或电子资源的使用"，"BI 4：人类生物学"和"BI 5：生物学应用"中的"生物学领域的实验或研究"，其中"生物学作为一门科学"中又包括3个三级主题"基本特征、生存条件和组织水平""生物科学及其研究方法应用"和"基于模型的生物学信息展示"。相关内容的课程广度为8，平均课程深度为2.63。

从课程广度上看，芬兰设置的上述内容的课程广度相对较小，但除了二级主题"生物学作为一门科学"外，其他几个二级主题都是关于研究项目和实验、实验室或电子资源使用等相关内容的，从学习目标的达成看，它们均要求学生单独或与他人合作进行设计和实施。由此可知，其实际课程内容应更为丰富，且相关活动的设置对培养学生综合应用学科知识、提升科学思维和科学技能等方面都具有重要作用，因此十分有特色。

四、结论

本章运用课程广度和平均课程深度两个指标对我国与芬兰高中生物学的课程标准进行了对比研究，同时结合我国及芬兰高中教育或基础教育的综合情况，分析了我国与芬兰高中生物学课程内容设置的异同点：

1. 课程设置：从课程内容看，中芬两国都关注分子与细胞、遗传与进化、稳态与调节、生物与环境、生物技术与工程五个方面的生物学知识，且都十分重视生物技术与工程相关知识的设置；此外，芬兰还专门设置了学生合作设计和实施研究项目的相关内容，及生物科学及其研究方法应用和基于模型的生物学信息展示等内容。从课程广度看，我国课程标准中设置的课程广度共为120，多于芬兰生物学的102。从课程深度看，整个基础教育的生物学课程设置都略高于芬兰，最典型的体现如：我国初中阶段设置的人体循环系统、消化系统、泌尿系统等内容在芬兰国家核心课程生物学中则被设置在高中阶段的"BI4：人类生物学"中，和稳态与调节相关内容一起讲授；此外，除了"分子与细胞"和"稳态与调节"两个主题相关的内容外，我国在"遗传与进化""生物与环境"和"生物技术和工程"三个主题上的平均课程深度均略高于芬兰。

2. 内容描述：尽管芬兰与我国一样，在课程内容的设置层级上都采用了分级主题，但我国课程标准包括模块、核心概念、重要概念和次位概念，芬兰则设置了一到三级主题，其最小层级(第三级主题)的设置明显高位于我国的最小层次(次位概念)，也即，往往会出现芬兰1个三级主题涵盖我国课程标准中多个次位概念的现象；此外，我国课程标准规定了每一个次位概念的认知水平，而芬兰国家核心课程中仅在学习目标(成果)中对相应一级主题下的所有内容做出较为整体性的要求。芬兰略显高位的内容及认知要求设置，使学校和教师有更大发挥和拓展的空间。

3. 学生信息素养：我国课程标准"内容要求"中未对学生信息素养方面做出要求，仅渗透到"教学提示""学业要求"和"实施建议"等中，而芬兰国家核心课程生物学部分明确设置在"主要内容"中，例如"基于模型的生物学信息展示""……电子资源的使用"等,其中都包含对学生信息技术操作能力的培养,帮助他们形成使用信息技术学科知识解决其他学科或生活中问题的能力,相应的设置符合时代对人的发展要求。

五、对课程实践的启示

本章主要侧重于对芬兰国家核心课程生物学部分的分析,从研究中可以发现我国与芬兰两国在生物学设置方面各有优点,总的来说,芬兰课程内容的设置相对较高位,这增加了教学的灵活性,有利于发挥教师开发和利用合适资源的主动性及发掘潜能;而我国地域宽广,各地经济差异较大,课程标准对内容的设置更为细致有利于教育质量的相对公平。但本章侧重于从芬兰课程设置中获得有意义的启示,为我国生物学课程发展提供有价值的借鉴。

1. 重视将学生培养为终身学习者

芬兰课程设置不仅注重学习的知识内容,更注重培养学生自我学习以及自己规划学习课程与未来职业的能力。芬兰教育是要培养有学习自主权的同时具备一定学习方法的学生。首先,芬兰课程设置的目标注重学习方法,而不仅仅是知识内容;强调学习过程,而不是掌握知识完成考试;强调探究性学习、实验性学习,而不是应试教育,背诵知识点。这样做的目的是要激发学生对生物学课程实验的兴趣,由被动的学习转化为对生物学知识的主动追求。通过对问题、现象、理论的介绍培养学生的探究热情,最终把学习的自主权放给学生,让他们成为喜欢学习同时会学习的终身学习者。

2. 为学校课程设置和教师的教学设计放权

芬兰教育在课程标准的制定上,只是使用概括性的名词写出了需要讲授的知识点,而对于具体细微的知识细节和教学细节并没有明确写出,而我国高中生物学课程标准则明确地指出了所有知识点细节以及老师该如何教学,学生该达到什么样的认知水平等等。这说明芬兰教育将实际教育任务的细节交给了学校和任课老师,让他们可以根据课程标准对实际讲授的内容和深度做出适当的调整与扩展。其目的是让任课老师结合学生们的实际情况，及时完善学生的知识架构，拓展学生的知识，达到更佳的教学效果。从另一个角度而言，芬兰国家核心课程针对学科基础知识的教学设置较多，而对于拓展型的知识点没有给出明确的教学要求。这些拓展型的内容留给任课教师通过讨论、实验、实地教学等方法启发学生自主学习，这样的课程设置使得学生能够更好地学习基础知识，并在此基础上根据教学情况和学生的兴趣设置拓展型内容。我国的课程标准略偏详细，虽然在一定程度上保障了教育公平，但也会使得教师和学生相对缺少机会进行自由发挥和自主支配，这使得学生的知识层面相对受限，可能无法满足部分学生对个性化学术知识的需求，因而在课程设置上更高位，不精确地规定每个内容的认知等级和知识范围，对学生的发展是较为有利的。

3. 引导教师运用多种教学策略

从课程内容设置看，芬兰倾向于引导教师更多地使用实验教学法，实验内容和实地考察内容设置得比较多，在"分子与细胞"中也设计了非常多的实验帮助学生们真正地理解课本上的知识。而我国课程标准中的内容几乎未涉及实验和活动的内容，仅在"教学提示"中会给教师一些建议。此外，芬兰教育在教学当中强调讨论与小组学习。

4. 设置更高阶的认知内容，并采用进阶性的内容呈现方式

我国与芬兰教育都应当提升的是知识所对应的认知等级。知识点可以概括为六个认知等级，每提高一个等级，对学生的创新能力和自我思考能力的要求就更高。目前，我国与芬兰的课程设置都主要集中在说明与理解层次，仅仅出现了少量的实验与应用、讨论与分析的内容，而更高层次的内容则几乎没有，因而提升认知等级对于我国教育具有很大的意义。但值得注意的是，芬兰国家核心课程生物学部分中，"生命与进化""生态与环境""细胞与遗传"三者之间的知识有着一定的重叠之处，这种重复使得不同模块，乃至不同领域的知识点能够有机地关联起来。同一个知识点首次教学时，只是停留在说明与理解层次，第二次出现时则上升到实验与应用和讨论与分析层次。因而，通过反复并且逐渐深化的学习，学生能够更好地理解知识点，同时学会迁移应用学到的相关概念。

第十章 俄罗斯

我国建国之初的基础教育模式可以说是脱胎于苏联，尽管进入21世纪我国已转向借鉴和学习美国等西方国家的经验，但苏联教育模式在我国经过半个世纪的实践和修正，已与我国教育和社会发展交融并形成了富有我国特色的教育文化，这期间也沉淀了丰富的、值得传承和发扬的经验。尽管苏联解体和东欧剧变之前，其国民的受教育水平名列前茅，位居全球第四，甚至时至今日其在航空航天、核能、空间技术等领域仍领先世界，但近年来我国对俄罗斯教育的研究少有关注。实际上，21世纪以来，俄罗斯在社会政治、文化等领域均取得了许多新的成就，依旧在世界上处于领先地位，这些成就与俄罗斯近年来成功的教育改革是息息相关的。1992年俄罗斯曾颁布了首部《俄罗斯联邦教育法》，自此之后的20余年，俄罗斯在教育发展和改革中以坚持自身特色，适度吸纳西方国家成功经验为主基调，不断探索，逐渐形成了一套相对成熟且极富国家特色的基础教育体系，且成效显著。从成效上看，俄罗斯基础教育改革正在渐进的道路上逐步振兴，例如近年来TIMSS测试和PISA测试的结果都显示，俄罗斯的排位正在不断上升，这些均佐证了俄罗斯基础教育改革已取得了一定的成果[89]。考虑我国与俄罗斯在教育模式及发展等方面的渊源，俄罗斯近年来在基础教育变革中累积的经验自然有值得我们借鉴和学习之处。基于此，本章关注了俄罗斯生物学课程设置的内容，拟通过探析，挖掘对我国基础教育改革在平衡经验传承与融合创新方面具有启示性价值的经验。

一、俄罗斯基础教育及高中生物学课程设置

(一) 当代俄罗斯普通教育概况

本章将当代俄罗斯明确为自 1991 年苏联解体后独立出来的俄罗斯联邦。俄罗斯是一个民族自豪感十分强烈的国家,十分珍视自己的历史和文化,当代俄罗斯的基础教育改革以继承自身优良传统为主,吸收西方国家成功经验为辅,因此在保持国家特色方面表现较为突出。在经历 30 年的改革之后,目前已经基本形成了一套富有民族特色的基础教育体系。

1992 年的《俄罗斯联邦教育法》[90]第 10 条规定"普通教育体系由学前、小学、初中和高中教育构成",2013 年开始实施的新版《俄罗斯联邦教育法》也延续了普通教育体系的分段,故当代俄罗斯的普通教育阶段除学前教育外主要分为 3 阶段,在普通教育之外,俄联邦还有完整的职业教育体系,这两套教育体系构成了俄罗斯的国民教育体系(表 10-1)。为了与我国基础教育做比较,本章仅关注了俄罗斯普通教育。

表 10-1 俄罗斯国民教育体系[91]

年 龄	年 级	国民教育体系			
3～5	/	/	学前教育		
6～11	1～4	普通教育	义务教育	初等普通教育	
11～16	5～9			基本普通教育	
16～18	10～12		中等(完全)普通教育		中等职业教育
	/	高等教育	本科(4 年)(学士学位证书)	本科(5 年)(专业学位证书)	/
	/		硕士研究生(2 年)		
	/		副博士研究生(3 年)		
	/		国家博士(3～5 年)		

注:俄罗斯的副博士相当于我国的博士研究生;其国家博士相当于我国的博士后。

1. 学段设置

（1）学前教育

俄罗斯十分重视学前教育工作，并明确指出要把学前教育放在国家优先发展的重要地位[92]。依据《俄罗斯联邦教育法》，所有适龄儿童都应享受免费的学前教育（但限于当前财政状况，实际操作中公立幼儿园也会要求儿童家长支付一定的"入园赞助费"），学前教育主要对象是 4/5～6/7 岁的学龄前儿童①。目前，该阶段教育的主要目标是：(1) 掌握进入普通教育前的基础认知和技能，如基础的价值观以及道德观，与同龄人的交往方式；(2) 培养基本的认知能力，例如对大自然以及常见事物的认知和判断能力；(3) 培养儿童的基本表达能力，能够合理地组织语言表达自己的想法；(4) 培养基础审美能力，让儿童具有感知美的能力；(5) 培养儿童拥有一个强健的体魄，积极参加体育运动，拥有一个健康的生活方式也是至关重要的。由此可以看出，当代俄罗斯在学前课程方面更加强调儿童身心的全面发展。

此外，俄罗斯的学前教育富有特色，例如：会把国家的自然环境作为教材；会充分利用本土文化开展教育；会注重艺术素质的培养；会把节日庆典作为教育内容的重要组分；会在课程实施中通过游戏、课堂教学、特殊活动、交往活动、自由活动等丰富多样的形式开展等。总之，目前俄罗斯学前教育除了游戏和户外活动等培养体育、美育和智育的内容外，也十分重视民族认同感的培养，以及幼小衔接相关内容（如语文、读、写、算、舞蹈、音乐和艺术、外语等）的设置。

（2）普通教育

俄罗斯的普通教育相当于我国的中小学教育，可分为：初级普通教育、基本普通教育、中等（完全）普通教育三个学段，其中前两者属于义务教育。

初级普通教育：相当于我国的小学阶段，通常学制 4 年，即 1～4 年级。入学年龄通常为 6～8 周岁，学龄儿童进入初级学校学习，此阶段学习负担较轻，

---

① 资料来源于俄罗斯联邦科学与教育部官方网站：Российское образование（http://www.edu.ru/）的 2017 年公开信息。

通常每天的课程少于 4 节，修读内容也为一些较为基础的课程，主要包括：俄语、文学阅读、数学、周围的世界、造型艺术（绘画）、音乐、体育、外语（二年级开始）、工艺（三年级开始）。

基础普通教育：相当于我国的初中阶段，通常学制 5 年，即 5～9 年级，学生在完成初级普通教育后升入基础学校继续学习，相应地，学习负荷开始加重，通常为每天 6 节课，每节课为 45 分钟，每周 5 天，课程内容也逐渐细化，深度略微有所加深，如增设了物理、无机化学、文学、历史、地理以及劳动等课程。

学生在参加毕业考试成绩及格后，就相当于义务教育结束了，可获得"基础普通教育毕业证书"，其考试科目包括：代数和俄语两门必考科目，以及在历史、周遭世界、社会科学、地理等科目中任选的两个科目。在完成基础教育后，大部分学生会进入中等（完全）普通中学继续进行高中学习，而后选择进入高等教育院校进行深造；但其中部分学生会进入中等专业学校学习，通常是学习应用专业，这相当于我国的职业高中，需要注意的是中等职业教育不属于普通教育。表 10-2 是俄罗斯普通教育阶段每周课程时数规划。

表 10-2　俄罗斯普通教育阶段每周课程时数规划[1]

科　目		小学（年级）				中学（年级）						
		一	二	三	四	五	六	七	八	九	十	十一	十二
语文领域	俄语	3	3	3	3	3	3	3	3	3	3	3	3
	语言与文学	6	5	5	5	6	6	5	8	7	7	5	5
数学领域	数学	5	5	5	4	4	4	4	5	5	5	5	5
	资讯科学												
社会科学领域	历史	/	/	/	/	/	/	2	4	4	5	6	
	社会科学												
	地理												
周遭世界		0	1	1	1	1	2	2	/				
艺术领域	音乐与造型艺术	2	2	2	2	2	2	2	2	2	2	/	
体育	体育生活安全基础	2	2	2	2	2	2	2	2	2	2	2	2

---

[1] 资料来源于俄罗斯联邦科学与教育部官方网站：Российское образование（http://www.edu.ru/）。

续 表

科　目	小学(年级)				中学(年级)							
	一	二	三	四	五	六	七	八	九	十	十一	十二
选修与必选修(6天/周)	5	5	5	5	5	5	5	5	5	5	5	5
最高上课时数(6天/周)	25	25	25	25	25	25	25	31	32	34	35	35
选修与必选修(5天/周)	2	2	2	0	2	2	2	2	2	2	2	2
最高上课时数(5天/周)	22	22	22	20	22	22	22	28	29	31	32	32

中等(完全)普通教育：相当于我国的普通高中，学制2年，虽然俄罗斯已提出该阶段由2年转变为3年，但其实施的推进过程十分缓慢。在俄罗斯完成基础普通教育后，约有60%的学生会进入中等(完全)学校继续进行学习。在此阶段，俄罗斯学生的主要任务是为考入大学做准备，通常每天有不多于7节的课，除基础教育阶段学校设置的科目外，还增加了一些新的科目，如生物学、物理、化学、德语、法语等。在高年级，学生可根据自己的兴趣选择侧重某专业方向的一个科目进行学习。与之相适应，学校提供有可选修的专业课。在中等(完全)普通教育的课程设置中，必修科目有：俄语与文学、外语、数学、历史、生活安全基础知识、体育等；在此基础上，学生可以选择三或四个科目，但学习时间不能超过每周37个小时，学校提供的可选科目包括：地理、物理、化学、生物学、信息与通讯技术、艺术(世界艺术文化)、工艺学、生命活动安全保护等。

(3) 补充教育

在俄罗斯的普通教育中还包括补充教育，其是俄罗斯普通教育体系中最突出的特色之一。补充教育政策由教育科学部统一制定，经费由政府财政负担，其最早源于苏联时期的校外教育，并于1992年《俄罗斯联邦教育法》颁布后正式更名为补充教育。补充教育教授的内容，严格来讲并不在俄罗斯教学大纲范围内，其主要目的在于帮助学生利用好自己的业余时间，发展学生的创造能力，而非应对高校入学考试，因此相当于我国的课外兴趣班，但在俄罗斯，补充教育的大部分支出由国家教育预算承担，可以说俄罗斯的补充教育与普通教育共同构成了一套独特的教育体系。补充教育的教学方式和方法灵活，由学生所在学校、科技馆、文化宫、校外儿童体育中心，甚至一些高校等开设，形式包括面授、函授、职业培训学习等多种方式，补充教育主要依据学生个人身心与职业发展来设置教学内容，在普通教育基础上，帮助学生进一步在兴趣范围内获得更多知识，使其能够最大限度地实现自我，从而保证了国民终身学习的可能性，为国民的进一步发展提供更多资源。

2. 学校类型

传统的俄罗斯普通教育一般采取中小学一贯制的独立教学，主要有不完全学校(九年一贯制)和完全学校(十一年一贯制)两种普通教育学校形式。自1992年《俄罗斯联邦教育法》颁布之后，俄罗斯教育开始向着多样化的方向发展，其表现之一即为学校的多样化。目前，除传统的不完全学校和完全学校外，还出现了以深入教授某些课程或提供必修课程之外的补充课程为目的的非传统学校，其形式包括以下类型(表10-3)。

表 10-3 俄罗斯非传统学校

学校类型	教育阶段	教育计划
特科学校	中小学阶段	个别课程的深入学习
教育中心	幼儿园-中等完全教育阶段	个别指导，职业培养和继续教育
文科预备学校	学前教育阶段	优先实施个别或几个发展方向，如美术、体育
军校和预备制军校	初等教育-中等完全教育阶段	基础教育及为服役做准备的补充教育

实科中学和文科中学是俄罗斯最具代表性的学校类型：

(1) 实科中学：均为重点中学，录取的学生多在数学、物理、化学和生物学等学科方面表现突出。目前，实科中学会重点开展一系列侧重于数学、物理、信息技术、自然科学等学科的专业性课程，其目的是为社会培养优秀的自然科学领域的技术人才。实科中学和传统学校也保持着交流，实科中学会为中等(完全)普通教育10和11两个年级学生组织涉及大学内容的讨论。参与学生常常被组织起来学习由大学教师讲授的课，或参与研讨和实验等活动。

(2) 文科中学：与实科中学不同，文科中学作为中等普通教育的一种学校类型，已存在有200多年历史。200多年来，文科中学一直以培养精英为办学宗旨，在沙俄时期，其是贵族学生升入大学前的预备学校，发展到现在已成为实施普通教育的现代精英教育学校[93]。想要进入文科中学学习，需要受到严格的层层筛选，通过对学生的能力和品质进行审核后，部分学生会被确定为"天才儿童"，文科学校即肩负着监护、培养这些"天才儿童"成为社会精英的责任。在课程设置方面，作为精英学校，文科中学设置的课程内容在难度、深度和广度等方面均比一般学校更大；同时它会根据学生的兴趣，有所侧重地设置课程，例如，面向对人文学科有兴趣的学生，其课程设置会在俄语、文学等学科上有所侧重；面向对工艺感兴趣的学生，其课程会适度增加数学、物理、地理等学科学习的难度等。

3. 侧重专业课程的教学是俄罗斯中等(完全)普通教育的特色之一

在高中阶段，俄罗斯有侧重专业性教学和非侧重专业性教学两类。其中侧重专业性教学的课程由三部分构成，包括：基本科目、专业侧重性科目，以及可选择性科目，这三者的比例为50∶30∶20。基本科目包含了所有高中学生均需要掌握的基础性知识，亦即俄语和文学、外语、历史、体育、社会科学、自然科学、数学等科目的相关知识；而专业侧重性科目，则会根据专业方向(如自然-数学专业方向)的不同，具体化某一学科领域(如自然科学)，增加某些学科(如数学、生物学、化学、物理、地理等)的权重，旨在培养和巩固学生在某个或某些专业领域的专业化知识和技能；可选择性科目由学校依据自身实际情况向学生开设，帮助学生解决课程范围之内或相邻课程范围的问题。而非侧重专业性教学除了教授以上的基本科目外，还会教授工艺学和信息学两门学科，且也含有可选择性科目。

为了进一步说明，本章以俄罗斯侧重自然-数学方向课程的教学计划和非侧重性专业课程的教学计划为例进行比较(表10-4)，通过表10-4可发现：在侧重自然-数学方向课程中，数学的课时由8增加至12；原非侧重专业课程中的自然科学被细分为物理、化学、生物学和地理四个科目，它们的课时也从前者的10增加到了后者的24；同时，非侧重专业课程中的信息学和工艺学两个科目被取消，以弥补上述几个科目课时量的增加。

表 10－4 侧重专业性教学和非侧重专业性教学的比较

侧重专业课程的教学计划				非侧重专业课程的教学计划		
专业方向	自然-数学专业方向					
科目类型	科目	课时	课程	科目	课时	
基本科目	俄语和文学	6	基本课程	俄语和文学	8	
	外语	6		外语	6	
	历史	4		历史	4	
	社会科学	4		社会学科（包括经济和法律）	8	
	体育	6		体育	6	
专业侧重性科目	数学	12		数学	8	
	物理	8		自然科学	10	
	化学	6		工艺学	4	
	地理	4		信息学	4	
	生物学	6				
可选择性科目(3门)	学校提供5～6门科目	共12课时	可选择科目(4门)	学校提供5～6门科目	共16课时	

侧重专业性教学是当代俄罗斯基础教育改革的"两大旗帜"之一，它极大地推动了当代俄罗斯教育体系"去苏联化"的进程，为俄罗斯学生提供了更加多样性的选择，最大程度地保证了学生根据自己的意愿进行选择和发展的空间。从总体上看，俄罗斯侧重专业性教学有些类似于我国高中推行多年的文理分科，两者的相同之处在于增加了学生的选择性，而区别在于俄罗斯的侧重专业性教学更细致化，上述侧重自然-数学专业方向就是典型的例子，从某种角度说，它可能更像目前我国新一轮课程改革中高中课程的设置，目前新的课程设置已在上海、浙江等省市推行，预计将于 2023 年在全国铺开，与之配套，我国部分试点地区已经施行 3＋3（即语文、数学、外语＋3门自选科目）或 3＋1＋2（即语文、数学、外语＋物理/历史＋2门自选科目）的高考模式。这种分科方式极大程度上满足了学生的学习兴趣，并且能够引导学生在早期充分挖掘自身潜能。

4. 国家统一考试

(1) 实施国家统一考试

苏联时期，中等(完全)普通学校的学生需要参加高中学业水平考试，且成绩达到合格才能毕业，如果想要到高校继续学习，需参加目标学校的招生考试。苏联时期各高校都是依据自己学校的需要自行组织选拔考试，一般而言，各高校都会把招生考试时间安排在每年6月底至7月，因此那时高中学生需要自己掌握目标学校的招生政策和相关规定。俄罗斯联邦独立之初，基本继承了苏联时期的高等学校招生方式，其教育部门每年会统一发布全国高校招生的相关章程和规定、国家的相关政策及录取的最低水平等，此后，各学校再根据这些章程独立组织和举办招生考试，并自主录取。但这种源自苏联时代的高校招生考试方式的弊端渐渐暴露出来，存在的问题主要有：首先，考生须自行前往报考学校参加考试，其对时间和金钱的消耗非常大，所以加重了考生的家庭经济负担，特别是一些经济状况较困难的学生家庭难以承受；其次，由于各高校自行举办招生考试，缺乏统一的标准，导致高中学生的考试准备方面往往只能顾及目标高校，一旦考试中出现失误，会错失报考其他高校的机会；第三，组织考试和录取全都由各高等院系自行决定，故徇私舞弊之类的事情屡见不鲜，难以保障教育的公平。这一系列的问题进而导致了俄罗斯教育质量下滑、国际竞争力下降等诸多问题，故20世纪末俄联邦政府就开始着手进行高考改革。

2001年，俄罗斯开始试行高中毕业会考与大学入学考试两试合一。到2003年，俄联邦大部分地区开始施行全国统一的高考，不再进行高中学业水平考试，自此俄罗斯的高考制度逐渐迈向统一化和标准化。其高考被称为"国家统一考试(Единый Государственный Экзамен，ЕГЭ)"，目前"国家统一考试"的相关政策规定与章程全部由俄联邦中央政府主管教育部门制定。2009年第一季度，俄罗斯联邦政府科学与教育部颁发《关于国家统一考试的实施办法》，这标志着国家统一考试在全俄罗斯完全铺开。全俄罗斯高中毕业学生若要进入大学，必须参加被称为"国家统一考试"的标准化测验。

(2) 国家统一考试的科目和分数

据俄罗斯科学与教育部于 2008 年颁布的《关于推进以中等(完全)普通教育课程为基础学生的国家认证形式与规定》，数学与俄语为必考科目，这两门科目过了合格分数线即可取得高中毕业证书；选考科目则有物理、生物学、文学、地理、化学、外语(英语、德语、西班牙语、法语或汉语)、历史、社会学、信息学等，考生可以根据目标学校和专业的要求自行选择考试科目。总之，不打算进入高校继续深造的学生只需考俄语和数学，而想要进入大学继续学习的学生，通常会根据目标学校和专业的要求平均报考 3~4 门科目。

"国家统一考试"的标准化测试题被称为测试材料(КИМ)，由联邦教育测试研究院研制，考试题目分为三大类：单项选择题、简答题、问答题或拓展题，最后一类难度较大。

考生必须在每年的 3 月 1 日以前提出申请。考试时间从 5 月底一直持续到 6 月中旬，一般隔几天进行一科或多科的考试，每门科目的考试时长略有不同，其中：文学耗时最长，为 240 分钟；生物学、地理和外语需时最短，为 180 分钟。阅卷工作在所有考试结束后进行，阅卷分为电脑阅卷与专家阅卷，两者独立进行。"国家统一考试"的成绩按百分制评定，分数汇总后组成考生的初始分数，此后俄罗斯联邦政府相关部门会根据表 10-5 将学生的百分制成绩转换为五分制成绩，以供国家对学生进行总结性评价，评价会随中等普通教育毕业证书一起下发给学生，同时每位考生都会得到一张含有所有参考科目的成绩单，考生可将成绩单与入学申请一并提交到目标高校，之后等待录取名单的公布。

表 10-5 俄罗斯"国家统一考试"成绩百分制与五分制转换表[90]

科目 \ 五分制	二分	三分	四分	五分
俄 语	0~30	31~49	50~66	67~100
数 学	0~37	38~53	54~71	72 以上
文 学	0~36	37~51	52~66	67 以上
物 理	0~34	35~51	52~69	70 以上
化 学	0~30	31~49	50~66	67 以上
生物学	0~31	32~49	50~66	67 以上

续 表

科目 \ 五分制	二分	三分	四分	五分
历 史	0~32	33~49	50~65	66 以上
地 理	0~35	36~51	52~67	68 以上
社会学	0~33	34~47	48~60	61 以上
外 语	0~30	31~58	59~83	84~100

国家统一考试是 21 世纪俄罗斯基础教育改革的另一面旗帜，如果说侧重专业性教学的举措主要是针对中等教育的课程内容以及教学组织，那么国家统一考试则对俄罗斯的中等教育和高等教育同时产生了深远的影响。对考生来说，首先，将高中毕业考试与高校招生考试合二为一，大大减轻了学生的学习负担；其次，以统一的考试和成绩录取学生的形式增加了贫困家庭孩子接受高等教育的机会；最后，由于每位考生最多可申请五所目标高校，每所高校最多还可以填报三个专业，因此参加一次考试就可以选择大多数大学，也为更多人提供了更多可能性。对于中学来说，拥有统一的考试标准，使得在对学校教学质量进行评估时有了更加准确的依据，这对于提高俄罗斯高中的学校质量、教师质量以及教学质量都起着极大的促进作用。对于高校来说，试行全国统一考试、统一标准，以及电脑和专家独立评分的方式，极大程度上杜绝了教育腐败的可能性。总之，当前俄罗斯的国家统一考试制度摒弃了苏联招考模式的弊端，一定程度上保障了教育公平性，保证了俄罗斯的教育质量维持在水平线之上，这在苏联解体后的经济崩溃和社会动荡的大背景下，有效保证了国民的受教育水平。可以说，国家统一考试是俄罗斯在后苏联时代教育改革的标志性制度。

（二）当代俄罗斯基础教育成就

俄罗斯联邦独立之后，虽然其国民经济、社会稳定等方面都受到重创，但在教育方面，却凭借着深厚的底蕴以及不断地学习与变革，在数学、物理、化学、医学、教育学等基础学科上一直处于全世界的领先地位，并且在近年来不断进步。根据 2015 年美国中情局统计，俄罗斯联邦国民成年人的识字率为 99.7%

(男性99.7%,女性99.6%),作为对比,我国在2018年成年人的识字率也仅为96.84%[①];无独有偶,据2016年OECD估计,53.48%的俄罗斯成人(25~64周岁)拥有大学学历,位居世界第二[②],而同期,我国25~60岁的成年人受过高等教育的比例只有15.83%。

俄罗斯基础教育在全球也享有盛誉,在知识传授方面卓有成效,以俄罗斯在TIMSS全球的排名为例,自1995年首次施测以来,至今共开展7次测评,在2019年的TIMSS测试中,俄罗斯四年级学生的科学得分为567分,超过TIMSS平均成绩,由第4名上升到第3,更是碾压了绝大多数国家的测试成绩,高居该项测试的欧洲榜首,同时领先于美、德、法、澳大利亚和加拿大,超过我国教育较发达的香港和台湾地区。同时,在2018年最新发布的PISA测试结果中,俄罗斯学生的科学成绩478,略低于OECD平均成绩489,排名稳定在32名。单纯从分数看(图10-1),在竞争日趋激烈的情况下,俄罗斯学生在PISA测试中的成绩正在稳步提升(2018年下降是由于整体难度上升)。

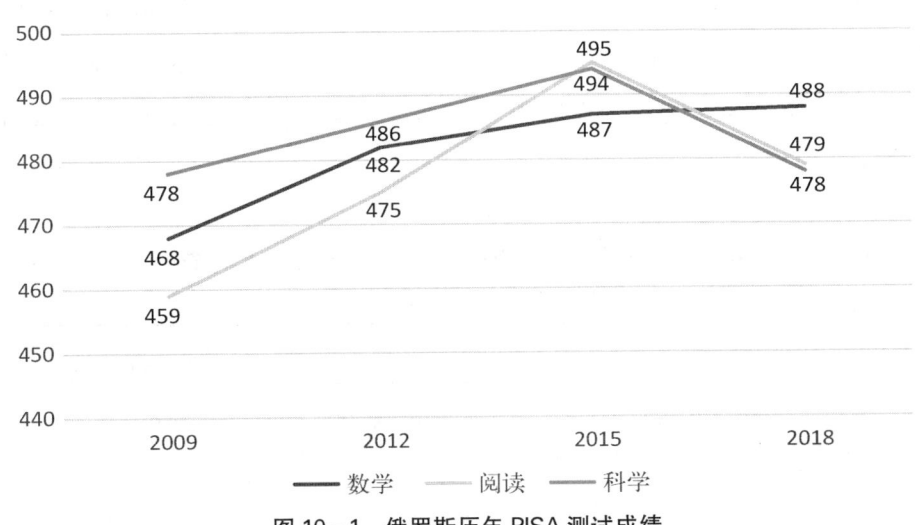

图10-1 俄罗斯历年PISA测试成绩

---

① 成人识字率是指在15岁以及以上年龄人群中能就日常生活相关事项进行理解、阅读并书写简短的陈述的人所占的百分比,一般来说,识字率也包括计算能力,即进行简单数学计算的能力。[资料来源:世界数据图册(https://cn.knoema.com/atlas)]。
② 信息来源于美国中央情报局官方网站:Central Intelligence Agency (www.cia.gov)的2017年公开信息:The World Factbook — Central Intelligence Agency。

二、研究内容介绍

在俄罗斯普通教育中，基本的纲领性文件是由联邦政府教育部门印发的《普通教育国家标准》，与我国不同的是，俄罗斯没有全国性的分科目课程标准，但会根据普通教育的现状，分科目制定为期3年的短期"工作/学习计划"，其"工作/学习计划"在作用上与我国的课程标准有一定的相似之处，都规定了课程内容与评价标准等。本书撰稿时，俄罗斯现行的高中生物学学习计划是2016年印发的《生物学工作/学习计划10—11年级(2016—2019学年)》(Рабочая программа по биологии для 10－11 класса(2016－2019 учебный год)(下文称《生物学计划》)。故本章以此为研究对象，与我国高中生物学课程标准进行了比较。

俄罗斯的《生物学计划》主要包括"Ⅰ.文件说明(Пояснительная записка)""Ⅱ.需达到的学习成果(Планируемые результаты освоения учебного предмета)""Ⅲ.《生物学》课程教学内容(Содержание учебного предмета «Биология»)""Ⅳ.针对不同年级程度的专题规划(Тематическое планирование на ступень обучения)"共四个栏目(表10－6)。

表10－6 俄罗斯《生物学工作/学习计划10—11年级(2016—2019学年)》主体框架

栏　　目	子　栏　目
Ⅰ.文件说明 Пояснительная записка	1. 引用文献 Нормативные ссылки 2. 学习目标与任务 Цели и задачи обучения 3. 学习任务 Задачи обучения
Ⅱ.需达到的学习成果 Планируемые результаты освоения учебного предмета	
Ⅲ.《生物学》课程教学内容 Содержание учебного предмета «Биология»	1. 生物学—10年级(68小时) БИОЛОГИЯ－10 класс (68ч) 2. 生物学—11年级(34小时) БИОЛОГИЯ－11 класс (34ч)

续 表

栏　目	子　栏　目
Ⅳ. 针对不同年级程度的专题规划 Тематическое планирование на ступень обучения	1.《生物学》课程针对 10 年级程度的专题规划 Тематическое планирование учебного предмета «Биология». 10 класс (68ч) 2.《生物学》课程针对 11 年级程度的专题规划 Тематическое планирование учебного предмета «Биология». 11 класс (34ч)

其中，在"Ⅲ.《生物学》课程教学内容"中共设置有 8 个专题（实则为"Наименование раздела"应译作"章节名称"，但为了避免与我国的章节混淆，本书用"专题"替代，以与我国课程标准中的"模块"对等），其中针对 10 年级设置了 5 个专题，针对 11 年级设置了 3 个专题（表 10-7），其中每个专题后设置有"学时（Кол-во часов）""内容（Содержание）""组织形式（Форма организации）"和"主要学生活动形式（Основные виды деятельности учащихся）"四个栏目。例如：在 10 年级，"1. 生物作为一门学科"设置的课程教学内容为 5 学时，课堂组织形式为：传统形式（包括吸收新知识、巩固学习、混合课程、知识考查课），主要学生活动形式为：通过互动学习模式完成对概念知识的划分任务，学习对课本与基本知识进行梳理，准备摘要和报告，准备在课上进行演讲展示，及将教学材料进行系统化处理。其他专题的课时、组织形式和主要学生活动形式均不同，这里不再逐一赘述。

在"Ⅳ. 针对不同年级程度的专题计划"的 8 个专题后设置有"课时""课堂主题（Тема урока）""日期（Дата）""预期结果（学生学会）（Планируемый результат（учащийся умеет））"等栏（表 10-7）。由于"课堂主题"中对俄罗斯 10 和 11 两年级学生需学习的生物学知识做了较为系统的阐释与划分，故本章以该栏目中设置的内容为研究对象。需要特别说明的是，与我国生物学课程标准"内容要求"中三级概念（次位概念）中直接含有表征学生认知水平要求的行为动词不同，在俄罗斯《生物学计划》中表征学生认知水平的行为动词与所设置的课程内容是分开的，它们分属于"预期结果（学生学会）"和"课堂主题"两栏；此外，俄罗斯的普通教育基于相应学段的标准，在《生物学计划》中依据学生个体的差异(如智障学生、行为能力受限学生等)对学生需达到的学习成果进行了划分,本章仅选择"普通类别学生(即健康学生)"栏所列行为动词作为参考。具体见表10-7。至于课程广度和平均课程深度的计算方法见本书第一章。

表10-7 俄罗斯《生物学计划》中的"Ⅳ.针对不同年级程度的专题计划"

专题	学时	课堂主题	预期结果(学生学会)	
			普通类别学生(健康学生)	特殊学生
10-1.生物学概述	5	1. 生物学发展简史 2. 生物学研究方法 3. 生命的本质及其属性 4. 生命体的结构层次 5. 考查—概括训练专题"生物学概述"	- 了解生命体的结构层次 - 能够描述生命的现象 - 了解生物学在实践生活中的价值 - 能够使用各种生物学相关信息资源 - 在"生物学"教育领域形成生物学研究动机和自我提高的意向	略
10-2.细胞学基础知识	28	1. 细胞学方法,细胞理论 2. 细胞化学成分的特征 3. 水及其在细胞生命中的作用,初步验证工作 4. 矿物质及其在细胞中的作用 5. 碳水化合物及其在细胞生命中的作用 6. 脂质及其在细胞活动中的作用 7. 蛋白质结构和功能 8. 核酸及其在细胞活动中的作用,ATP和其他有机细胞化合物 9. 考查—概括训练专题"细胞化学" 10. 细胞结构:细胞膜、细胞核,**实验1:"在显微镜下观察动植物细胞,比较细胞结构"** 11. 细胞结构:细胞质、细胞核、核糖体 12. 细胞结构:内质网、高尔基复合体、溶酶体、细胞内含物 13. 细胞结构:线粒体、质体、运动细胞器 14. 原核和真核细胞结构的异同 15. 动植物细胞和真菌结构的异同 16. 非细胞生命形式:病毒和噬菌体	- 了解细胞理论的基本原理 - 说明细胞的化学成分,细胞的主要成分 - 能够比较真核细胞和原核细胞,得出可变异的转变和能量代谢的结论 - 能够在教师指导下设计和完成自己的任务 - 掌握研究和项目活动 - 在答案中表达自己想法,与老师和同学讨论自己的答案 - 形成旨在研究野生动物的认知兴趣和动机	略

续 表

专题	学时	课 堂 主 题	预期结果(学生学会)	
			普通类别学生（健康学生）	特殊学生
10-2. 细胞学基础知识	28	17. 考查—概括训练专题："细胞的结构" 18. 细胞内的代谢和能量 19. 细胞内的能量代谢 20. 细胞获取有机物的方式 21. 自养生物获取有机物的方式：光合作用 22. 自养生物获取有机物的方式：化能合成作用 23. 考查—概括训练专题"为细胞提供能量" 24. 蛋白质的生物合成：转录 25. 蛋白质的生物合成：翻译 26. 调节细胞和机体的翻译 27. 考查—专题"代谢和细胞内能量的转换"的一般结论		
10-3. 生物体的繁殖和个体发育	11	1. 细胞生命周期 2. 有丝分裂是有性繁殖和多细胞生物生长的基础，**实验 2："洋葱根尖细胞有丝分裂阶段的研究"** 3. 减数分裂及其生物学意义，**实验 3："比较有丝分裂和减数分裂的过程"** 4. 有机体的繁殖形式：无性繁殖及其类型 5. 生物繁殖形式：有性繁殖 6. 生殖细胞的发育 7. 受精及其种类 8. 有机体个体发育的概念 9. 本体论：胚胎期 10. 本体论：胚后期 11. 考查—概括训练专题"有机体的繁殖和个体发生"	- 能够解释减数分裂过程和生殖细胞形成的各阶段 - 描述无性繁殖和有性繁殖的本质 - 指出对发育阶段产生不利影响的因素 - 自己行动中及在大自然相关的活动中选择有价值和有意义的装置 - 能够区分新陈代谢和能量转换的基本迹象，区分有性和无性繁殖 - 分析所获得的知识，能够处理各种生物学信息来源，形成智力技能	略
10-4. 遗传学基础知识	18	1. 遗传学发展的历史、杂交方法 2. 一对等位基因杂交的遗传模式 3. 解决一对等位基因杂交的问题 4. 复等位基因，不完全显性 5. 解决受复等位基因控制的性状杂交问题 6. 超显性，测交 7. 解决测交相关问题	- 能够解释性状和遗传物质代代相传的机制 - 能够解决遗传问题 - 了解理论遗传学发展和实际选择的必要性 - 以小组为单位设定计划，指导他人的工作，搜索必要的信息	略

续 表

专题	学时	课堂主题	预期结果(学生学会)	
			普通类别学生（健康学生）	特殊学生
10-4. 遗传学基础知识	18	8. 非等位基因在遗传时相互独立（基因的自由组合定律） 9. 杂交问题的解决 10. 染色体遗传学理论 11. 遗传病基于相关遗传学知识的解决方案 12. 非等位基因的相互作用 13. 细胞质遗传 14. 性别决定，**实验 4："遗传病的解决方案"** 15. 变异的主要形式：突变 16. 变异性，**实验 5："研究动植物变异性，变异系统的构建和曲线，植物表型研究"** 17. 突变的类型 18. 考查—概括训练专题"遗传基础"	- 选择解决问题的方法，寻找必要的信息 - 能够充分利用言论进行讨论并争论他们的立场 - 能够根据具体情况选择最有效的方法来解决问题	
10-5. 人类遗传学	6	1. 研究人类遗传的方法 2. 基因型和人类健康 3. 遗传安全问题 4. 考查—概括训练专题"人类遗传学" 5. 复习总结"普通生物学"课程	- 学生能够论证所选择的任务和方法 - 知道植物和动物繁殖的方法 - 知识的自我调整 - 能够处理不同的生物信息来源 - 在回答中表达自己的想法 - 形成对生物的审美态度	略
11-1. 进化的基础知识	13	1. 前达尔文时期生物学的发展，林奈的研究 2. 查尔斯·达尔文理论的背景 3. 达尔文进化理论的发展 4. 品种、类别和品种结构，初步验证工作 5. 人类、人类遗传组成 6. 人类基因库的变化 7. 生存斗争的形式 8. 自然选择及其形式，**实验 1："确定生物体对环境的适应性"** 9. 隔离机制 10. 形态 11. 宏观进化及其证据	- 对查尔斯·达尔文的进化理论，进化的主要方向有所了解 - 掌握进一步独立开展生物学研究的方法和技术 - 能够得出关于查尔斯·达尔文理论的历史地位的结论，关于人工和自然选择的观点 - 了解自然界新物种的形成 - 了解微观和宏观进化的概念，及生物进化的路径 - 能够确定课程的目的并设定完成课程所需任务	略

续 表

专题	学时	课堂主题	预期结果(学生学会)	
			普通类别学生（健康学生）	特殊学生
11-1.进化的基础知识	13	12. 植物和动物系统—进化的展示 13. 生物演变的主要方向，考查—概括训练专题："进化论的基本原理"	- 了解生物学知识的积累和发展，为进一步学习提供基础 - 有能力倾听老师和同学的意见，争辩自己的观点 - 在"生物学"教育领域形成研究生物学的动力和自我完善的愿望	
11-2.生态学基础知识	12	1. 生态学研究什么？生物的栖息地及其因素 2. 栖息地和生态位 3. 环境相互作用的主要类型 4. 物种间竞争性互动 5. 人类的主要环境特征 6. 人类动态变化 7. 生态群落 8. 社区结构，社区中有机体的关系 9. 食物链 10. 生态金字塔 11. 生态演替 12. 污染对生物体的影响，环境管理的基础知识，考查—概括训练专题"生态学基础"	- 学生能够区分环境相互作用的主要类型，比较生物过程并得出结论 - 了解环境因素，比较主要生活环境，了解环境因素对生物体的一般作用规律，证实最优规律，限制因素，了解人类的基本人口和结构特征，自然结构、生物地理科学，食物链和食物循环 - 能够建构食物链和食物网 - 培养自我评估技能 - 分析和评估信息，有将信息从一种形式转换为另一种形式的能力 - 有能力倾听老师和同学的意见，争辩他们的观点 - 形成对生物的审美态度	略
11-3.人类起源、生物圈与人类的进化	9	1. 人在动物界中的位置 2. 人类演化的主要阶段 3. 人类演化的驱动力 4. 祖先的家园，种族及其起源 5. 关于生命起源的假设 6. 关于生命起源的现代观念 7. 地球上生命演化的主要阶段 8. 生物圈的演变 9. 对生物圈的人为影响 10. 终结性检测	- 学生能够识别人类演化的主要阶段，以确定人类演化的主要驱动力 - 能够用科学的世界观调整自己关于人类起源的观点 - 能够概括信息 - 掌握在观众面前讲话的技巧 - 能够突出必要的信息，应用信息检索方法	略

三、结果与分析

（一）课程内容结构

从课程组织来看，我国的课程内容由"分子与细胞""遗传与进化"等五个模块组成，而俄罗斯设计了 8 个专题，其中明确在 10 年级落实 5 个专题、11 年级落实 3 个专题的教学。

从内容覆盖面看，中俄两国都关注了细胞学、遗传学、进化生物学、生态学等领域的学科知识，此外我国课程标准还设置了动植物生理学及现代生物技术与工程两个领域的内容；而俄罗斯设置有生物学概论、发育生物学、人类起源和进化等方面的内容，总体上看，俄罗斯在遗传学和进化学方面内容设置的权重相对较高，各占了两个专题。从课程内容设置顺序看，中俄两国对内容的安排大体都遵从了先细胞、遗传，后个体和生态系统的生物层次规律。

从知识点分布看，中俄两国虽然在"分子与细胞"主题的知识点分布大体相同，但在其他主题上存在部分的差异。例如：我国对其他主题涉及到的课程内容的划分明显更加丰富和细致；而俄罗斯，除了分子与细胞主题外，其大部分知识点主要是围绕人类展开，例如"人类遗传学""基因和人类健康""人类动态"等，由此可见，俄罗斯的课程内容是"以人类为中心"的，其原因可能与俄罗斯人所处的自然环境相对较恶劣有关。

（二）课程类别

在俄罗斯《生物学计划》"课堂主题"的每个专题中都设置有"考查（Контрольно）"，相当于我国的单元检测，十分有特色，例如：在"10－1.生物学概述"设置了"5.考查—概括训练专题'生物学概述'"；在"10－2.细胞学基础知识"设置了"9.考查—概括专题'细胞化学'""17.考查—概括专题'细胞的结构'""23.考查—概括训练专题'为细胞提供能量'"和"考查—专题'代谢和细胞内能量的转换'的一般结论"；在"10－3.生物体的繁殖和个体发育"设置了"11.考查—概括训练专题'有机体的繁殖和个体发生'";在"10-4.遗传学基础知识"设置了"18.考查—概括训练专题'遗传基础'";在"10-5.人类遗传学"设置了"4.考查—概括训练专题'人类遗传学'"及针对整个10年级课程的"5.复习总结'普通生物学'课程";在"11-1.进化的基础知识"设置了"13.……，考查—概括训练专题'进化论的基本原理'";在"11-2.生态学基础知识"设置了"12.……，考查—概括训练专题'生态学基础'";在"11-3.人类起源、生物圈与人类的进化"设置了"10.终结性检测"。

俄罗斯《生物学计划》的"课堂主题"中不仅设置有专题训练，而且还设置有实验，例如：在10年级的"10-2.细胞学基础知识"设置了"实验1：在显微镜下观察动植物细胞，比较细胞结构"；在"10-3.生物体的繁殖和个体发育"设置了"实验2：洋葱根尖细胞有丝分裂阶段的研究"和"实验3：比较有丝分裂和减数分裂的过程"；在"10-4.遗传学基础知识"设置了"实验4：遗传病的解决方案"和"研究动植物变异性，变异系统的构建和曲线，植物表型研究"；在11年级的"11-1.进化的基础知识"设置了"实验1：确定生物体对环境的适应性"。而在我国生物学课程标准中，实验是放在"教学提示"中，与"内容要求"是分开的。

综上例证可以看出，俄罗斯《生物学计划》既兼顾了国家课程标准的作用，同时又具有传统教学大纲的功能，前者作用表现在对内容专题的设置相对宏观，后者功能的典型例证则是每个专题的概括训练专题和实验的设置。

（三）课程广度和深度

基于本书第一章定量分析工具，得到俄罗斯生物学课程广度和平均课程深度（表10-8），结果显示：俄罗斯高中《生物学计划》的"教学专题"的8个专题，涵盖了与我国生物学课程标准设置内容存在相关性的83个知识点，另有12个知识点是俄罗斯生物学课程中特有的，全部95个知识点的总平均课程深度为1.78，由此可以看出，其课程广度和平均课程深度均低于我国的120和2.22。

表 10-8 中俄高中生物学课程广度和平均课程深度总体对比

	分子与细胞		遗传与进化		稳态与调节		生物与环境		生物技术与工程		其他	
	中国	俄罗斯	中国	俄罗斯	中国	俄罗斯	中国	俄罗斯	中国	俄罗斯	中国	俄罗斯
课程广度(G)	23	23	22	44	23	/	22	16	30	/	/	12
平均课程深度(S)	1.91	2.00	2.23	1.52	2.13	/	2.77	1.38	2.03	/	/	2.00

从表 10-8 可以看出，我国生物学课程标准中设置的五个模块内容中，仅"分子与细胞""遗传与进化"及"生物与环境"在俄罗斯《生物学计划》有设置；此外，相对我国课程标准中设置的生物学内容来说，在"稳态与调节"和"生物技术与工程"两个方面，俄罗斯均未涉及；而俄罗斯生物学课程中设置的部分内容，例如每专题的考查，以及生物学概述等在我国课程标准中未明确出现。

作为分析各主题平均课程深度的参照，本章对俄罗斯《生物学计划》所设"预期结果（学生学会）"中出现的行为动词与"课堂主题"中的课程内容结合进行了梳理，其中的行为动词见表 1-5，依据布卢姆认知水平，统计出了要求学生达到的认知水平出现的频次和所占百分比，具体见表 10-9，以用于与我国课程标准中相应知识点（见表 1-7）进行比较。

表 10-9 俄罗斯《生物学计划》中各知识点认知水平要求频次和所占百分比

认知水平	一级主题	分子与细胞	遗传与进化	稳态与调节	生物与环境	生物技术与工程	其他
1	记忆/回忆	11(47.83%)	27(61.36%)	/	13(81.25%)	/	/
2	理解	5(21.74%)	12(27.27%)	/	1(6.25%)	/	12(100.00%)
3	应用	3(13.04%)	4(9.09%)	/	1(6.25%)	/	/

续 表

认知水平 \ 一级主题		分子与细胞	遗传与进化	稳态与调节	生物与环境	生物技术与工程	其他
4	分析	4 (17.39%)	1 (2.27%)	/	1 (6.25%)	/	/
5	评价	/	/	/	/	/	/
6	创造	/	/	/	/	/	/

从表10-8可以看出，与我国课程标准相对应的"分子与细胞""遗传与进化"和"生物与环境"三个主题在俄罗斯的平均课程深度分别为2.00、1.53和1.38，后两者明显低于我国；结合表10-9可以看出，俄罗斯对生物学的认知要求整体较低，上述三个主题的要求多处于"记忆/回忆"层次，并分别占到47.83%、61.36%和81.25%。

1. "分子与细胞"相关课程内容的设置

与我国课程标准"分子与细胞"模块课程内容相对应，俄罗斯《生物学计划》中相对应内容主要分布在10年级"10-2. 细胞学基础知识"，极少量分布在"10-3. 生物体的繁殖和个体发育"（表10-7）。

通过比较表10-7和我国课程标准设置的相应内容发现，我国和俄罗斯在"分子与细胞"相关课程内容的设置方面重合度十分高，且两者的课程广度均为23。其中：

（1）中俄两国均在高中生物学中设置了细胞的组成元素、水、无机盐、糖类、脂质、蛋白质和核酸，细胞质膜、细胞器和细胞核、原核细胞和真核细胞的异同、ATP、光合作用、细胞呼吸、有丝分裂和细胞生命周期等内容。

（2）俄罗斯在"分子与细胞"部分还设置有细胞学方法和理论，非细胞生命形式（病毒）、自养生物营养方式中的化学反应、细胞获取有机物的方式，以及核酸在细胞活动中的作用，其他有机细胞化合物等。相关内容在我国生物学课程标准中没有明确的规定。

（3）而我国在"分子与细胞"模块设置的少量内容，也是俄罗斯生物学课程中未涉及的，例如：细胞各部分结构协调合作、单细胞生物和多细胞生物、质膜的选择透过性、物质的跨膜运输方式，以及酶与其功能等。

基于表10-8可以看出，俄罗斯《生物学计划》设置的分子与细胞相关内容其平均课程深度为2.00，几乎与我国(1.91)持平；结合表10-9可以看出，俄罗斯设置的相关内容对学生的认知要求相对我国更丰富，涵盖了"记忆/回忆""理解""应用"和"分析"四个层次，并分别占比为47.83%、21.74%、13.04%和17.39%，而我国在相应内容模块上对学生的认知要求主要集中在"理解"层次(91.30%)，少量在"记忆/回忆"层次(8.70%)。

2."遗传与进化"相关课程内容的设置

与我国生物学课程标准中"遗传与进化"模块设置的内容比较，俄罗斯《生物学计划》中相应的内容分布在10年级全部五个专题，以及11年级的"11-1.进化的基础知识"和"11-3.人类起源、生物圈与人类的进化"等专题。

从表10-7可以看出，俄罗斯十分重视遗传与进化方面内容的设置，因此设置内容十分丰富，其课程广度达44，远高于我国的22，且我国生物学课程标准设置的相关内容，除少数几个知识点外，几乎完全被俄罗斯设置的内容所涵盖。其中：

(1)中俄两国在"遗传与进化"相关内容的设置上存在较多的共有知识点，例如：基因的表达、DNA的结构和功能、DNA半保留复制、DNA的转录和翻译及其选择性表达、减数分裂、有性生殖中的遗传信息传递、基因的分离和自由组合、伴性遗传、碱基的替换和插入及缺失、基因重组、染色体变异、基因突变的原因和后果、人类遗传病、共同祖先学说、优势性状个体、自然选择、现代生物进化理论、物种产生的原因等。

(2)针对"遗传与进化"相关内容设置，俄罗斯设置但我国未涉及的内容相对较多，包括：遗传学发展史和杂交方法、细胞质遗传(叶绿体和线粒体中的基因)、生物体的繁殖方式、生殖细胞的发育、受精及其类型、生物发育的概念、胚胎发育和胚后发育、性别决定、人类遗传的研究方法、遗传安全问题、品种及其种类、人类遗传、人类基因库的变化、形态性状、宏观进化及其证据、植物和动物谱系、生物界演变的主要方向、人类演化的主要阶段和驱动力、祖先生活的环境和种族及起源、生命起源假说和现代观念、地球上生物演化的主要阶段等知识点，合计课程广度达 23。

（3）相对来说，针对"遗传与进化"相关内容的设置，我国特有的内容十分少，仅有表观遗传一个知识点，但相当有时代特色。

基于表 10-8 可以看出，俄罗斯《生物学计划》设置的遗传与进化相关内容虽然课程广度较大，但平均课程深度仅 1.52，远小于我国的 2.23；结合表 10-9 可以看出，俄罗斯有多达 61.36% 的知识点对学生认知要求在"记忆/回忆"层次，在"理解""应用"和"分析"层次则分别占比为 27.27%、9.09% 和 2.27%，而我国在该主题内容的设置方面有 86.36% 处于"理解"层次，"应用"和"分析"层次分别占 4.55% 和 9.09%。

3."生物与环境"相关课程内容的设置

与我国"生物与环境"模块相对应的课程内容比较，在俄罗斯《生物学计划》中主要分布于 11 年级的"11-2. 生态学基础知识"，少量设置在"11-3. 人类起源、生物圈与人类的进化"中。

基于表 10-7 可以看出，俄罗斯《生物学计划》中对"生物与环境"相关内容的设置并不多，课程广度仅为 16，与我国生物学课程标准中设置的相关内容有一定的交叉。其中：

（1）中俄两国共同关注的内容包括：影响种群特征的因素、群落结构、群落及其演替、生态系统组成、食物网和食物链、生态系统营养结构金字塔、污染物对生物的影响及环境保护、人口变动等。

（2）俄罗斯针对生物与环境的内容还设置了一些我国未设置的、较为独特的内容，例如：生态学研究对象、生物的生存环境及其因素、物种间竞争关系、人在动物界中的地位、生物圈的演化、人对生物圈的影响等。

（3）我国相较俄罗斯，针对"生物与环境"主题，还专门设置有：种群特征、种群数量变动的数学模型、物质循环和能量流动及其利用、生物系统中信息的传递、决定生态系统营养结构的因素、生态系统的稳态及其影响因素、生态系统的自我调节能力、生物多样性及其意义等。

基于表 10-8 可以看出，俄罗斯《生物学计划》设置的生物与环境相关内容不仅课程广度较小，而且平均课程深度也仅有1.38，远小于我国的2.77；结合表10-9可以看出，俄罗斯在该部分内容对学生的认知要求81.25%都集中在"记忆/回忆"层次，而"理解""应用"和"分析"层次均仅占6.25%，而我国90.00%在"理解"层次，此外在"记忆/回忆"和"分析"层次的占比分别为3.33%和6.67%，这是我国在该部分内容方面课程深度远大于俄罗斯的主要原因。

四、结论

综合上述分析，中俄两国无论是在课程组织、课程内容还是课程倾向上都有较大差异。

在课程纲领性文件的定位上，俄罗斯的《生物学计划》既具有国家课程标准的特征，又同时具有传统教学大纲的功能，前者表现在对内容专题的设置相对宏观，后者的典型例证即是每个专题的概括训练专题和实验的设置。专题训练和实验的设置反映了俄罗斯的生物学教育强调学生在训练和操作中对于知识与技能的掌握。

在课程内容的选择和组织上，中俄两国课程均重视对基础性知识的学习，两国均涉及"分子与细胞""遗传与进化"和"生物与环境"的相关内容，但俄罗斯在"生物与环境"模块的课程广度相对较低；且俄罗斯未涉及"稳态与调节""生物技术与工程"两个模块的相关内容。此外，中俄两国均在一、二两级主题上对相关知识进行了专题划分，但俄罗斯的划分较细，概括程度不高。相较之下，我国的大概念教学或许有助于学习者构建更为系统的知识框架。

在课程倾向上，俄罗斯带有"以人类为中心"的课程倾向。这表现在其三级主题中，出现了大量与人类有关主题；且在"遗传与进化"这一模块，俄罗斯的课程内容中涉及大量与人类遗传与进化相关的内容，使其课程广度与平均深度均高于我国。相较之下，我国的课程内容并无明显的倾向性，更加重视知识的完整性和系统性。众所周知，俄罗斯是一个民族自信心非常强的国家，在苏联解体、东欧剧变之前，以现俄罗斯联邦为主体的苏联是世界上和美国并列的"超级大国"之一。同时，俄罗斯地处北半球，其国土有很大一部分位于北极圈中，自然环境恶劣导致了俄罗斯更加注重以人为本。此外，其国土横跨欧亚两洲，受东西方两种文化影响，形成了俄罗斯特有的兼具东西方特点的民族文化。

五、对课程实践的启示

1. 关注课程纲领性文件的时效性

俄罗斯的课程标准被称为《工作计划》，更新频率较快，注重纲领性文本的时效性。以本书参考的《生物学工作/学习计划（10—11年级）》为例，其施行时间为2016年，有效期为3年，也就是只对2016—2019仅3学年的工作做了计划安排，随着时间的推移，会不断地推出新的《工作计划》，更好地紧跟世界潮流，符合形势变化。而我国的课程标准一经印发，其施行时间都是较长的，以我国2003年印发的《普通高中课程方案与课程标准（实验稿）》为例，曾指导了十余年来我国普通高中的课程设置。对此，我国可适当借鉴俄罗斯的做法，在有一个总的纲领性《课程标准》的同时，可适当发布更新较快的、规划更细的类似"工作计划"文件。这样既保证了指导性文本前瞻性的指导意义，又确保其符合当下时代发展趋势，具有了一定的灵活性。

2. 注重科学知识与日常生活的联系

俄罗斯的课程内容更加注重知识的应用性，例如，在学完生物体的生长繁殖相关内容后，会接着安排与实际生产相关的课程，引导学生将理论知识运用到实际生活当中，这一点也是值得我们借鉴的。高中所学习的生物学知识，大多是比较基础的，容易和实际生产生活建立联系，适当增加这方面内容，既有利于知识的活学活用，也能加强学生对知识的掌握程度。科学教育一直以来面临的困境是学生"学而不用"，分析其背后的原因在于纯粹的学院科学往往难以应对错综复杂的现实情境。因此在课堂教学中融入更多日常科学的内容，能够帮助学生掌握解决实际问题的能力，并使其成为具有科学决策能力的民主公民。

3. 注重学生的全人发展

俄罗斯在《工作计划》中强调对学生能力的培养。这在"学习目标和任务"专题以及课程内容规划中都有所体现，例如在"生态学基础知识"专题中，对学生的期望着重强调了"培养自我评估技能；分析和评估信息，有将信息从一种形式转换为另一种形式的能力；有能力倾听老师和同学的意见，争辩他们的观点；形成对生物的审美态度。"这些要求超越了对学生科学素养的培养，强调学生在学习的过程中发展元认知能力和社会情感能力，亦即希望教师在教书中实现育人。此外，"学习目标与任务"中还强调了"在此过程中发展认知兴趣，智力和创造能力""信仰大自然的可知性、复杂性和生命的价值，作为普遍道德价值观的基础和理性使用自然资源的基础"等对学生科学态度与价值观，以及认知情感等的培养。这表明，俄罗斯在强调学生科学素养的培育外，还强调学生的全人发展。将育人的总体目标融入到了学科教学中。这或许可以为我国核心素养的教学提供新思路。

第十一章 法 国

法国具有重视教育的传统,其学前教育是全球各国学习和参考的"标杆"之一。法国的基础教育关注学生综合能力的培养,尤其创新、批评和独立思考等能力是其课堂教学培养的重点,对话和讨论式的教学是其课堂教学的常态,此外学科领域内的最新发展也会快速被纳入课堂授课内容并编入教材[94]。自 2017 年马克龙政府执政后,为了破解法国失业率居高不下、国际上各类教育测评排名持续低迷的窘境,缓解日趋严重的阶级分化和不公平现象等问题[94],曾对法国课程的设置进行了一系列改革,相关内容会在本章中得到体现。

一、法国基础教育及高中生物学课程设置

(一) 法国的教育行政体制

法国是一个中央集权制国家,其对教育的管理也为中央集权制。法国将国民教育事务一分为二,基础教育由"国民教育部(Ministère de l'Education nationale)"统一负责,高等教育由"高等教育和科研部(Ministère de l'Enseignement supérieur et de la Recherche)"统一负责。1982 年以后,国家决定将部分教育权利下放给地方,并采取一系列非集中化管理措施,但国民教育部仍保留了一些重要的权利,例如:制定教育方针和教学大纲;负责教育系统人员的招聘、培训和管理;确定各级教育机构的法律地位和规章;决定教育系统各单位教学和行政人员的编制等[95]。

法国教育行政体制的一个基本单元为"学区",由学区长(Recteur)领导学区委员会进行管理。目前,法国共有 26 个行政大区,但其学区却设置有 31 个,尽管做到了几乎每一个学区对应一个行政大区,但也存在个别行政大区对应多个学区的状况。由于学区的管理范围和跨省的数目不等,再加上每个学区的自然特点、历史、发展等各不相同,使得法国各学区之间在教育规模、组织方式等多方面都存在很大差异[96]。

(二) 基础教育学制体系

2019 年起,法国的义务教育覆盖年龄为 3～16 岁,即从幼儿园一直到高中一年级(相当于我国的高中二年级)。法国的基础教育可分为两个"学段",即:初等教育学段(包括幼儿教育和小学)和中等教育学段(包括初中和高中)(图 11-1)。在"学段"之下,又划分不同的"阶段(Cycle)",例如:初等教育学段包括"初级学习阶段(学前教育阶段)"和"基础教育阶段",中等教育学段包括"深入学习阶段""确定阶段"和"结业阶段"。阶段是高于年级的一个分类,它可以包括两个及以上的学期。阶段的设置保障了基础教育的有效衔接,帮助学生更好地适应新的学习阶段,这是法国的学制结构中一个鲜明的特色。法国基础教育体系包括普通教育和职业教育,本章仅关注了其普通教育。

初等教育(Premier degré):法国初等教育包括学前教育(母育学校,即幼儿园)和基础教育(小学)。其中,学前教育的年龄为 3～6 岁,幼儿园分为小班、中班和大班三年,属于"初级学习阶段";基础教育的年龄为 6～11 岁,小学为五年制,包括预备班(CP)、基础班第一年(CE1)、基础班第二年(CE2)、中级班第一年(CM1)、中级班第二年(CM2),对应我国的一至五年级,属于"基础学习阶段"。值得一提的是,由于法国小学周二和周五下午 3 点放学、周一和周四下午 4:30 放学,且有许多小学周三不上课(即便上课的小学也会于中午放学),为了充分发挥课后活动在小学生教育和成长中的价值,法国在《教育法典》中明确规定了小学生的课后活动是教育公共服务的延伸和补充,其被纳入政府的"地区教育项目(Projets éducatifs territoriaux,简称 PEDT)",由市镇政府牵头组织课后活动并负担大部分资金,设立专业的指导团队,严控活动教师资质,精心设计课后活动内容,并由专门的指导委员会监督实施[94]。

	高中毕业会考证书	技术高中毕业会考证书		技师文凭	职业高中证书		
结业阶段	结业年级 普通高中	结业年级 技术高中		结业年级 技师准备高中	结业年级 职业高中	职业能力证书	ULIS / UPE2A
	一年级 普通高中	一年级 技术高中	一年级 适应班	一年级 技师准备高中	一年级 职业高中	职业能力准备 第二年	
确定阶段	二年级：普通高中与技术高中第一年			二年级 技师准备高中	二年级 职业高中	职业能力准备 第一年	

	国家文凭		
深入学习阶段	三年级	ULIS / UPE2A / DIMA	六年级到三年级的 Segpa
	四年级		
	五年级		
	六年级		
巩固学习阶段	中级班 第二年	ULIS / UPE2A	
	中级班 第一年		
基础学习阶段	基础班 第二年		
	基础班 第一年		
	预备班		
初级学习阶段	大班		
	中班		
	小班		

图 11-1　法国学制示意图[96]

（注：ULIS：Unités localisées pour l'inclusion scolaire 的缩写，本书译作"融合教育班级"，原称 UPI（Unité pédagogique d'intégration），整合教育班级；PUE2A：Unité pédagogique pour les élèves allophones arrivants 的缩写，本书译作"外来非法语学生的教学班级"；DIMA：Dispositif d'initiation aux métiers en alternance 的缩写，法国的一种学徒制，类似继续教育，本书译作"建教合作班级"；Segpa：Section d'enseignement général et professionnel adapté 的缩写，普通教育与职业教育适读班）

中等教育（Second degré）：法国中等教育包括初中和高中。其中，初中的年龄一般为 11～15 岁，分为六年级、五年级、四年级和三年级，对应我国的预备班至初中三年级，属于基础教育中的"深入学习阶段"；高中的年龄一般为 15～18 岁，分为二年级（Seconde）、一年级（Première）和结业班（Terminale），对应我国的高中一至三年级，其中法国的二年级（即普通高中与技术高中第一年）属于"确定阶段"；而普通高中一年级和普通高中结业年级属于"结业阶段"。

为了使学生能够更好地从初等教育过渡到中等教育，法国将"基础学习阶段"的最后两年（即中级班第一年和第二年）与"深入学习阶段"的初中六年级

(即法国初中的第一年,相当于我国初中预备班)又合称为"巩固学习阶段"。

(三) 高中教育概况

由于本书着眼于对普通高中的生物学课程标准进行比较研究,因此本章仅就法国普通高中课程设置及教材开发进行介绍。

1. 高中课程设置

法国的高中阶段包括二年级、一年级和结业班,分别对应我国高中一、二和三年级。法国的高中包括普通高中和技术高中(Lycées d'enseignement général et technologique,简称 LEGT)和职业高中(Lycées professionnels,简称 LP)(图 11-1)。选择普通高中的学生在高中最后一年参加法国的普通高中毕业会考(Baccalauréat général),考试合格后获得普通高中毕业证书(Baccalauréat,简称 Bac)①,并具备了"业士文凭",此时学生即可以从高中毕业,同时也可以申请不同类型的高等教育。技术高中和职业学校在最后一年也会参加不同的考试,获得相应的证书,其中:技术高中毕业会考要求的是学生掌握某一项专业技能知识,更偏向应用实践;职业高中是为进入职业社会做准备的,所以学生通过职业高中毕业会考后往往不会继续深造,而是直接工作。此外,技术高中和职业学校的学生也有机会通过参加普通高中毕业会考获得业士文凭,进而申请法国大学的大部分专业。

在法国,普通高中课程类型分为公共教育课程、专业共修课程以及选修课程。法国普通高中的周课时数从其二年级、一年级到结业年级呈逐年递减之势。具体:

(1) 法国高中二年级(第一年):每周的课时数为 28.5~30.0 小时,该学年中学生需要学习公共教育课程和选修课程,其中公共教育课程时长为 27 小时,约占总课时的 90%,此外,学生还可根据自身兴趣,选择 1~2 门选修课程[97],②。

(2) 高中一年级(第二年):每周的课时数为 26.5~28.5 小时。在 2018 年以

---

① 是一种法国国家学术资格,学生可以在完成中学学业时(在中学结束时)通过满足某些要求获得。
② 资料来源于法国国民教育部官方网站:Ministère de l'Éducation nationale (https://www.education.gouv.fr/cid52692/les-enseignements-nouvelle-seconde.html)。

前,学生将在高中一年级(第二年)进行专业分流,每位学生都需要在文科(le baccalauréat littéraire)、经济与社会科学(le baccalauréat économique et social)、理科(le baccalauréat scientifique)三个方向中择其一作为学习方向,但从 2019 年起,专业分流被取消,取而代之的是"双主"学科制,即选择两门主要学科作为学习方向,这是法国普通高中毕业会考及其课程改革的新趋势。高中一年级(第二年)的学生需要学习公共教育课程、专业共修课程以及选修课程,其中:公共教育课程时长为 14 小时,约占总课时的 50%;专业共修课程时长为 40%;与高中二年级(第一年)一样,学生可以根据自身兴趣,选择 1~2 门选修课程。

(3) 高中结业年级(第三年):每周的课时数为 20~27 小时。该阶段学生同样需要学习公共教育课程、专业共修课程以及选修课程,但公共教育课程时长已减少至 8.5 小时,只占总课时的 30%,而专业共修课程时长增加至总时长的 60%。这样学生就可以有更多精力和时间投入到与专业学习相关的选修课程,拓宽自己在专业领域的视野,为即将进入的高等教育阶段做准备①。

2. 教材开发和使用

尽管法国的教育为中央集权化的管理,但法国中小学并没有全国统一的教材,只是由隶属于教育部的国家委员会(Conseil national des programmes,CNP)制定全国统一的教学大纲,各出版社根据教育部发布的教学大纲自行编写教材,再由中小学校及相关教师根据自身的需要选定教材[98],因此在法国高中即便在同一学校的同一年级,也会出现不同教师选用不同教材教授不同内容的情况,只要在法国的学科教学大纲范围内即可。目前,法国各个学科的教学大纲均为全国统一大纲,其中小学和初中由于学校类型较单一,所以每门学科仅分别有一个教学大纲;而高中阶段由于分为普通高中、技术高中和职业高中,各类型高中对学生需要掌握的知识体系有所不同的要求,因此针对不同类型的高中有不同的教学大纲,但每种类型高中都有相应的国家统一大纲。

---

① 资料来源于法国国家教育、青年和体育部官方网站 Ministère de l'éducation nationale, de la jeuness et des sports 的公开信息:Les enseignements de première et terminale générales et technologiques (https://www. education. gouv. fr/cid52709/les-enseignements-de-premiere-et% 20terminale.html)。

此外，法国高中的各科教材均由学生自己按照书单自行购买或租借。由于教材比较贵，因此大部分教材都会循环使用。教师也会在课堂上分发各类资料，高中毕业会考的主要复习资料即为这些资料及学生自己的笔记。

3. 法国高中会考

法国的高中毕业会考制度起始于拿破仑执政时期的 1808 年，距今已经有 200 余年的历史[①]，其功能兼顾我国的普通高中学业水平考试和大学入学资格考试(高考)。依据法国高中学校的不同，毕业会考分为普通高中会考(baccalauréat général)、技术高中会考(baccalauréat technologique)和职业高中会考(baccalauréat professionnel)三类，其中普通高中会考的"业士文凭"由法国教育部颁发。

法国普通高中结业年级(第三年)的学生参加并通过高中毕业会考后，不仅获得普通高中"业士学位"，而且同时具备申请高等院校的资格。2017 年马克龙政府执政后，除了对普通高中课程设置进行改革外，同样也对普通高中毕业会考进行了一系列的改革。2019 年及其之后入学的普通高中学生，其普通高中毕业会考成绩由两部分组成，即会考成绩和平时成绩，其中：

（1）会考成绩：占 60%，考试科目为法语、哲学、两门专业课和大型口试。法语考试在高中第二学年(法国一年级)末举行，其他科目从改革前每年集中在一周左右的时间内进行考试改为分散在高中第三学年(法国结业年级)第二学期的 4 月和 6 月考试，其中 4 月主要对两门专业学科进行测试，6 月测试的是哲学和大型口试，大型口试主要是针对个人学科计划(与主修课程和辅修课程有关)的阐述，更加突出了学生的自主学习能力。每一门会考科目的满分为 20 分，全部科目按权重折合计算后，最终成绩满分也为 20 分。其中，16 分以上为特优，14～16 分为优，12～14 分为良好，10～12 分为及格；成绩在 8～10 分之间有补考的机会；而 8 分以下视为不及格，仅能获得高中结业证书，学生达到 10 分以上才能获得资格证书(业士文凭)[99]。

（2）平时成绩：占 40%，该成绩的获得通过国家实施的考试和教师实施的

---

① 资料来源于维基百科网站 Wikipedia 的公开信息：Baccalauréat (https://en.wikipedia.org/wiki/Baccalauréat，下载时间：2018-06-08)。

考试两种形式实现。国家实施的考试重点考核科目是历史、地理、外语、科学、体育,以及学生所选择的专业科目,学生需根据国家指定的内容及规定的时间参加相应的考试,考试时间分布在高中第二学年(法国一年级)和第三学年(法国结业年级),第二学年的考试安排在 1 月和 4 月,第三学年的考试安排在 12 月[99],这些持续的评估占最终成绩的 30%。此外,在这两年中,学生还要参加老师为每个必修科目设计的不同测试,这些评估占最终成绩的 10%。

二、研究内容介绍

本章关注了法国《普通教育二年级(第一年)生命科学与地球科学教学大纲(2019 年版)》(Sciences de la vie et de la Terre, enseignement commun, classe de seconde 2019)(以下简称为"高中第一年教学大纲")[100]和《普通教育一年级(第二学年)生命科学与地球科学教学大纲(2019 年版)》(Sciences de la vie et de la Terre, enseignement de spécialité, classe de première, voie générale 2019)(以下简称为"高中第二年教学大纲")[101],并以两者中设置的生物学内容为研究对象,与我国《普通高中生物学课程标准(2017 年版)》进行了比较分析。

法国普通高中没有独立的生物学课程,相关内容与地球科学是有机整合在一起的,称为"生命科学与地球科学"科目,其指导性文件为一系列的"生命科学与地球科学教学大纲"。法国普通高中生命科学与地球科学教学大纲针对高中阶段的三个年级分别进行了设置,法国课程大纲的目标为:(1)帮助建构已被认为有效的,即经得起事实(实验和自然)考验的学科知识,以及以科学推理方式为基础的规律性学科理论;(2)从科学的角度理解当今世界及其变化规律,培养公民的批判性思维;(3)为高等教育学习以及未来的职业做准备[102]。

在"高中第一年教学大纲"和"高中第二年教学大纲"中,都设置了"地球、生物与生物的组成""当代地球问题"和"人体和健康"三个研究主题的一级主题。其中,"高中第一年教学大纲"中涉及的生物学知识被设置在"地球、生物与生物的组成"和"人体和健康"两个研究主题中,而"高中第二年教学大纲"中涉及的生物学知识设置在上述全部三个研究主题中。每个研究主题(一级主题)下又细分若干个二级主题,二级主题下再细分若干个三级主题(表 11-1)。

表 11-1 法国高中生物学课程内容设置

	一级主题 (研究主题)	二级主题	三级主题
高中 第一年 (二年级) 课程	－地球、生物与 生物的组成	1. 生物的功能 组成	1.1 多细胞生物,由特化的细胞组成 1.2 细胞的代谢
		2. 生物多样性, 进化结果与 进化阶段	2.1 生物多样性的层次 2.2 生物多样性随时间而变化 2.3 随着时间的推移,生物多样性的演变可以通过发生在种群水平的进化来解释 2.4 种内交流和性选择
	－当代地球问题	/	/
	－人体和健康	3. 人类的繁殖 和性行为	3.1 男性的身体,女性的身体:从受精到青春期 3.2 大脑、快乐、性欲 3.3 激素与人类繁殖
		4. 人类与微生物	4.1 病原体与媒介传播的疾病 4.2 人类微生物群和健康
高中 第二年 (一年级) 课程	－地球、生物与 生物的组成	5. 遗传与遗传 (信息)的传递、 变异和表达	5.1 真核细胞的分裂 5.2 DNA 复制 5.3 DNA 突变和遗传变异 5.4 从基因组中读懂人类历史 5.5 遗传信息的遗传与表达 5.6 酶——具有催化特性的生物分子
	－当代地球问题	6. 生态系统和 环境服务	6.1 生态系统:生物之间以及它们与环境之间的动态相互作用 6.2 人文和生态系统:生态系统服务及其管理
	－人体和健康	7. 遗传变异和 人体	7.1 突变和健康 7.2 遗传信息的遗传和健康 7.3 基因组改变和癌变 7.4 细菌遗传变异和抗生素抗性
		8. 人体免疫系 统的功能	8.1 先天性免疫 8.2 适应性免疫 8.3 适应性免疫在人体健康中的应用

注:法国高中第一年(二年级)的课程大纲中,"地球、生物与生物的组成"和"人体和健康"单元涉及生物学内容,而"当代地球问题"单元仅设置了与地球科学相关的内容,与生物学关系不密切,这里省略;高中第二年(一年级)的课程大纲中,"地球、生物与生物的组成""当代地球问题"和"人体和健康"三个单元都涉及生物学相关内容。

法国教学大纲中的每个三级主题都包括"知识(Connaissances)""基本概念(Notions fondamentales)""目标(Objectifs)""能力(Capacités)"以及"说明(Précisions)"五个栏目,这里以三级主题"1.1 多细胞生物,由特化的细胞组成"为例进行了说明(表11-2)。其中"基本概念"和"目标"并未出现于全部三级主题中。与我国课程标准每个模块中的"内容要求"和"教学提示"之间具有可比性的内容主要分布在法国教学大纲三级主题中的"知识""基本概念""目标"以及"能力"栏目,因此相应的这四个栏目是本章比较研究的主要对象。具体课程广度和平均课程深度的研究方法见本书第一章,这里不再赘述。

表 11-2 法国教学大纲中所设栏目的举例

三级主题	所设栏目	具 体 内 容
1.1 多细胞生物,由特化的细胞组成	1.1.1 知识	在单细胞生物中,所有功能都由一个细胞完成。在多细胞生物中,一群特化的细胞构成组织,组织构成器官,不同器官能够执行特定的功能。 生物体的所有细胞都源自于该生物体的一个细胞。这些细胞都具有相同的遗传信息,这些遗传信息由基因组成,基因由DNA(脱氧核糖核酸)构成。但是,特化的细胞只有一部分DNA表达
	1.1.2 基本概念	细胞、细胞外结构/细胞壁、组织、器官、细胞器、特化细胞、DNA、双螺旋、核苷酸(腺嘌呤、胸腺嘧啶、胞嘧啶、鸟嘌呤)、互补配对、基因、序列
	1.1.3 目标	了解不同特化细胞在生物体内具有特定的功能,该功能与其所在组织有关,并且DNA的分子结构使其能够携带遗传信息。在细胞结构的研究中,了解到细胞外结构的存在:它是由不同的分子组成,这些分子在大多数情况下使细胞黏连。本章涉及的分子不必详述
	1.1.4 能力	- 在显微镜下认识并/或观察动物或植物细胞 - 观察并分析电子显微镜的图像 - 能通过数量级的大小来区分生命的不同层次(分子、细胞、组织、器官、生物体)
	1.1.5 说明	动物和植物可以作为研究的载体。因此,自养细胞和异养细胞在同生物体内的共存与否可能与下一个主题有关。 在初中(深入学习阶段)已经学习过细胞分裂,在这里不再进行额外的拓展。有丝分裂将在结业阶段的专业教学中进行学习

注:表格中的"具体内容"均直接由法国教学大纲的原文翻译而来。

三、结果与分析

(一)课程内容结构

将法国普通高中生物学教学大纲的一级主题(研究主题)(表 11-1)与我国(表 1-8 中的"模块")进行比较可以看出：

(1) 在一级主题的数量方面，我国有五个主题各异的模块，但法国教学大纲在高中二年级(第一学年)和高中一年级(第二学年)分别设置了"地球、生物与生物的组成""当代地球问题"和"人体和健康"三个研究主题，其中与生物学相关的内容设置在高中第一学年(法国高中二年级)的两个研究主题中，以及高中第二学年(法国高中一年级)的三个研究主题中，各研究主题的具体内容和侧重点有所不同，因此，法国普通高中生命科学与地球科学教学大纲中的生物学内容实则应有五个一级主题。

(2) 在一级主题的内容方面，中法两国均设置有分子生物学、细胞生物学、遗传学、进化生物学、生态学、神经生物学以及免疫学等领域的学科知识；此外，我国额外设置有"生物技术与工程"模块，而法国教学大纲中设置有微生物学、行为学等领域的学科知识。

(3) 法国的一级主题的表述相较我国的更加宏观，且两者的切入角度也有所不同。我国的一级主题以模块形式出现，除"生物技术与工程"模块侧重于技术和应用外，其他模块在课程内容的组织上侧重于生物学的层次性，呈现出从微观到宏观再到应用的顺序，每个模块对应相应的生物学领域，例如："分子与细胞"模块主要对应分子生物学、生物化学及细胞生物学等相关领域的学科知识，"遗传与进化"模块主要对应遗传学、进化生物学等相关领域的学科知识；而法国的一级主题以研究主题形式出现。法国教学大纲中的研究主题分别从生物所依赖的环境、生物的繁衍和延续、人体自身三个角度组织课程内容，围绕每个研究主题的相应主题均涉及多个生物学领域的学科知识，例如：高中第一学年(法国高中二年级)的"地球、生物与生物的组成"研究主题中涉及细胞生物学、进化生物学；"人体和健康"研究主题中涉及行为学、神经生物学及微生物学等相关知识；而高中第二学年(法国高中一年级)的"地球、生物与生物的组成"研究主题涉及了分子生物学、遗传学等，"当代地球问题"研究主题中涉及生态学，"人体和健康"研究主题涉及生理学、遗传学和免疫学等相关学科的知识。

从二级主题的形式上来看，我国课标的二级主题是高中生需要掌握的核心概念，它们以陈述句形式呈现，是学生在通过本模块相应学科知识的学习后需要建构且掌握的生物学大概念；而法国教学大纲中的二级主题是以短语形式呈现的，单从二级主题表述方面很难直观地反映高中生物学的教学要求和侧重点，它更像是对一级主题中生物学知识的划块，其功能似乎更趋近于我国课程标准的一级主题(模块)，把相近的内容汇集在一个专题来组织课程内容，例如，高中第一学年(法国高中二年级)的"地球、生物与生物的组成"研究主题的二级主题"生物多样性，进化结果与进化阶段"，其内容设置十分接近于我国的"遗传与进化"模块。虽然我国课程标准与法国教学大纲在二级主题表现形式和功能上不尽相同，但总体来说都是对一级主题的具体化。

综上，在一级主题和二级主题的设置上，法国教学大纲相对于我国的课程标准在内容的设置上更加简略和笼统，这恰好给法国教材的编写和教师的选择带来了更多的自由和灵活性，这有助于教材组织形式、教学模式等的多样化，或许这也是中央集权制教育体系下教学实践多元化的一条有效途径。

(二) 课程广度与深度

基于本书第一章的定量分析方法和步骤，参照我国课程标准对生物学课程内容的划分模块(一级主题)，对我国和法国设置的高中生物学内容的课程广度和平均课程深度进行比较研究(表11-3)，结果显示：依据我国高中生物学课程标准设置的内容计算，法国高中教学大纲的总课程广度为122，与我国的相当，而法国的总平均课程深度为2.11，略低于我国的2.22。

从表11-3可以看出，我国生物学课程标准中设置的五个模块内容，在法国教学大纲中均有体现，其中：(1)法国课程标准中较少涉及生物技术与工程相关的内容；(2)法国"分子与细胞"和"遗传与进化"主题设置的内容相较

表 11-3 中法高中生物课程广度、平均课程深度比较

	分子与细胞		遗传与进化		稳态与调节		生物与环境		生物技术与工程		其他	
	中国	法国	中国	法国	中国	法国	中国	法国	中国	法国	中国	法国
课程广度（G）	23	25	22	32	23	17	22	21	30	11	/	16
平均课程深度（S）	1.91	2.00	2.23	2.06	2.13	1.82	2.77	2.43	2.10	2.27	/	2.19

我国的多，而在"稳态与调节"和"生物与环境"两个主题设置的内容方面略少于我国；（3）此外，法国教学大纲中还设置有病原体及其传染、微生物及耐药性等我国课程标准未涉及的内容。本章后续会进行具体的分析。

为了更加直观清晰分析法国教学大纲中涉及的各一级主题内容的平均课程深度，本章对法国教学大纲中出现的行为动词进行了梳理，具体见表 1-5，并依据布卢姆认知水平，统计出了要求学生达到认知要求的出现频次和所占百分比，具体见表 11-4，以用于与我国生物学课程标准中相应知识点的认知要求（见表 1-7）进行比较。

表 11-4 法国课程标准中各知识点认知水平要求频次和所占百分比

认知水平		一级主题 分子与细胞	遗传与进化	稳态与调节	生物与环境	生物技术与工程	其他
1	记忆/回忆	5 (20.00%)	2 (6.25%)	4 (23.53%)	1 (4.76%)	1 (9.09%)	/
2	理解	16 (64.00%)	27 (84.38%)	12 (70.59%)	13 (61.90%)	7 (63.64%)	13 (81.25%)
3	应用	3 (12.00%)	2 (6.25%)	1 (5.88%)	4 (19.05%)	2 (18.18%)	3 (18.75%)
4	分析	1 (4.00%)	1 (3.13%)	/	3 (14.29%)	1 (9.09%)	/
5	评价	/	/	/	/	/	/
6	创造	/	/	/	/	/	/

从表 11-3 可以看出，法国教学大纲中与我国课程标准相对应的"分子与细胞""遗传与进化""稳态与调节"和"生物与环境"四个主题的平均课程深

度变动在 1.82～2.43，其中除"分子与细胞"和"生物技术与工程"两个主题内容的平均课程深度略高于我国外，法国教学大纲中的其他三个主题均略低于我国，总体来看，中法两国在每个一级主题内容的平均课程深度设置相当。

1. "分子与细胞"相关课程内容的设置

以我国生物学课程标准中的"分子与细胞"模块为基准，法国教学大纲中与之相对应的内容分布在高中第一学年（法国高中二年级）"地球、生物与生物的组成"研究主题的"生物的功能组成"，以及高中第二学年（法国高中一年级）"地球、生物与生物的组成"研究主题的"遗传与遗传的传递、变异和表达"中。

从表 11-1 可以看出，中法两国在"分子与细胞"一级主题的知识点重合度较低，不足一半，约为 48%，但两国在此主题的课程广度相近，我国为 23，法国为 25。其中：

（1）中法两国的高中生物学知识均关注了遗传物质核酸、细胞器及其功能、单细胞与多细胞的细胞功能、跨膜运输、酶的本质及作用、光合作用、细胞代谢和细胞分裂与分化等。

（2）法国教学大纲中还设置有细胞外基质及其作用、组织和器官的结构、异养细胞和自养细胞、细胞代谢的本质和中间代谢产物、细胞基质与代谢产物的区别、酶的三维结构及其功能、酶对细胞专一化的价值等。其中，在细胞结构的研究中，法国教学大纲的目标强调"对细胞外基质的了解"，要求学生通过学习知道"它是由不同的分子组成，这些分子通常可使细胞黏连"，并且强调"了解分化后的细胞在生物体内具有特定的功能，其功能与相应的组织有关"。

（3）我国课程标准中将生命元素及水、无机盐和有机物（糖类、脂质和蛋白质）等知识点设置为"分子与细胞"主题的重要内容，但在法国教学大纲中其教学目标专门强调该主题涉及的分子知识"不必详述"。此外，我国课程标准中设置的细胞衰老和死亡的内容，在法国教学大纲中未见表述。

法国教学大纲中"分子与细胞"相关内容的平均课程深度(2.00)略高于我国的(1.91)，结合表 11-4 可以看出，在该主题下法国教学大纲对学生的能力要求不仅包括"记忆/回忆"和"理解",还有"应用"和"分析",共涉及四个认知水平,且后两者认知水平的要求总占比为16.00%,其中:对于跨膜运输要求为"模拟生物体内、生物与生物之间的能量与物质的流动",对于细胞代谢要求为"通过实验辨别基质和代谢产物"。而我国课程标准对该主题内容的认知要求最高为"理解"层次。

2."遗传与进化"相关课程内容的设置

以我国课程标准中的"遗传与进化"模块为基准,与其对应的内容主要分布在法国高中二年级(第一学年)的"地球、生物与生物的组成"研究主题的"生物多样性、进化结果与进化阶段",以及法国高中一年级(第二学年)"地球、生物与生物的组成"研究主题的"遗传与遗传的传递、变异和表达"和"人体和健康"研究主题的"遗传变异和人体"中,但其他单元也略有涉及。

从表11-1可以看出,中法两国在"遗传与进化"模块的知识点重合度一般,约为54.83%,其中法国在此主题的课程广度(32)远高于我国(22)。其中:

(1)中法两国在此主题都涉及了DNA的结构与功能、复制与表达、细胞分化的本质、突变的原因和后果、减数分裂等遗传学知识,以及自然选择、现代生物进化理论和物种形成等进化生物学内容。尽管有些内容有重叠,但中法两国强调的关注点不同,例如:我国在DNA半保留复制、DNA分子通过转录和翻译形成蛋白质这两个概念方面均强调过程,而法国则分别强调要在细胞与DNA分子之间、在基因与产物(RNA和蛋白质)之间建立关联性等。

(2)法国教学大纲在该主题下还设置有计算基因复制的速度、转录水平的调节、基因导致的性别差异会体现在组织解剖和生理学方面、DNA修复、体细胞和生殖细胞突变导致后果的区别、不同层次(分子、细胞)的癌变、癌变的预防等遗传学知识,以及遗传漂变、演化与全球生物多样性变化和环境变化之间关系等进化生物学内容。这其中还涉及生物大灭绝、第六次生物危机等进化生物学上的热点议题。

(3)我国课程标准中设置的表观遗传现象等知识点,在法国教学大纲中未见设置。

在"遗传与进化"主题中,法国的平均课程深度(2.06)低于我国的2.23。

但结合表1-7和表11-4可以发现，我国在该主题知识点的最低认知要求为"理解"层次，占到86.36%，此外在"分析"和"应用"层次也有设置，分别为9.09%和4.55%；而法国对该主题知识点的最低要求为"记忆/回忆"层次，且约占6.25%，这是导致法国在该主题的平均课程深度低于我国的原因。

3."稳态与调节"相关课程内容的设置

以我国课程标准中的"稳态与调节"模块为基准，法国教学大纲中与其对应的内容分布在法国高中二年级(第一学年)课程的"人体和健康"主题研究的"人类的繁殖和性行为"主题，以及法国高中一年级(第二学年)课程"人体和健康"单元的"人体免疫系统的功能"主题中。

从表11-1可以看出，中法两国在"稳态与调节"主题的知识点重合度十分低，仅约为17.64%。法国在此主题的课程广度(17)和平均课程深度(1.82)均低于我国的23和2.13。其中：

(1)中法两国在该主题下设置的内容仅在免疫调节方面有重合，主要包括免疫系统的结构、先天性免疫的定义和作用，及特异性免疫的作用方式等。

(2)法国教学大纲在神经调节和体液调节方面内容的设置上十分有特色，例如，重点关注了性欲产生的神经机制、与生殖发育有关系的内分泌系统和激素等；此外，在免疫调节方面，还关注了抗原抗体识别的过程及其意义，预防性接种的本质和价值及疫苗等内容。

(3)我国课程标准中设置的内环境及其稳态、神经调节的基础及过程、神经调节的类型、内分泌系统与激素、激素调节的机制、免疫功能异常、植物生命活动的调节等内容，在法国教学大纲中均未涉及。

在"稳态与调节"主题下，法国教学大纲的平均课程深度(1.82)低于我国的(2.13)，其中对学生的认知要求主要分布在"记忆/回忆""理解"和"应用"三个层次上，分别占23.53%、70.59%和5.88%，而我国对学生的认知要求分布在"记忆/回忆""理解"和"分析"三个层次，分别占4.35%、86.96%和8.70%。法国在"记忆/回忆"层次对学生的认知要求较多，以及缺少"分析"层次的要求，是造成法国在该主题的平均课程深度低于我国的原因。

4."生物与环境"相关课程内容的设置

以我国课程标准中的"生物与环境"模块为基准,法国教学大纲与之对应的内容主要分布在法国高中一年级(第二学年)课程"当代地球问题"研究主题的"生态系统和环境服务"部分,但在法国高中二年级(第一学年)课程"地球、生物与生物的组成"研究主题的"生物多样性,进化结果与进化阶段"部分也有所涉及。

从表 11-1 可以看出,中法两国在"生物与环境"模块的知识点重合度一般,约为 52.38%。法国在此模块的课程广度（G=21）和平均课程深度（$\bar{S}$=2.43）均低于我国（G=22 和 $\bar{S}$=2.77）。

(1) 中法两国均关注了生物之间的相互作用、生态系统中生物群落之间的关系、物质循环和能量流动、食物网中的物质和能量、生态系统中生物的行为信息及其作用、生态系统的自我调节能力、影响生态系统稳定的因素、生态系统与人的关系、生物多样性与人类的关系、生态学原理的应用等内容。

(2) 在该主题的内容设置方面,法国教学大纲还强调了生物群落之间相互作用对生态系统结构、进化和功能的作用,人类仅是生态系统中的一个元素,物种的概念及其与生物多样性的关系,生物多样性的概念,生物危机与生物多样性的关系等,并关注了"生态系统服务货币化的争议"。

(3) 我国课程标准中设置的种群特征及其数量变动特点,群落特征及演替,群落中生物与环境相适应的形态,生理和分布特征,基于物质循环和能量流动规律的生态资源利用,有害物质富集,营养结构的决定因素,以及人口增长对环境的影响等内容,法国未涉及。

法国教学大纲中生物与环境相关内容的平均课程深度(2.43)低于我国的(2.77),结合表 11-4 可以看出,中法两国在该主题内容上对学生的认知要求均包括"记忆/回忆""理解""应用"和"分析"四个层次,其中法国在这四个层次上分别占 4.76%、61.90%、19.05% 和 14.29%,而我国分别占 4.55%、50.00%、9.09% 和 36.36%。由此可以看出,法国在"分析"层次上的占比较我国的少,这是导致法国在该主题的平均课程深度低于我国的主要原因。

5."生物技术与工程"相关课程内容的设置

法国教学大纲中没有专门设置生物技术与工程相关主题，但以我国课程标准中的"生物与环境"模块为基准，法国教学大纲涉及了胚胎发育与生殖辅助技术、免疫治疗中的单克隆抗体、现代基因技术在人类研究中的应用等内容，它们主要分布在法国高中二年级（第一学年）课程"人体和健康"研究主题的"人类的繁殖和性行为"部分，以及法国高中一年级（第二学年）课程"地球、生物与生物的组成"研究主题的"遗传与遗传（信息）的传递、变异和表达"部分；此外，其他主题偶有涉及。

从表 11-1 可以看出，中法两国在"生物技术与工程"模块的知识点重合度十分低，约为 18.18%。我国在此模块的课程广度（G=30）远高于法国（G=11）。

（1）中法两国在生物技术与工程主题设置的共同内容仅有免疫治疗中的单克隆抗体，及受精和早期胚胎发育过程两个知识点，但两国的侧重点并不同。其中：在单克隆抗体的设置方面，我国主要从细胞工程中的细胞融合技术角度进行设置，而法国关注了免疫治疗过程中单克隆抗体对癌症的应用，也即前者强调对技术过程的理解，后者关心其社会价值；在胚胎发育过程的设置方面，我国关注了细胞层面的细胞发育过程，而法国侧重于发育过程中性激素及其产生细胞和靶器官等的介绍。

（2）法国教学大纲中设置外源物质调控生殖过程、在两性避孕中的应用、生殖辅助技术与激素等内容，它们均与我国课程标准中设置的生殖技术有关系，但在我国课程标准中又未涉及。此外，法国教学大纲还设置了现代技术与人类基因组研究相关的内容，这些内容属于基因工程范畴的内容，但我国课程标准也未涉及。

（3）与我国相比，法国在此模块包含相关的具体的生物技术较少，缺少我国包含的发酵工程、细胞工程、蛋白质工程等一系列相关的技术。值得说明的是，在本章选取的是法国普通高中生物学与地球科学教学大纲，而针对法国技术高中的教学大纲中设置有发酵工程、细胞工程等相关技术的具体内容。由此可见，法国普通高中主要承担生物学基础知识和理论的教学，而生物技术类知识会出现在技术高中的教学中,这与我国普通高中的课程设置理念十分不同。由于法国技术高中和职业高中不是本章关注的重点,这里不再赘述。

法国教学大纲中生物技术与工程相关内容的平均课程深度为 2.27,略高于我国的 2.10,其中:尽管法国设置的课程广度不高,但对学生认知要求涉及了"记忆/回忆""理解""应用"和"分析"四个层次,分别占 9.09%、63.64%、18.18%和 9.09%,而我国主要分布在"记忆/回忆""理解"和"分析"三个层次,分别占 3.33%、90.00%和 6.67%。

6. 法国其他课程内容的设置

除了上述与我国课程标准设置五个模块相对应的内容外,在法国教学大纲生物学部分中有 1 个二级主题和 1 个三级主题,在我国高中生物学课程标准中没有涉及,它们是法国高中二年级(第一学年)课程"人体和健康"研究主题的二级主题"人类与微生物",及法国高中一年级(第二学年)课程"人体和健康"研究主题的二级主题"遗传变异和人体"中的"细菌遗传变异和抗生素抗性"。相关内容的课程广度达 16,平均课程深度为 2.19。

法国在相关内容的教学"说明"中明确指出,学习该部分内容的目的"不是要了解病原体引起的各种疾病,而是要让学生能够从一个或多个国家的视角,了解经济、政治和卫生发达国家和不发达国家各自面临的问题",但"不涉及对抗生素耐药性的分子机制的知识"。由此可以看出,法国希望能通过该部分内容的学习引导学生关注传染病对人类的影响。这也体现在法国教学大纲对学生能力的要求上,例如,要求学生"建立数据库,以了解直接传染疾病和/或病媒传播疾病的分布、流行情况或对公共健康的影响""查找资料了解法国和世界范围内防治病媒传播疾病的方法",以及"将所学到的知识应用于当地或公共卫生"等。

四、结论

在课程内容组织上,中法两国存在较大差异。我国以生物结构层次为思路,从分子和细胞到生态系统,呈现微观到宏观再到应用的顺序编排,每个层次及其相关内容都设置专题模块，其每个知识点都以句子形式呈现，内容较详细，主体内容侧重于生物学基础知识的讲授，所有的课程内容和认知水平都设置在课程标准的"内容要求"中，但"教学提示"和"学业要求"对内容的落实具有辅助指导作用。而法国则以"地球、生物与生物的组成""当代地球问题"和"人体和健康"三个研究主题形式呈现，在每个研究主题（一级主题）分设二级和三级主题，生物学概念和知识围绕三级主题开展，且法国教学大纲中设置的知识点分散设置在"知识""基本概念""目标"和"能力"栏目中，内容相对较笼统，对学生的认知要求可通过"知识""目标""能力"和"说明"四个栏目综合加以推测。

在内容覆盖面上，两国的内容都涉及了分子生物学、细胞生物学、遗传学、进化生物学、生态学以及免疫学等基础生物学学科，在普及生物学知识的同时也为今后的高等教育打下基础。当然，两国在内容涵盖上也有一些特有的内容，例如：我国单独划分出一个模块，对目前主流的生物技术与生物工程进行了多达30个知识点的介绍；而法国则在微生物学、性教育上有一定的设置。总体来看，两国各有侧重点，且教学内容与自身国家人文、地理情况等有一定联系。

在课程广度上看，我国课程标准中各主题内知识点的设置相对较均衡；但法国教学大纲中，除了"分子与细胞"和"生物与环境"主题外，其他三个主题差异都较大。在平均课程深度上，中法两国对高中学生的认知水平要求大多在"理解"层次。

五、对课程实践的启示

通过本次比较研究可以发现，中法两国在课程内容组织结构、内容覆盖面、课程广度与深度等方面存在较大的差异，这些差异无疑可为基础教育改革及上海市生物学教材编写提供一定的参考意义。

1. 强化生物学的理科属性

在生物学内容的设置方面，法国教学大纲十分重视学生学习内容的定量化。例如在"分子与细胞"主题内容中会要求学生"通过数量级的大小来区分生物组成的不同层次(分子、细胞、组织、器官和生物体)",其充分凸显了生物学的科学属性。类似定量化的内容设置在法国教学大纲的生物学内容中比比皆是。

此外,在"遗传与进化"主题内容中设置的定量化要求更多,例如,会要求学生"计算染色体中DNA分子的长度和一个人类细胞中DNA分子的总长度,……,计算所有人类细胞的DNA的长度""计算细菌(大肠杆菌)和真核生物的复制速度和持续时间""设计和/或进行PCR反应(聚合酶链式反应),确定PCR循环每个步骤的持续时间,计算每个周期后获得的拷贝数""设计和执行一个实验方案,探究诱变剂(如紫外线)对细胞存活和突变发生的影响,并将结果量化""计算 n 个氨基酸序列在 n 次复制后可能组合的数量,并与DNA的计算结果进行比较""通过比较初始反应速率和改变底物浓度来研究酶-底物的相互作用,并用斜率来计算初始速度""通过计算概率来预测新一代的遗传风险(遗传咨询)""对健康数据进行简单的统计分析",及"估算出由诱变剂引起的突变率的增加量""计算一千年、一万年和十万年中人类的后代数,并从中推断出我们每一个人在这些日期的祖先的理论数目"等内容。

在"生物与环境"主题中也存在,例如:该主题的一些对学生能力的要求方面设置有"在实地考察期间,确定、量化并比较个体间、物种间以及生态系统层次的生物多样性""通过统计抽样,提供精确的生物多样性描述"和"建立一个简化的生物地球化学循环,使用这些储存和生态系统参与其中的通量(建议使用碳),并计算物质平衡,假设生态系统是开放的"等。

2. 关注现代技术手段在教学中的应用

在法国教学大纲中反复要求学生能应用合适的软件处理生物学知识,例如:在"遗传与进化"主题下对学生的能力要求就包括"在图像的基础上,借助软件了解核型并对其进行分析""使用软件或分析文档来理解半保留复制的机制""利用数据库将突变与其带来的影响联系起来""计算 n 个核苷酸的可能排列数,并与计算机中使用的二进制代码进行比较""使用分子建模软件研究活性位点水平的酶-底物关系""使用建模软件以及提取和整合信息来说明短时间内的自然选择和遗传漂变""使用 DNA 序列比对软件来识别和量化物种内或两个相关物种之间的等位基因的变异情况",以及"探索一些用于比较单个基因组序列的计算机程序和工具"和"设计一种翻译 RNA 序列的算法,并将其编程为计算机语言(如 Python)";在"稳态与调节"主题中要求学生"使用一种方法(历史方法)和/或软件(如分子模型可视化)和/或文献来解释外源分子作为'诱饵'的作用方式"等。这其中渗透有生物学中的一个新兴领域——生物信息学技术。

相较于法国,我国目前使用的教学方式仍是简单的实验操作和模型演示,如"运用模型、装片或视频观察模拟减数分裂过程中染色体的变化""观看血液分层实验的视频"等。这些实验操作和模型演示能够帮助同学理解抽象的知识点,但与目前快速发展的生物学学科有所脱轨。上文提到的软件在我国属于高等教育的范畴,而法国却将其加入高中教育,让学生能够了解到较为前沿的生物学研究方法,而不仅仅局限于基础知识。同时,电脑软件的添加也能增加教学过程中的趣味性。

3. 关注学生生命观念的形成

与我国课程标准中强调生物学学科核心素养,强调培养学生"生命观念"不同,法国教学大纲没有明确提出"生命观念"的概念,但却在知识内容的设置方面更加注重对"结构与功能相统一","进化与适应相统一"等生命观念的培养。其中,"结构与功能观"在分子与细胞相关内容的"知识"栏目中表现得较为突出,例如,"在单细胞生物中,所有功能都由单个细胞完成""在多细胞生物中,一群特化的细胞形成组织,组织构成器官,不同器官能够执行特定的功能""为了满足细胞的功能需要,细胞中发生了大量的生化反应,这些反应构成了细胞的代谢""酶的三维结构使其能够与底物相互作用"等表述;此外,在法国教学大纲中能反映"进化与适应观"的要求有"学习白垩纪-古新世危机期间生物多样性的演变""与其他哺乳动物的繁殖行为进行进化比较""需要向学生阐述免疫系统的进化观点"。这些清晰化的语言表达有助于教师从生命观念角度而非知识维度进行教学。

4. 关注青少年的性教育

目前我国关于青少年的性教育和性安全教育的内容十分匮乏，这导致了一系列不良后果，例如目前15~24岁青少年中HIV病毒携带者持续增多。尽管教育部于2020年专门给教材编写单位发出《关于在教材中充实生命安全与健康教育内容的通知》，并在其中强调了在教材中增设"生长发育与青春期保健"的相关内容，但鉴于我国传统文化对性的保守观念，及前期缺乏对性教育尺度的研究，要达到"帮助学生学会自我保护，减少健康风险行为及其危害"的目标尚需很长一段路要走。而法国教学大纲中关于性教育内容的设置十分有特色，值得我们借鉴。

在法国教学大纲中性教育和性安全教育的内容主要体现在：基于性染色体、解剖学和生理学等生物学知识，让学生发展"性别认同、性别角度"；让学生了解"神经系统参与了性欲发生"的事实，结合社会文化背景去理解人类的性行为；同时，要求学生明白"性取向是一个人的隐私"，并学会将预防性传播疾病(如艾滋病、肝炎、人乳头状瘤病毒感染等)与避孕套使用联系起来。

5. 注重初高中的衔接

法国的课程大纲中不仅仅围绕相应的主题对需要掌握的知识进行描述，还关注到了学生初高中知识的衔接。例如，在"2.1 生物多样性的层次"一节中，提及"通过学习不同层次的生物多样性，帮助同学回忆起初中的知识""2.2 生物多样性随时间而变化"一节中，提及"通过活动(自然历史博物馆……)或郊游期间遇到的目前的生物或化石生物，帮助学生回忆在初中学习到的有关进化树的知识"。

目前我国初中生物学课程尽管已计入中考成绩，但占比不多。因此，许多学生忽略了初中生物学的学习，这给我国高中生物学的教学带来了一定的困难。针对这样的问题，法国课程大纲给我们的提示在于，可以在详细的知识描述之余，适当地通过一些手段帮助同学们回忆起初中的知识，这对广大师生理解课程大纲以及减轻学生学习负担有一定的帮助。

第十二章 美 国

多年来,由于美国教育治理的分权化现象,其基础教育并无明确而统一的国家标准,导致美国各州各地的教育质量参差不齐,备受争议,有人把它作为国际教育领域的"标杆",也有人认为其基础教育质量不高。世纪之交,随着卓越和公平成为衡量现代教育质量的重要维度[103],美国为保障基础教育质量的均衡发展、提高学生的学业成就,自20世纪80、90年代发起了一场"基于标准"的教育改革运动,首先是美国各州于2000年前后逐渐建立了各自的教育标准;接下来的2010年,由数学、英语和读写能力两个标准组成的《共同核心州立标准》(Common Core State Standards,简称CCSS)正式出台,标志着美国基础教育又逐步由州标准走向了国家统一化之路。截至2021年2月,已有41个州、哥伦比亚特区、4个地区和国防教育活动部(DoDEA)自愿采纳了CCSS①。

在标准走向国家统一化的过程中,科学教育始终是美国基础教育研究的热点,受"基于标准"的教育改革运动的推动,美国科学教育促进协会(American Assciation for the Advancement of Science,简称AAAS)于1993年制定了《科学素养标准》(Benchmarks for Science Literacy,1993),美国国家研究理事会(National Research Council,简称NRC)早在1996年就颁布了第一部科学课程标准《国家科学教育标准》(National Science Education Standards,1996),《国家科学教育标准》的教育实证研究得到了美国国家研究理事会、美国科学教师

---

① 资料来源于美国共同核心国家标准倡议网站(Common Core State Standards Initiative)的2010年公开信息:Standards in Your State。

协会、美国科学促进协会等的大力支持，成果丰硕。十余年来，美国学生在各项科学教育评测（TIMSS 测试、PISA 测试等）中虽然有所进步，但总体尚不理想，加之国际教育发展理念发生变化等诸多因素，迫使美国在科学教育的标准化方面不得不做出新的改变。基于对第一部科学课程标准大量实证研究成果的梳理，2012 年 NRC 正式出版《K-12 科学教育框架：实践、跨领域概念和核心概念》（A Framework for K-12 Science Education：Practices，Crosscutting Concepts，and Core Ideas，以下简称《K-12 科学教育框架》）[104]，该框架被教育界寄了了厚望，被认为将对科学教育带来转型性的变化，其出台标志着美国新一轮科学教育改革已初步完成，此外该框架也是 2013 年 4 月美国正式出台的《美国新一代科学教育标准》（Next Generation Science Standards，简称 NGSS）①的蓝本。《美国新一代科学教育标准》成为美国第二个中小学科学教育标准，是美国乃至整个国际上本轮科学教育改革的标志性成果。

尽管《共同核心州立标准》和《美国新一代科学教育标准》是独立开发而得，但它们均旨在卓越和公平之间寻找最佳平衡点，提升美国基础教育质量，因此两者相辅相成，共同推动着美国基础教育的管理和评价由地方自治转向国家统一化。本章将关注《美国新一代科学教育标准》中设置的生物学内容，及在其指导下的地方课程标准，借此尝试对美国的生物学课程内容设置进行分析。

一、美国基础教育及高中生物学课程设置

（一）美国基础教育概况

1. 美国基础教育的管理

美国作为联邦制国家，其教育行政管理呈现明显的地方自治特征，这表现在一系列具体的操作中，例如：美国联邦教育部不创设基础教育学校或高校，

---

① 资料来源于网站 Next Generation Science Standards for States, by States（https://www.nextgenscience.org/）的公开信息：Get to Know the Standards。该网站由非营利性教育改革组织 ACHATE 于 2013 年创建，目标在于向教育者和各州政府推广 NGSS，并通过提供工具和资源等支持以保障 NGSS 实施过程的规范性。

不干涉课程的开发和设置，不干涉学校招生与学生就业，不干涉各州确立的教育标准，不在全国范围内施行统一考试以衡量各州教育水平等。这些教育事务的管理权均归属于各州、各学区。因此，这造成各州、特区和地方教育之间存在较大差异。以美国基础教育阶段学校的学制为例，美国中小学实行义务教育，联邦法律规定学生在 6～16 岁必须入学，但每个阶段的入学和离校年龄视各州具体情况而定。例如，一些州允许 14～17 岁未完成高中阶段学习的学生在获得家长允许的情况下离校，并采取"在家上学(home schooling)"的方式①，即在家完成相应的义务教育；也有一些州要求学生必须年满 18 岁方可退学。

大体上来说，美国的公共教育(免费)包括从幼儿园(大约 4～5 岁)到 12 年级(大约 16～18 岁)的阶段。通常情况下，美国初等教育包括了学前教育阶段和相当于我国小学 1～5 年级的教育阶段，初中教育相当于我国初中 6～8 年级教育，高中教育则包含了 9～12 年级，正好对应我国的高中教育，这就是纵贯美国基础教育阶段的 K-12 阶段教育(图 12-1)，其中的"K"代表 Kindergarten(幼儿园)，"12"代表美国的 12 年级。

2. 美国基础教育课程管理与内容设置

每个国家的课程内容设置都与其管理体制息息相关。美国教育由于实行地方自治，所以其中小学课程内容设置的大权落在各州和学区，进而导致各州和学区之间的课程内容设置存在一定的差别。而对于联邦政府而言，只能通过立法和教育拨款等方式来局部性地促进课程改革[106]。

美国中小学课程管理主体多元化、管理空间广阔，具有极大的自主性、开放性与灵活性，兼具服务性和控制性两种功能。选课制与学分制相结合是美国现行的特色课程模式。美国中学的毕业要求大致分为大学准备类、普通类和技术准备类，每类因最终去向不同所侧重设置的学科也各不相同，毕业要求也是

---

① 美国自 20 世纪 80 年代开始兴起"在家上学(home schooling)"运动。最初，一些家长出于对学校教育水平与管理的不满，转而力图通过自己在家对孩子开课程，让孩子在家上学。此后，因为美国中小学私立学校在办学质量方面普遍优于公立学校，加上学生家长对私立学校学费抵税主张的兴起，美国择校现象盛行。家长既然有权利为其孩子选择学校，那么自然也有权利选择在家教育孩子。之后选择在家上学的理由趋于多样化，人数也日渐增多，这彰显的是人们对教育形式的多元需求。

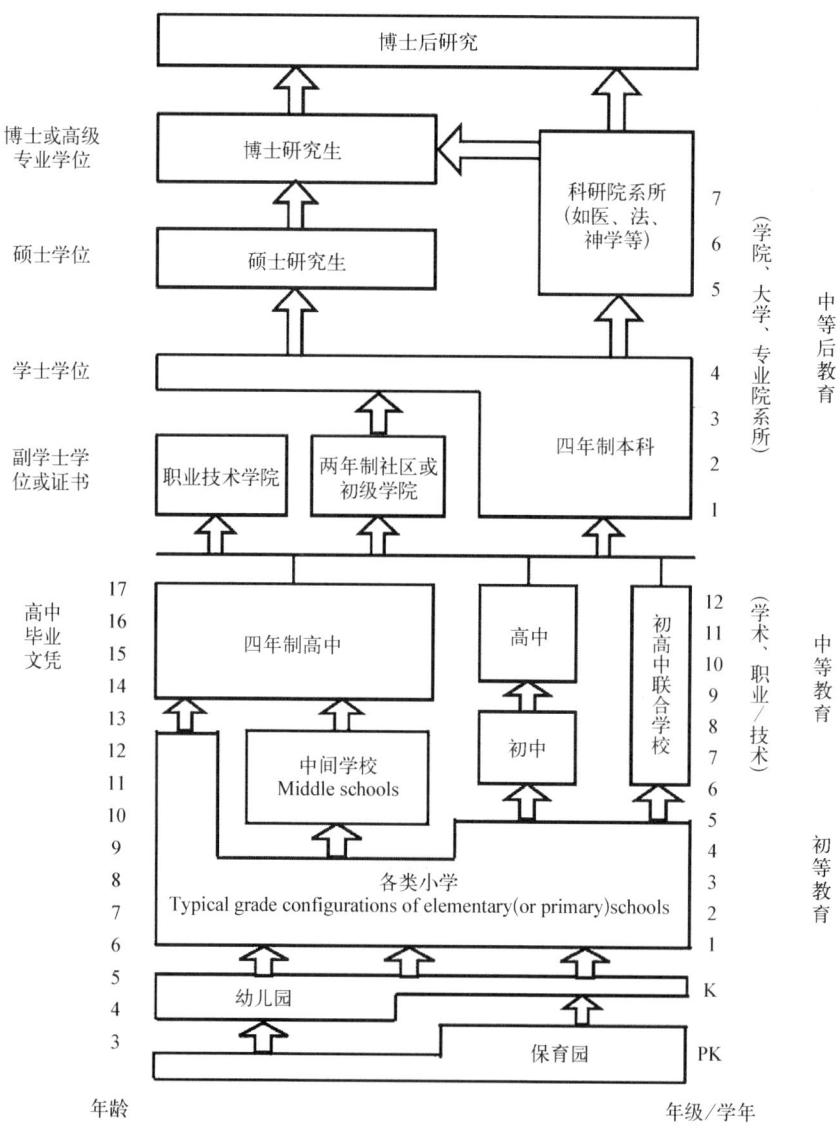

图 12-1 美国学制结构图[105]

依据学生毕业后的去向来划分的,这种分流可以利用学分制来实现。"必修+选修+计划"是目前美国选课制的主要模式,其中必修课程对应基本的核心课程,选修课程对应种类繁多的、适合个人发展规划与能力的自选课程,而计划则对应丰富的综合类科研或者调查项目[107]。

就科学类课程而言,自 2012 年出台《K-12 科学教育框架》后,其成为科学核心课程的参照标准。为了顺应不同学段的学生学习能力的差别,该框架针对不同学段就每个概念设置了不同的课程目标，使得各学段的教学目标呈现出随着年级的增长而逐渐复杂的特征[①]。以美国高中为例，美国高中开设的选修课程种类繁多，数量庞大，其中为大学准备类的学生提供的主要是高级课程，例如大学先修科学课程（Advanced Placement，简称 AP）、国际预科证书课程（International Baccalaureate Diploma Program，简称 IB）[②]等。其中 AP 课程主要是帮助学有余力的学生提前进行大学预科课程学习，以便学生对未来专业方向有深入了解。大部分大学承认 AP 课程学分，即学生选择 AP 课程并通过其考试后获得的相应学分可转化为该生的大学学分，这样也可以避免高中与大学学习内容的重复，同时很多高校在招生时也会参考学生 AP 课程的选修率与成绩。AP 课程是美国高中与大学相接轨的代表产物。

美国高中会把一些主要的科目或者难度较大的科目分成不同难度水平、不同等级。这样安排也是为不同毕业去向的学生提供不同的选课模式，以满足其不同层次的需要。因此，各门课程对学生学习能力的要求会有较大不同。为了提高选课的有效性，美国高中还设立了指导教师制度。学校每年向学生提供本年度开设的全部课程的课程表，并详细介绍学生的毕业、年级学分要求，以及各种课程内容和选课要求，指导学生选课。学生选课时不仅要根据自己的兴趣，还要结合自己的毕业去向、学业成绩以及学分与课程要求做出选择。学生自定选课计划并不意味着学生可以随意选课，指导教师会对学生进行深入的了解，最后依据学生的发展计划、特长能力、学业水平等来判断学生的计划是否合理，并帮助其不断调整完善计划。最后敲定好的选课计划需要学生本人、家长和学校三方签字认可才予以确定。

（二）美国高中学生测评及大学招生考试

美国学生在高中阶段，可以参加一次或多次标准化考试，这取决于他们中学结束之后的教育发展方向以及各州教育要求。理论上讲，这些测试是为了评

---

① 资料来源于英国政府官方网站（UK Government）的公开信息：School Leaving Age(https://www.gov.uk/know-when-you-can-leave-school)。
② 资料来源于英国政府官方网站（UK Government）的 2018 年公开信息：Education and Skills Act 2008(http://www.legislation.gov.uk/ukpga/2008/25/part/1)。

估学生的整体认知水平和学习能力。

目前与学生高中毕业相关的考试为高中学业水平考试；而与申请大学有关的考试包括学术能力评估考试（Scholastic Aptitude Test，简称 SAT）和美国大学入学考试（American College Testing，简称 ACT）。后两者是学生申请大学时最常见的标准化考试，也被称为美国的"高考"。学生根据拟申请的高等教育院校的要求选择参加其中的一个或两个考试。若无意进入高等教育阶段的学生则不需要参加这两种入学考试。

美国目前大致有两种类型的大学：一类是社区学院或者州立大学，两年制，招生制度开放。这类学校一般不要求学生参加 ACT 或者 SAT 考试，只要年满 18 周岁并且拥有当地的高中毕业证书都可以被录取。这类学校的主要作用是提升公民素养和技能，也是学生高中阶段与职业发展生涯之间的一个中间过渡阶段。这类大学在学生毕业时提供的是副学士学位。而另一类是研究型大学，也就是我们熟知的一些名校（例如耶鲁、哈佛）。这类学校提供学士学位，入学门槛较高，一般采用在综合选拔制基础之上的择优型招生制度，即：需要学生提供相应的 SAT 考试或/和 ACT 考试成绩。但是这些测验并不是大学录取学生的唯一参考标准，大学往往还会综合考虑申请者高中综合成绩（Grade Point Average，简称 GPA）、班级排名、活动组织能力、申请书，以及教师推荐信等能体现学生综合素质和能力的相关材料[108],①。值得一提的是，美国大学的入学制度比较灵活，即使进入社区大学学习，也可以在完成学业之后转入四年制名校进行深造。

1. 美国高中学业水平考试

学业水平考试合格是美国学生获得高中毕业资格的方式。由于该考试合格的标准十分低，并且各州标准也不一致，因此美国高中学业水平考试与大学招生录取之间没有直接关系。

学业水平考试以各州的课程标准为依据，并且是由各州自行组织实施的标

---

① 资料来源于英国政府官方网站（UK Govrnment）的公开信息：The national curriculum（https://www.gov.uk/national-curriculum）。

准参照性考试，因此各州的高中学业水平考试在名称上存在差异，其安排的具体考试年段和考试科目也不尽相同。因此这些学业水平考试的唯一共同之处即是作为终结性考试，在课程结束之后进行。

美国大部分州都规定，学生的高中学业水平考试各科目的成绩必须达到一定的要求才能获得高中毕业文凭，考试评判通常以三或四个等级量表来确定学生的成绩，最低等级为不合格。若成绩不合格，学生需要补考，否则无法得到高中毕业资格。总体说来，美国高中生拿到高中毕业文凭的要求是，修满高中规定的学分并且达到高中学业水平考试要求。

2. 学术能力评估考试(Scholastic Aptitude Test，简称SAT)

SAT全称是Scholastic Aptitude Test，即学术能力评估考试，举办单位是教育测验服务社(Educational Testing Service，简称ETS)，ETS是民间机构，但受到了美国大学理事会的委托。目前SAT考试成绩已成为世界各国高中生申请美国名校的重要参考之一。SAT考试一年举行7次，考试内容分为两大部分：SAT Ⅰ(包括语言、数学)和 SAT Ⅱ(包括文学、历史、生物学、物理、化学、外语等)。

SAT Ⅰ是一项综合考试，也可看作是推理测验。因为它主要考查学生思考、分析以及解决问题的能力，而非对高中课本知识的掌握，因此SAT Ⅰ测试的结果通常被用来预测学生在未来学习中的表现。SAT Ⅰ包括循证性阅读与写作、数学和论文写作三个部分，其中前两部分满分各为800分，为必考内容，而论文写作为选考部分，由申请学校决定是否需要选考。考试时长为3小时，如果参加论文写作则另加试50分钟[109]。前文所述研究型大学均要求学生提交SAT Ⅰ(或ACT)的成绩。

SAT Ⅱ是学科考试，部分学校或专业还要求学生提供SAT Ⅱ中指定科目的成绩。SAT Ⅱ考查学生特定学科知识的运用能力①。SAT Ⅱ分成5个学科领域：英语、历史、语言、数学、科学(包括生物学E/M、化学和物理)，涵盖20

---

① 资料来源于英国官方网站(UK Government)的公开信息：What qualification levels mean(https://www.gov.uk/what-different-qualification-levels-mean/list-of-qualification-levels)。

个学科，考试题型全部为单选。考试时间为每科 1 小时①。

SAT Ⅱ中的 SAT Biology 分为两类，即 Biology E(侧重生态学)和 Biology M(侧重分子生物学)。两类分别都有 80 道选择题，其中有 60 道是 Biology E 与 Biology M 共用的，另外 20 道则有所区别②。SAT Biology 考试内容涉及细胞与分子生物学、生态学、遗传学、有机生物、进化和多样性等方面内容，其中：M 卷中细胞和分子生物学内容比例较大，E 卷中生态学、进化和多样性内容比例较大。其具体考试内容见表 12-1。

表 12-1　SAT Biology(E/M)考试内容细目及比例③

考 试 内 容		E卷比例%	M卷比例%
细胞和分子生物学	细胞结构和组织；有丝分裂；光合作用；细胞呼吸；酶；生物合成；生物化学	15	27
生态学	能量流动；物质循环；种群；群落；生态系统；生物群落；生物保护；生物多样性；人类对生物圈的影响	23	13
遗传学	减数分裂；孟德尔遗传学；遗传方式；分子遗传学；种群遗传学	15	20
有机生物	组织、器官及其生物体的生长(重点是动物和植物)；动物的行为	25	25
进化和多样性	生物起源；进化的证据；进化的类型；自然选择；物种形成；生物分类及生物多样性	22	15

3. 美国大学入学考试(American College Testing，简称 ACT)

ACT 考试全称为"American College Testing"，即美国大学入学考试，由 ACT 公司主办。考试科目包括 5 个部分，分别是英语、数学、阅读、科学和写作考试，其中写作考试为选考科目。除了写作外，其余四个部分全部为选择题。考

---

① 资料来源于阿尔道学院官方网站(Alton College)的公开信息：Choosing the right course(http://www.altoncollege.ac.uk/sixth-form/choosing-the-right-course)，下载时间为：2018-3-27。
② 资料来源于阿尔道学院官方网站(Alton College)的公开信息：Choosing the right course(http://www.altoncollege.ac.uk/sixth-form/choosing-the-right-course)，下载时间为：2018-3-27。
③ 资料来源于维基百科网站(Wikipedia contributors)的公开信息：Six Form(https://en.wikipedia.org/wiki/Sixth_form)，下载时间为：2018-4-5。

试时长为 175 分钟，若选择写作考试，则加试 30 分钟。ACT 考试每年举行 6 次。

ACT 考试科学部分涵盖生物学、地球与空间科学、物理和化学等学科课程内容。共有 40 道选择题，时间为 35 分钟。其中生物学部分的考试范围为植物学、动物学、细胞生物学、生态学、微生物学、生物进化和遗传学。其试题主要测试学生解释、分析、评价、推理和解决问题的能力。一般不涉及相关科目的公式定律，无复杂的计算过程。考试将通过图形、文字、图表或者表格的形式提供解答试题所需的信息①。

ACT 公司每 3~4 年会对全美初高中以及大学老师做一次课程调查。依据调查结果进行考试设计，确定考试应考查的知识和技能；此外，ACT 公司会认真研究各州课程标准，分析各州异同，作为考试设计的参考。ACT 考试注重试题编写人员的文化背景，重视全美的文化多样性，尽量使得试题能够反映多视角[42]。

需要注意的是，ACT 与 SAT 考试作为美国高校选拔全世界学生的重要依据，也是面向全球（包括美国）高中生的考试。除美国外的其他国家也设有考点，各地区考点共用一份考题。

二、研究内容介绍

本章不仅关注了美国 2012 年公布的《K-12 科学教育框架》，而且还关注了现已推行的《共同核心州立标准》和《美国新一代科学教育标准》指导下的美国密西西比州的课程标准——《2018 年密西西比州学院和职业准备科学学习标准》（Mississippi College and Career Readiness Standards for Science 2018，以下简称《密西西比科学标准》）中的生物学部分，以及尚未执行上述两个国家统一标准的美国弗吉尼亚州课程标准——《科学学习标准—课程框架 2010 年（生物学）》[Science Standards of Learning Curriculum Framework 2010（biology），以下简称《弗吉尼亚科学课程框架》]。并将它们设置的内容与我国的《普通高中生物学课程标准（2017 年版）》进行了比较研究。

---

① 资料来源于牛津大学官方网站（University of Oxford）的公开信息：Biological Sciences Entrance Requirements（https://www.ox.ac.uk/admissions/undergraduate/courses-listing/biological-sciences?wssl=1）。

(一)《K-12科学教育框架》中的生物学核心概念设置

《K-12科学教育框架》由全美州长协会和州教育官员理事会联合起草[①]，并在全美得到了大部分州的支持。该框架强调科学教育与工程教育的结合，融合了美国"科学、技术、工程和数学教育"（Science，Technology，Engineering and Mathematics，简称STEM）项目，建议美国高中加强STEM素质教育。《K-12科学教育框架》设置了三个维度，即科学和工程实验、跨领域概念、学科核心内容，目前在国际科学教育中影响广泛。美国K-12科学教育框架具体见图12-2。

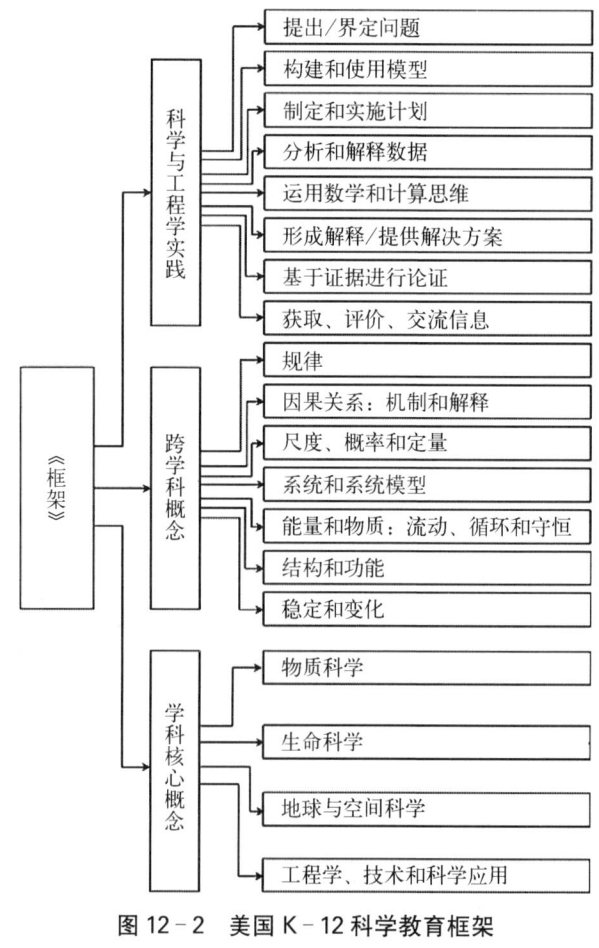

图12-2 美国K-12科学教育框架

---

① 资料来源于英国政府官方网站（UK Government）的公开信息：School attendance and absence （https://www.gov.uk/school-attendance-absence）。

从图 12-2 可以看出，生命科学被设置在《K-12 科学教育框架》的学科核心概念中。该框架中包括四个领域的学科核心概念，除生命科学外，还包括物质科学、地球与空间科学，以及工程学、技术和科学应用。框架中生命科学领域的学科核心概念被提炼为 4 个，分别为："从分子到生物体：结构和过程""生态系统：相互作用、能量和动力系统""遗传：世代间性状的遗传和变异"和"生物演化：统一性和多样性"；每个学科核心概念又分别细化出 2~4 个子概念[37]。具体见表 12-2。

表 12-2 《K-12 科学教育框架》中生物学学科核心概念及其子概念[37]

核心概念	主 要 内 容	子 概 念
LS1 从分子到生物体：结构和过程	以细胞是生物体的基本单位这一普适性原则为基础，阐明单个生物体是如何组成的，以及各个结构是如何独立工作或协同作用来完成生存、生长、行为和繁殖等生命活动的。	LS1.A 结构和功能 LS1.B 生物的生长和发育 LS1.C 生物体内物质和能量流动 LS1.D 信息处理
LS2 生态系统：相互作用、能量和动力系统	探索生物体之间以及生物体与自然环境的相互作用：生物体如何获得资源？如何改变环境？变化的环境因子如何影响生物体和生态系统？社群行为如何在种内和种间发挥作用？所有这些生命活动和非生物的环境因素是如何综合决定生态系统的运转的？	LS2.A 生态系统中的相互依存关系 LS2.B 生态系统中的物质循环和能量流动 LS2.C 生态系统的动力学、功能和调节能力 LS2.D 社群互作和群体行为
LS3 遗传：世代间性状的遗传和变异	聚焦于遗传信息在不同世代间的流动，解释基因的遗传机制，并阐述基因突变和基因选择性表达的环境和遗传原因。	LS3.A 性状的遗传 LS3.B 性状的变异
LS4 生物演化：统一性和多样性	基于对共同祖先的各方面证据的综合讨论，探索生物种群随时间变化而发生的性状改变，以及导致物种统一性和多样性的因素，考察包括人类活动在内的影响生态系统多样性的因素以及生物多样性对于生态系统调节能力的意义。	LS4.A 共同祖先和多样性的证据 LS4.B 自然选择 LS4.C 适应性 LS4.D 生物多样性和人类

(二)《美国新一代科学教育标准》中的生物学内容设置

以《K-12 科学教育框架》为蓝本，美国发布了《美国新一代科学教育标准》。表 12-3 展示了《美国新一代科学教育标准》中 K-12 年级设置的生物学核心概念及其"绩效目标(Performance Expectations)"。由此可以看出,新的科学教育标准不仅强化了学科的核心概念,而且关注了学习进阶[110],即:基于学生的身心发展规律,通过对不同学段学生的"绩效目标"进行系统化设置,以保证课程内容设置的连贯性。

表12-3 美国新一代科学教育标准K-12年级的生物学核心概念及内容①

学段		学科核心概念	绩效目标(Performance Expectations)
幼儿园		K-LS1:从分子到生物体:结构和过程	K-LS1-1:通过观察来描述动植物(包括人类)的生存模式。
小学	一年级	1-LS1:从分子到生物体:结构和过程	1-LS1-1:通过模仿植物和/或动物如何利用它们的外部器官来帮助它们生存、生长及满足自身需求;并针对人类(生活实践中遇到的)问题,使用(合适的)材料来设计解决方案。 1-LS1-2:查阅资料和媒体资源来确定父母和后代的行为模式,以帮助后代(更好的)生存。
		1-LS3:遗传:世代间性状的遗传和变异	1-LS3-1:通过观察构建一个基于证据的描述,即:幼年动植物与它们的亲代相似,但并不完全相同。
	二年级	2-LS2:生态系统:相互作用、能量和动力系统	2-LS2-1:通过计划并调查,以确定阳光和水是否是植物生长的必要条件。 2-LS2-2:开发一个简单的模型,以模拟动物传播种子或花粉的过程。
		2-LS4:生物演化:统一性和多样性	2-LS4-1:对不同生境的动植物进行观察,比较它们的生物多样性。
	三年级	3-LS1:从分子到生物体:结构和过程	3-LS1-1:开发模型来描述生物的生命历程既有多样性和独特性,又有共同的出生、生长、繁殖和死亡(的规律)。
		3-LS2:生态系统:相互作用、能量和动力系统	3-LS2-1:构建一个观点:某些群居动物会帮助同伴生存。
		3-LS3:遗传:世代间性状的遗传和变异	3-LS3-1:通过分析和解释数据提供证据证明:动植物的一些性状遗传自父母,某些变异的性状也会出现在某个相仿的生物类群中。 3-LS3-2:运用证据证明生物的性状会受到环境的影响。

① 资料来源于网站Next Generation Science Standards for States, by States (https://www.nextgenscience.org/)的公开信息:Get to Know the Standards。

续　表

学段	学科核心概念	绩效目标(Performance Expectations)
小学	三年级	3-LS4：生物演化：统一性和多样性	3-LS4-1：通过分析和解释来自化石的数据以证明，它们源自久远的历史时期。 3-LS4-2：利用证据来解释同一物种个体间的不同性状如何为生存、寻找配偶和繁殖提供有利条件。 3-LS4-3：提出某个论点以证明：在某个特定的生境中，有些生物可以很好地生存，有些生物生存得不太好，而有些则根本无法生存。 3-LS4-4：提出一个好的解决问题的办法：当环境变化，生活在那里的植物和动物的类型可能会发生改变。
	四年级	4-LS1：从分子到生物体：结构和过程	4-LS1-1：构建一个观点，即：动植物其内部和外部结构有助于它们的生存、生长、行为和繁殖。 4-LS1-2：通过一个模型来描述：动物是通过感觉器官来接收各种信息，在大脑中进行信息处理，并以不同的方式对信息做出反应的。
	五年级	5-LS1：从分子到生物体：结构和过程	5-LS1-1：构建维持植物生长所需的物质主要来自空气和水的观点。
		5-LS2：生态系统：相互作用、能量和动力系统	5-LS2-1：开发一个模型来描述植物、动物、分解者和环境中的物质环境。
初级中学		MS-LS1：从分子到生物体：结构和过程	MS-LS1-1：通过调查寻找证据证明：生物是由细胞构成的——一个细胞或许多数量和类型不同的细胞。 MS-LS1-2：开发并使用某个模型来描述：一个细胞的整体功能，及细胞各组分对该功能的贡献。 MS-LS1-3：运用证据证明机体是一个系统，它包括由细胞群构成的相互作用的子系统。 MS-LS1-4：运用基于实验证据和科学推理的论据来解释：动物行为性状和植物特殊结构是如何增加它们成功繁殖的概率的。 MS-LS1-5：基于证据构建一个关于环境和遗传因素如何影响生物生长的科学解释。 MS-LS1-6：基于证据构建一个关于光合作用在生物物质循环和能量代谢过程中如何作用的科学解释。 MS-LS1-7：开发一个模型来描述：食物如何通过化学反应形成新的分子，并随着它们在机体内的运输和分布，以维持生物生长及释放能量。 MS-LS1-8：感受器接收刺激并形成信号，通过向大脑发送信息，使之对刺激作出反应，即确定立即采取行动，或储存为记忆。

续 表

学段	学科核心概念	绩效目标(Performance Expectations)
初级中学	MS-LS2：生态系统：相互作用、能量和动力系统	MS-LS2-1：通过分析和解释数据以证明：资源的使用价值影响生态系统中的生物及其种群。 MS-LS2-2：针对可预测多种生态系统中存在生物之间相互作用模式，作出(合理的)解释。 MS-LS2-3：建立一个模型来描述：生态系统中有机物和无机物之间存在物质循环和能量流动。 MS-LS2-4：构建一个由实验证据支撑的论点，即：生态系统中物质和生物组成的变化会对种群有影响。 MS-LS2-5：评估关于维持生物多样性和生态系统服务功能的设计方案。
	MS-LS3：遗传：世代间性状的遗传和变异	MS-LS3-1：开发并使用一种模型来描述：为什么染色体上基因结构的变化(突变)可能会影响蛋白质，并可能对生物体的结构和功能产生有害的，或有益的，或中性的影响。 MS-LS3-2：开发并使用一个模型来描述：为什么无性繁殖会产生具有相同遗传信息的后代，而有性繁殖会产生具有遗传变化的后代。
	MS-LS4：生物演化：统一性和多样性	MS-LS4-1：在认可自然法则有效的前提下，分析和解释化石中那些记录了地球演化史中生物存在、多样性、灭绝和变化的模式数据。 MS-LS4-2：运用科学观点来解释现代生物之间及现代生物与化石生物之间的解剖相似性和差异，从而推断生物之间的进化关系。 MS-LS4-3：通过分析图片信息，比较多个物种胚胎发育模式的相似性，以确定在成体解剖结构之间不明显的关系。 MS-LS4-4：构建一个基于证据的解释来描述：群体中性状的遗传变异是如何增加某些生物个体在特定环境中生存和繁殖的概率。 MS-LS4-5：收集和整理有关人类影响和改变生物遗传方式的技术方面的信息。 MS-LS4-6：使用数学方法来解释自然选择如何导致种群中特定性状随着时间延长有增有减的。

续 表

学段	学科核心概念	绩效目标（Performance Expectations）
高级中学	HS-LS1：从分子到生物体：结构和过程	HS-LS1-1：构建一个基于DNA结构如何决定蛋白质结构的证据的解释，这些蛋白质通过特定的细胞系统执行生命的基本功能。 HS-LS1-2：开发并使用一个模型来说明相互作用的系统的层次结构为多细胞生物中提供了特定功能。 HS-LS1-3：计划并进行一项调查，以提供反馈机制维持体内平衡的证据。 HS-LS1-4：使用一个模型来说明细胞分裂（有丝分裂）和分化在产生和维持复杂生物体中的作用。 HS-LS1-5：使用一个模型来说明光合作用如何将光能转化为储存的化学能。 HS-LS1-6：构建并修改基于证据的解释：糖分子中的碳、氢和氧如何与其他元素结合形成氨基酸和/或其他大型碳基分子的。 HS-LS1-7：用一个模型来说明细胞呼吸是一个化学过程，在这个过程中，食物分子和氧分子的键被破坏，新化合物中的键被形成，导致能量的净转移。
	HS-LS2：生态系统：相互作用、能量和动力系统	HS-LS2-1：使用数学和/或计算表示来支持在不同尺度上影响生态系统承载能力的因素的解释。 HS-LS2-2：根据影响不同规模生态系统中生物多样性和种群的因素的证据，使用数学表示来支持和修改解释。 HS-LS2-3：根据好氧和厌氧条件下物质循环和能量流动的证据，构建并修改解释。 HS-LS2-4：使用数学表示来支持生态系统中生物体之间物质循环和能量流动的主张。 HS-LS2-5：建立一个模型来说明光合作用和细胞呼吸在生物圈、大气圈、水圈和地圈之间的碳循环中的作用。 HS-LS2-6：评估生态系统中复杂的相互作用在稳定条件下维持相对一致的生物体数量和类型的主张、证据和推理，但条件的变化可能导致新的生态系统产生。 HS-LS2-7：设计、评估和改进减少人类活动对环境和生物多样性影响的解决方案。 HS-LS2-8：评估群体行为对个体和物种生存和繁殖机会所起作用的证据。

续 表

学段	学科核心概念	绩效目标(Performance Expectations)
高级中学	HS-LS3：遗传：世代间性状的遗传和变异	HS-LS3-1：提出问题，来阐明DNA和染色体在特定性状从亲代传递到子代编码指令过程中的角色关系。 HS-LS3-2：创建并维护一个基于证据的说明，可遗传的基因变异可能源于：(1) 通过减数分裂形成新的遗传组合；(2) 复制过程中发生的可行错误；(3) 环境因素引起的突变。 HS-LS3-3：运用统计学和概率论的概念来解释群体中表达性状的变化和分布。
	HS-LS4：生物演化：统一性和多样性	HS-LS4-1：传播科学信息，共同祖先和生物进化是由多种经验证据支持的。 HS-LS4-2：构造一个基于证据的解释，表明进化的过程主要来自四个因素：(1) 潜在的物种数量的增加；(2) 个体的遗传变异，物种由突变和有性生殖而来；(3) 争夺有限的资源；(4) 生物的增殖中更好地生存和繁殖的环境。 HS-LS4-3：运用统计学和概率论的概念来支持这样一种解释，即具有有利遗传性状的生物体与缺乏这种性状的生物体相比，往往会按比例增加。 HS-LS4-4：建立一个基于自然选择如何导致种群适应的证据的解释。 HS-LS4-5：评估支持环境条件变化可能导致以下情况的证据：(1) 某些物种的个体数量增加；(2) 新物种的出现；(3) 其他物种的灭绝。 HS-LS4-6：创建或修改模型来测试减轻人类活动对生物多样性的不利影响的解决方案。

（三）密西西比州课程标准概况

美国密西西比州中小学实行"5-3-4"学制，即小学5年，初中3年，高中4年。《密西西比州科学标准》由密西西比州教育委员会于2015年启动修订，历时两年，于2017年正式颁布，并在2018年正式实施。该标准是在《K-12科学教育框架》及《美国新一代科学教育标准》发布的背景之下颁布实施的。为响应框架及科学教育标准，《密西西比州科学标准》规定，将在州内推行框架中提出的新的K-12科学教育方法，即在科学教学的背景下，将科学与工程实践(Science and Engineering Practices，简称SEPs)、交叉概念、学科核心思想和工程设计相结合，其中工程设计过程(Engineering Design Process，简称 EDP)是设计系统、组件或过程以满足需求的方法。工程设计过程的标准在一些"绩效目标"中有具体的措辞，这些绩效目标标有星号"*"。但由于工程设计过程的要求非常灵活，是基于学生的兴趣作为扩展性内容由老师指导完成的，因而在本章后续的比较研究中这部分内容未被纳入。

需要指明的是，密西西比州科学标准中从幼儿园到 8 年级设置为"科学"科目，其中包含生命科学、物理，以及地球与空间科学三个内容领域，直到 9 年级才开始独立设置"生物学"科目。表 12-4 为密西西比州幼儿园到 8 年级"科学"课程的"内容领域(Content Strands)"与核心概念。幼儿园到 8 年级的"科学"课程中，三个内容领域并行，从低年级到高年级由浅至深共阐述了 9 个核心概念，每个年级对核心概念的理解需要达到相应的标准。

表 12-4 密西西比州幼儿园到 8 年级"科学"课程内容链与核心概念

内容领域(Content Strands)	核心概念
生命科学	1. 分级组织
	2. 繁殖与遗传
	3. 生态和相互依存
	4. 适应和多样性
物理科学	5. 物质的组织和化学相互作用
	6. 运动、力和能量
地球与空间科学	7. 地球的结构和历史
	8. 地球和宇宙
	9. 地球资源

密西西比州科学标准中 9~12 年级的生物学课程按照专业理论体系进行了集中编排，分为 8 个科目，分别为生物学、生物学基础、遗传学、动物学、植物学、人体解剖学与生理学、海洋与水产科学、环境科学。每个科目对应不同的学分，内容相对独立。即使是科目之间知识点可能存在重合，但内容侧重也不同。学生根据自身需求自行选择相应的科目进行学习。每个科目由若干核心概念组成，核心概念下面分列"绩效目标"，"绩效目标"详述了标准对每个学生提出的具体知识技能要求，它说明的是学生在完成某学段的学习任务后，应

该达到的学业水平。其中"生物学基础"这一科目的知识点在其他科目中均可找到对应内容,因此本章不再单独对其进行分析。

(四) 弗吉尼亚州课程标准概况

前面已经提到过,美国弗吉尼亚州是迄今仍未受《共同核心州立标准》和《美国新一代科学教育标准》影响的少数州之一,这也是本章选择该州作为研究对象的主要原因。

美国弗吉尼亚州中小学同样实行"5-3-4"学制。生物学课程设置开始的时间与密西西比州相似,均是在 9 年级开始正式设置独立的生物学课程。《弗吉尼亚州公立学校科学学习标准》(Science Standards of Learning for Virginia Public Schools,以下简称《弗吉尼亚州科学学习标准》)是由弗吉尼亚州教育委员会于 2010 年修订,并于 2012 年至 2013 年全面实施的,其中包括了生物学的内容标准。本章的研究对象之一——《弗吉尼亚州科学课程框架》是对其科学学习标准的补充,其根据内容标准制定了课程框架,从而更为详细地指导科学教师和教育研究者的教学实施工作。标准与框架并行是该州科学课程标准的特色之一[43],①。

弗吉尼亚州的高中生物学课程标准由前文所述两份文件中的生物学内容标准和生物学课程框架两部分内容组成。其中,内容标准概括介绍了高中生物学课程中的八大主题(本章用 Bio.1—Bio.8 表示)及相应的核心概念(表 12-5)。作为补充,课程框架则具体规定了学生需要掌握的基本知识点、方法过程和技能,为学校和教师的教学工作提供指导。

表 12-5 弗吉尼亚州生物学内容标准的主题

主 题 名 称	内　　　容
Bio.1 科学本质观	学生应通过计划和进行调查来展示对科学推理、逻辑和科学本质的理解
Bio.2 生物化学原理	学生应调查和理解生命所必需的化学和生化原理

---

① 资料来源于北爱尔兰课程、考试和评估理事会官方网站(Council for the Curriculum, Examinations and Assessment,简称 CCEA)的公开信息:Overview of the Northern Ireland Curriculum(http://ccea.org.uk/curriculum/overview)。

续 表

主题名称	内　　容
Bio.3 细胞结构和功能	学生应调查和理解细胞结构和功能之间的关系
Bio.4 原核、真核生物	学生应调查和了解古细菌、细菌和真核生物的生活功能
Bio.5 遗传与蛋白质合成	学生应研究和理解遗传和蛋白质合成的机制
Bio.6 生物分类	学生应调查和理解现代分类系统的基础
Bio.7 种群与进化	学生应调查和了解种群如何随时间变化
Bio.8 生态系统	学生应调查和了解种群、社区和生态系统内的动态平衡

弗吉尼亚州的生物学课程框架从"基本认识""基本知识和技能(Essential Knowledge and Skills)"两个维度对八大生物学主题进行阐述。这与目前《K-12科学教育框架》设置的三个维度，即强调 STEM 素质教育的理念存在较大差异。因此弗吉尼亚州从一个侧面反映了美国从地方课程标准过渡到国家统一课程标准的现状。弗吉尼亚州的生物学课程框架中"基本认识"部分涵盖了某一主题下的具体概念；而"基本知识和技能"维度则对学生的技能要求进行了详细介绍，说明在完成某学段的学习后，学生应达到的学业水平。八大主题之下又分列若干核心概念，学校可以依据自身的计划，将主题之下的核心概念进行提炼与组织，最终整合为不同学习单元。这种单元自由组合形式也是该州科学课程标准的特色之一。本章会就此与密西西比州的进行比较分析。此外，与密西西比州的"绩效目标"相对应的是弗吉尼亚州科学框架中的"基本知识和技能"。

三、结果与分析

（一）课程内容结构

前面已在表 12-2 和表 12-3 中详细介绍了美国走向统一化的《K-12 科学教育框架》和《美国新一代科学教育标准》中设置的生物学内容，这里仅展示了美国密西西比州和弗吉尼亚州的生物学课程不同内容组织形式的特点和差异，具体见表 12-6。

表 12-6 美国密西西比州与弗吉尼亚州课程标准的一级、二级主题比较

州		一级主题	二级主题
密西西比州	专业领域	生物学	1. 细胞体系 2. 能量转移 3. 繁殖与遗传 4. 适应和进化 5. 有机体及其与环境的相互依存
		遗传学	1. 脱氧核糖核酸的结构和功能 2. 转录、翻译和突变 3. 生物技术的应用 4. 经典孟德尔遗传学 5. 群体遗传学
		人体解剖与生理学	1. 生理功能与解剖结构 2. 细胞和组织 3. 表皮系统 4. 骨骼系统 5. 肌肉系统 6. 神经系统 7. 内分泌系统 8. 男性、女性生殖系统 9. 血液 10. 心血管系统 11. 淋巴系统 12. 呼吸系统 13. 消化系统 14. 泌尿系统
		环境科学	1. 生物圈和生物多样性 2. 自然资源的利用和保护 3. 人类活动与气候变化 4. 人类可持续性
		植物学	1. 植物形态、细胞结构和功能 2. 植物进化 3. 植物繁殖 4. 社会对植物的依赖 5. 植物对不同生境的适应 6. 对当地植物的调查

续 表

州	一级主题	二级主题
密西西比州	专业领域	动物学
		1. 进化 2. 多孔动物门和刺胞动物门 3. 软体动物门 4. 扁形动物门、线虫动物门和环节动物门 5. 节肢动物门 6. 棘皮动物门 7. 脊索动物门——软骨鱼和硬骨鱼 8. 脊索动物门——两栖类和爬行类 9. 脊索动物门——鸟类 10. 脊索动物门——哺乳动物
		海洋与水产科学
		1. 水的性质和质量 2. 流体动力学 3. 地质特征 4. 水生动植物 5. 水生生态中的初级生产者 6. 水生生态中的无脊椎动物消费者 7. 水生生态中的脊椎动物消费者
弗吉尼亚州	主题	Bio.1 科学本质观
		1. 在实验室和野外记录对活生物体的观察 2. 根据直接观察和科学文献的资料提出假设 3. 定义变量并设计调查来检验假设 4. 图形和算术计算被用作数据分析的工具 5. 根据记录的定量和定性数据得出结论 6. 确定并讨论实验设计中固有的误差来源 7. 确定数据的有效性 8. 化学品和设备的安全使用 9. 适当的技术包括计算机、图形计算器和探针软件，用于收集和分析数据、交流结果、建模概念和模拟实验条件 10. 研究利用科学文献；区分科学假设、理论和法律 11. 认可和分析替代性科学解释和模型 12. 生物概念的当前应用
		Bio.2 生物化学原理
		1. 水化学及其对生命过程的影响 2. 大分子的结构和功能 3. 酶的性质 4. 通过光合作用和呼吸过程的能量的捕获、储存、转化和流动
		Bio.3 细胞结构和功能
		1. 支持细胞理论的证据 2. 原核和真核细胞的特性 3. 单细胞和整个有机体中细胞器活性的相似性 4. 细胞膜模型 5. 表面积与体积比对细胞分裂、物质运输和其他生命过程的影响

续 表

州	一级主题	二级主题
弗吉尼亚州	主题	
	Bio.4 原核、真核生物	1. 古细菌、细菌和真核生物代谢活性的比较 2. 体内稳态的维持 3. 原生动物、真菌、植物和动物（包括人类）的真核界相互之间和之内的结构与功能差异 4. 人类健康问题、人体解剖学和身体系统 5. 病毒与生物体的比较 6. 支持传染病致病菌理论的证据
	Bio.5 遗传与蛋白质合成	1. 细胞生长和分裂 2. 配子形成 3. 细胞特化 4. 基于孟德尔遗传定律的性状遗传预测 5. DNA 结构模型的历史发展 6. 遗传变异 7. 核酸的结构、功能和复制 8. 与蛋白质构建有关的事件 9. 遗传信息的使用、限制和滥用 10. 探索脱氧核糖核酸技术（DNA 操纵）的影响
	Bio.6 生物分类	1. 有机体之间的结构相似性 2. 化石记录的阐释 3. 不同生物体发育阶段的比较 4. 生物化学方面相似性和差异性的检验 5. 适应新的科学发现的分类系统
	Bio.7 种群与进化	1. 化石记录中发现的关于进化的证据 2. 遗传变异、生殖战略和环境压力如何影响种群的生存 3. 自然选择如何导致适应性 4. 新物种的出现 5. 生物进化的科学证据和解释
	Bio.8 生态系统	1. 人口内部和人口与环境之间的相互作用，包括承载能力、限制因素和增长曲线 2. 生态系统的能量流动与物质循环 3. 生态系统的演替模式 4. 自然事件和人类活动对生态系统的影响 5. 分析弗吉尼亚州生态系统的植物、动物和微生物

从一级、二级主题对比可以看出，在美国无论是否已推行国家统一的课程标准，州层面的课程标准仍坚持其原有的编排特色，即依据专业理论体系集中编排；而我国则是从微观到宏观再到应用设置若干模块，每个模块内的知识编

排又会视具体情况而有所不同,例如:"分子与细胞"模块,其中的内容与编排方式体现了专业理论体系的特点,即将分子生物学知识和细胞生物学知识进行了有机整合和编排;而在涉及多个基础学科的"生物技术与工程"模块,则采用了围绕主题从理论到技术应用的分散编排方式,相应地,美国两州设置的生物技术内容均依据其涉及的学科基础将相关知识点划入相应专业知识体系中。

内容覆盖面的比较:(1)我国和美国的两州均设置了分子与细胞、遗传与进化、生物与环境等内容,美国两州在生物技术与工程相关的内容中只包含DNA操纵技术相关内容,而我国此模块内容较多;(2)美国密西西比州高中生物学课程包括植物学、人体解剖与生理学、动物学,而我国只是在稳态与调节模块涉及相关知识点,且在内容广度上远不及该州,但在我国的初中生物学课程标准中则设置有植物学和动物学相关内容;此外,美国密西西比州生物学课程还设置了海洋与水产科学方面的内容,该设置十分有特色,这可能与该州水产资源丰富、渔业发达有关;(3)值得注意的是,弗吉尼亚州特有的主题为"Bio.1 科学本质观",该部分包含了对科学本质观及科学探究与操作的相关概念和要求。实际上这一部分内容不涉及具体知识点,而是作为科学研究手段或理念贯穿在了整个生物学学科的学习之中,因此本章的课堂广度和深度比较研究未包括该主题。

(二) 课程广度和深度

为了有可比性,本章以我国课程标准中的五个模块作为基准,将密西西比州和弗吉尼亚州课程标准中的生物学知识点与我国的逐一对应。结果如表12-7所示。其中:本章排除了美国密西西比州课程标准中无法与我国课程标准相比较的内容——动物学(Zoology)、植物学(Botany)、海洋与水产科学(Marine and Aquatic Science),及部分的人体解剖与生理学(Human Anatomy and Physiology),与我国五个模块有可比性的生物学总课程广度为105,变动在10~31,其中"生物技术与工程"相关内容最少,而"遗传与进化"相关内容最多;而美国弗吉尼亚州课程标准中的生物学总课程广度仅为81,课程广度变动在7~24,其中"生物技术与工程"相关内容最少,而"遗传与进化"相关内容最多。除与我国课程标准中五个模块设置相关的内容外，美国密西西比州课程标准还设置了总课程广度高达190的其他生物学知识，主要包括动物学、植物学、海洋与水产科学，及部分人体解剖与生理学的学科知识，这些知识由于与我国高中生物学课程标准设置的内容没有可比较之处，所以本章将它们均归为"其他"，具体见表12-7。

表12-7 我国与美国两州高中生物学课程广度、平均课程深度比较

模块/单元	国别/州		课程广度(G)	平均课程深度($\overline{S}$)
分子与细胞	中国		23	1.91
	美国	密西西比州	25	2.80
		弗吉尼亚州	22	1.95
遗传与进化	中国		22	2.23
	美国	密西西比州	31	3.26
		弗吉尼亚州	24	2.54
稳态与调节	中国		23	2.13
	美国	密西西比州	20	3.25
		弗吉尼亚州	14	2.07
生物与环境	中国		22	2.77
	美国	密西西比州	19	3.84
		弗吉尼亚州	14	3.00
生物技术与工程	中国		30	2.03
	美国	密西西比州	10	2.50
		弗吉尼亚州	7	5.00
其他	密西西比州		190	2.76

作为深入分析平均课程深度的参照，本章对美国上述两州课程标准中出现的行为动词进行了梳理，具体的行为动词见表1-5，并依据布卢姆认知水平，统计出了两州要求学生达到相应认知水平的出现频次和所占百分比，具体见表12-8，以用于与我国课程标准中相应知识点(见表1-7)对学生认知的要求进行比较。

表 12-8 美国两州高中生物学知识点认知水平要求的频次和占比

认知水平	一级主题	分子与细胞		遗传与进化		稳态与调节		生物与环境		生物技术与工程	
		密西西比州	弗吉尼亚州	密西西比州	弗吉尼亚州	密西西比州	弗吉尼亚州	密西西比州	弗吉尼亚州	密西西比州	弗吉尼亚州
1	记忆/回忆	/	1 (4.55%)	/	1 (4.17%)	/	/	/	1 (7.14%)	/	/
2	理解	15 (60.00%)	21 (95.45%)	11 (35.48%)	14 (58.33%)	7 (35.00%)	13 (92.86%)	5 (26.32%)	4 (28.57%)	7 (70.00%)	/
3	应用	1 (4.00%)	/	5 (16.13%)	5 (20.83%)	1 (5.00%)	1 (7.14%)	2 (10.53%)	4 (28.57%)	1 (10.00%)	/
4	分析	8 (32.00%)	/	11 (35.48%)	3 (12.50%)	12 (60.00%)	/	5 (26.32%)	4 (28.57%)	2 (20.00%)	/
5	评价	1 (4.00%)	/	4 (12.90%)	1 (4.17%)	/	/	5 (26.32%)	1 (7.14%)	/	7 (100.00%)
6	创造	/	/	/	/	/	/	2 (10.53%)	/	/	/

从表 12-7 可以看出，美国密西西比州课程标准中生物学内容的平均课程深度变动在 2.50~3.84，其中"生物技术与工程"相关内容对学生的认知要求最低，而"生物与环境"相关内容最高；而美国弗吉尼亚州课程标准中生物学的平均课程深度变动在 1.95~5.00，其中"分子与细胞"相关内容最低，"生物技术与工程"相关内容最高。结合表 12-8 可以看出，美国密西西比州课程标准在多个一级主题上对学生的认知要求均比我国更多样化，其中在"生物与环境"和"其他（动物学、植物学、海洋与水产科学，及部分人体解剖与生理学）"相关内容有个别知识点对学生的认知水平要求达到"创造"层次。美国弗吉尼亚州在"遗传与进化"和"生物与环境"两部分相关内容对学生的认知水平要求也比我国更多样化，最高水平达到"评价"层次。这也是它们在相应生物学内容上对学生认知水平要求高于我国的主要原因。

1."分子与细胞"相关课程内容的设置

以我国生物学课程标准中的"分子与细胞"模块为基准，美国密西西比州课程标准中与之相关的内容分布在其专业领域"生物学（Biology）"中的"细胞体系"和"能量转移"主题中；而美国弗吉尼亚州的相关内容则分布在主题"Bio.2 生物化学原理"和"Bio.3 细胞结构和功能"中，此外，在主题"Bio.5 遗传与蛋白质合成"和"Bio.4 原核、真核生物"中也有少量分布。

从表 12-6 可以看出，我国与美国这两个州在"分子与细胞"相关内容中设置的知识点重合度较高，其中美国密西西比州与弗吉尼亚州在该部分内容上分别有 72% 和 86.36% 与我国的相重合；我国与美国密西西比州和弗吉尼亚州三者在该部分内容中设置的课程广度也较为接近，分别为 23、25 和 22。其中：

(1) 我国与美国两州共同关注了细胞内的有机物分子（糖类、脂质、蛋白质和核酸）、细胞器及其功能、细胞核、细胞器之间的相互作用、原核细胞与真核细胞、质膜的选择透过性及物质跨膜运输、酶、ATP、光合作用、呼吸作用、细胞分裂和分化等内容。

(2) 我国与美国弗吉尼亚州还共同设置有细胞内的元素、水，及单细胞生物和多细胞生物等内容。

(3) 美国两州还共同设置了有关病毒的知识。

(4) 此外，我国与美国两州在"分子与细胞"部分均设置有自己特色的内容，例如：我国课程标准中设置了细胞内无机盐、质膜结构、胞吞和胞吐、细胞衰老和死亡等内容；美国密西西比州设置有氧和无氧呼吸、减数分裂错误、细胞复制异常、细胞繁殖与无性繁殖、生物与非生物区别、细胞理论、多细胞生物系统组成、病毒是否为生命等内容；弗吉尼亚州强调了细胞运输效率、光合作用和细胞呼吸的关系等内容。这些均未出现在对方的课程标准中。

从表12-7可以看出，美国弗吉尼亚州课程标准在"分子与细胞"部分设置内容的平均课程深度为1.95，与我国(1.91)相当，但两者均低于美国密西西比州的2.80。结合表12-8可以看出，我国与美国弗吉尼亚州在该部分对学生的认知要求均处于"记忆/回忆"和"理解"层次，而美国密西西比州对学生的认知要求最低即为"理解"，此外还包括"应用""分析"和"评价"层次，并且后三个层次的要求频次之和达到40%，这也是美国密西西比州在"分子与细胞"部分的平均课程深度高于我国与美国弗吉尼亚州的主要原因。

2."遗传与进化"相关课程内容的设置

以我国生物学课程标准中的"遗传与进化"模块为基准，美国密西西比州课程标准中与之相关的内容主要分布在专业领域"生物学(Biology)"中的"繁殖与遗传"和"适应与进化"两个主题，以及其专业领域"遗传学(Genetics)"中的"脱氧核糖核酸的结构与功能""转录、翻译和突变"和"群体遗传学"三个主题中；而美国弗吉尼亚州的相关内容则分布在"Bio.5 遗传与蛋白质合成""Bio.6 生物分类"和"Bio.7 种群与进化"三个主题中。

从表12-6可以看出，我国与美国这两个州在"遗传与进化"相关内容中设置的知识点重合度处于中等，其中美国密西西比州和弗吉尼亚州在该部分内容上分别有58.06%和51.17%与我国的相重合；我国与美国弗吉尼亚州两者在该部分内容中设置的课程广度也较为接近，分别为22和24，但低于美国密西西比州的31。其中：

(1) 我国与美国两州共同关注了细胞内的DNA的结构与功能、半保留复制、转录和翻译、减数分裂、性染色体、碱基替换与插入和缺失、基因突变导致的变异、有性生殖中的基因重组、共同祖先与生物进化、生物结构和功能相似性、种群内可遗传变异、优势性状个体、自然选择与生物适应性等内容。

（2）我国与美国密西西比州还共同设置有基因概念、有性生殖的遗传信息传递及其基因分离和自由组合、基因突变的因素、人类遗传病、物种形成等内容。

（3）美国两州还共同设置了对比有丝分裂与减数分裂、孟德尔遗传定律及表型和基因型比例、旁氏表分析杂交、进化树和分歧图等相关内容知识。

（4）此外，我国与美国两州在"遗传与进化"部分均设置有自己特色的内容，例如：我国课程标准中设置的表观遗传现象、染色体结构和数量变异、现代生物进化理论等内容；美国密西西比州设置了原核和真核生物的基因组、细胞周期各阶段的基因、核糖体、四种 RNA 结构与功能、降低突变率的细胞机制、达尔文理论、等位基因频率改变因素、有机进化和化学进化、需氧和厌氧、光合自养等内容；弗吉尼亚州关注了化石的相对年龄、相对和绝对地质年代、二歧检索表、灭绝物种与现存物种、野外动植物分类、生殖策略与人口生存、间断平衡理论等内容。这些均未出现在对方的课程标准中。

从表 12-7 可以看出，美国弗吉尼亚州课程标准在"遗传与进化"部分的平均课程深度为 2.54，与我国（2.23）相当，但两者均低于美国密西西比州的 3.26。结合表 1-7 和 12-8 可以看出，我国在该部分对学生的认知要求处于"理解""应用"和"分析"三个层次，占比分别为 86.36%、4.55% 和 9.09%；而美国弗吉尼亚州在该部分对学生的认知要求尽管比较多样，包括"记忆/回忆""理解""应用""分析"和"评价"五个层次，但仍以"理解"层次的占比最高，达 58.33%；美国密西西比州对学生的认知要求相较弗吉尼亚州少了"记忆/回忆"层次，其他四个层次均有，但它在"分析"和"评价"两个层次的占比近 50.00%，导致其在"遗传与进化"部分的平均课程深度高于我国与美国弗吉尼亚州。

3."稳态与调节"相关课程内容的设置

以我国生物学课程标准中的"稳态与调节"模块为基准，美国密西西比州课程标准中与"稳态与调节"相关的内容主要分布在专业领域"人体解剖与生理学（Human Anatomy and Physiology）"中的"神经系统""内分泌系统"和

"淋巴系统"三个主题,并在"表皮系统"中略有涉及;而美国弗吉尼亚州的相关内容则全部分布在"Bio.4 原核、真核生物"主题内。

从表12-6可以看出,我国与美国这两个州在"稳态与调节"相关内容中设置的知识点重合度较低,其中美国密西西比州及弗吉尼亚州在该部分内容上分别有35.00%和50.00%与我国的相重合;我国与美国密西西比州两者在该部分内容中设置的课程广度也较为接近,分别为23和20,但均远高于美国弗吉尼亚州的14。其中:

(1) 我国与美国两州在稳态与调节相关内容方面共同关注了机体调节作用与稳态、脊髓和脑、内分泌系统与激素、激素调节机制、免疫调节的物质基础、特异性免疫与非特异性免疫、体液免疫与细胞免疫等内容。此外需要说明的是,我国与美国两州的课程标准中均设置有呼吸、消化、循环和泌尿系统共同参与内外环境物质交换的内容,但由于美国密西西比州是按照每个生命系统详细设置课程内容,所以本章在统计课程广度和平均课程深度时将相关内容归到了后面的"其他"中。

(2) 我国与美国密西西比州在课程标准中还共同设置有反射及其结构基础、动作电位、突触、自主神经、语言活动和条件反射、免疫功能异常等内容。

(3) 我国与美国弗吉尼亚州还共同关注了内外环境物质交换、机体器官和系统的协调与稳态等内容。

(4) 此外,我国与美国两州在"稳态与调节"部分均设置有自己特色的内容,例如:我国课程标准中设置的内环境概念、神经调节与体液调节的协调作用、体液成分参与稳态调节、植物生命活动的调节等内容;美国密西西比州设置了中枢和外周神经系统、特殊感官、神经病理、内分泌系统病理、获得性与被动免疫、淋巴系统与心血管系统的关系等内容;弗吉尼亚州关注了影响人类健康的因素、生命体代谢活动、巴斯德与科赫实验等内容。这些均未出现在对方的课程标准中。

从表12-7可以看出,美国弗吉尼亚州课程标准在"稳态与调节"部分的平均课程深度为2.07,与我国(2.13)相当,但两者均低于美国密西西比州的3.25。结合表1-7和12-8可以看出,我国在该部分对学生的认知要求处于"记忆/回忆""理解"和"分析"三个层次,占比分别为4.35%、86.96%和

8.70%;美国弗吉尼亚州在该部分对学生的认知要求只有"理解"和"应用"两个层次,其中"理解"层次占比非常高,达92.86%;美国密西西比州对学生的认知要求也包括三个层次,即"理解""应用"和"分析",其中"分析"层次的要求达60.00%,这导致美国该州在"稳态与调节"部分的平均课程深度高于我国与美国弗吉尼亚州。

4."生物与环境"相关课程内容的设置

以我国生物学课程标准中的"生物与环境"模块为基准,美国密西西比州课程标准中生物与环境相关的内容主要分布在专业领域"环境科学(Environmental Science)"中,此外在专业领域"生物学(Biology)"的"有机体及其与环境的相互依存"主题中也有分布;而美国弗吉尼亚州的相关内容则主要分布在"Bio.8 生态系统"主题内。

从表12-6可以看出,我国与美国密西西比州在该部分内容上的重合度较低,仅为47.37%,而与美国弗吉尼亚州重合度较高,达到85.71%;但美国两个州在生物与环境相关内容的课程广度上比我国(22)低,其中美国密西西比州的课程广度为19,而弗吉尼亚州仅为14。其中:

(1) 我国与美国两州在生物与环境相关内容方面共同关注了影响种群特征的因素、食物链和食物网、物质循环与能量流动、生态金字塔、生态系统稳定性、生态环境问题等内容。值得一提的是,美国弗吉尼亚州在生态系统稳定性的内容上强调了本州生态系统的稳定性。

(2) 我国与美国密西西比州在课程标准中还共同设置有种群数量变动、生态系统营养结构、生态系统动态平衡等内容。

(3) 我国与美国弗吉尼亚州还共同关注了群落演替、群落生物与环境适应、生态系统组成、有害物质富集、人口增长压力、环保意识等内容。同样地,该州在群落演替知识点的设置方面强调了当地群落演替模式。

(4) 此外,我国与美国两州在"生物与环境"部分均设置有自己特色的内容,例如:我国课程标准中设置的种群特征、群落垂直结构与水平结构、物质循环与能量流动的利用、生态系统信息传递及自我调节能力、生物多样性与生态系统稳态、人和自然环境和谐发展等内容;美国密西西比州设置了种群变化环境因素、共生关系与协同进化、不可再生资源和可再生资源、传统能源和替代能源、可降解垃圾与不可降解垃圾、资源利用方案、水质污染、碳循环与大气、气候变化、自然对人类活动影响等内容；弗吉尼亚州设置了二分检索表应用、人口交互作用等内容。这些均未出现在对方的课程标准中。

从表12-7可以看出，美国密西西比州和弗吉尼亚州课程标准在"生物与环境"部分设置内容的平均课程深度分别达3.84和3.00，两者均高于我国的2.77。结合表1-7和12-8可以看出，我国在该部分对学生的认知要求有"记忆/回忆""理解""应用"和"分析"四个层次，占比分别为4.55%、50.00%、9.09%和36.36%；而美国两州在该部分对学生的认知要求均在五个层次上有所分布，其中密西西比州要求最高，包括"理解""应用""分析""评价"和"创造"层次，占比分别为26.32%、10.53%、26.32%、26.32%和10.53%；而美国弗吉尼亚州对学生的认知要求包括"记忆/回忆""理解""应用""分析"和"评价"层次，占比分别为7.14%、28.57%、28.57%、28.57%和7.14%。

5."生物技术与工程"相关课程内容的设置

以我国生物学课程标准中的"生物技术与工程"模块为基准，美国密西西比州课程标准中生物技术与工程相关的内容主要分布在专业领域"遗传学"的"生物技术的应用"主题，此外在专业领域"生物学（Biology）"的"繁殖与遗传"、专业领域"人体解剖与生理学（Human Anatomy and Physiology）"的"男性、女性生殖系统"，以及专业领域"植物学（Botany）"中的"植物繁殖"等主题中也有分布；而美国弗吉尼亚州的相关内容则全部分布在"Bio.5遗传与蛋白质合成"主题内。

从表12-6可以看出，美国两州课程标准中设置生物技术和工程的内容并不多，并几乎与我国课程标准设置的内容完全重合，其中美国密西西比州的课程广度为10，而弗吉尼亚州仅为7，两者都远低于我国的30。其中：

（1）我国与美国两州在生物技术与工程相关内容方面共同关注了基因工程操作程序和应用、基因工程设计蛋白质、生产目标蛋白、转基因技术的影响、生殖性克隆等内容。

（2）美国密西西比州与我国在课程标准中还共同设置有胚胎发育和操纵的

工具等两个内容。

（3）此外，两州关于遗传转化和蛋白质纯化的知识点，在我国的课程标准中没有出现；而我国课程标准中设置的发酵工程、植物组织培养、植物体细胞杂交和植物细胞工程、动物细胞培养和细胞核移植、动物细胞融合、干细胞的应用、胚胎工程技术、基因工程的学科基础、生物武器议题等未出现在对方的课程标准中。

从表12-7可以看出，美国密西西比州和弗吉尼亚州课程标准在"生物技术与工程"部分设置内容虽不多，但它们的平均课程深度均比我国的高，尤其是美国弗吉尼亚州，竟然高达5.00。结合表1-7和12-8可以看出，美国弗吉尼亚州的7个知识点对学生的认知要求均达到"评价"层次，而密西西比州则包括"理解""应用"和"分析"三个层次，占比分别为70.00%、10.00%和20.00%；而我国课程标准中该部分内容对学生的认知要求包括"记忆/回忆""理解"和"分析"三个层次，分别占比3.33%、90.00%和6.67%。

6. 美国密西西比州其他相关课程内容的设置

美国密西西比州是本章选择的研究对象中课程内容覆盖面最广的，除与上述我国的五大模块相对应的知识点外，该州还特别设置有专业领域"海洋与水产科学(Marine and Aquatic Science)""动物学(Zoology)"和"植物学(Botany)"，及专业领域"人体解剖与生理学(Human Anatomy and Physiology)"中的部分内容。其中，植物学科目内容中关注植物的解剖结构、植物与环境、植物进化，但植物学技术相关知识涉及较少，并没有关注具体的植物学操作技术（如植物细胞工程）；而海洋与水产科学和动物学部分的知识点之间存在重合，但侧重点不同，例如：动物学侧重于各个动物类群形态结构、生理、生活史等基础性知识；而海洋与水产科学专业领域关注了淡水资源和海水资源组成和分类、营养层级、水生无脊椎和脊椎动物的生物学基础等信息。此外，专业领域"人体解剖与生理学"中的表皮、骨骼和肌肉，生殖系统等均被设置在其中。仅这些内容的课程广度就达到190，平均课程深度为2.76。

四、结论

综合来看,美国国家课程标准不具有强制性,由各州和学区自愿决定采纳与否,及采纳程度。就目前情况看,无论是已经开始推行国家课程标准的美国密西西比州,还是尚未受影响的弗吉尼亚州,它们课程标准的设置自主性均较强,内容组织、课程呈现方式多样,课程内容覆盖面和课程深度也存在差异,这反映了美国教育地方自治的传统特色。地方自治让各州和学区可以依据自身需要灵活设置课程及其内容,这在有效提升教育质量的同时,也从另一个侧面反映出,美国期盼通过"基于标准"达到区域间教育平衡的目标还任重而道远。

基于上述分析还会注意到,美国在具体的课程内容组织方面倾向于依据相应学科领域的专业理论体系进行相关理论、概念和知识的集中编排;美国的课程标准更加注重跨学科设置,以及与大学课程或者职业发展相接轨等特点。

五、对课程实践的启示

1. 国家课程标准关注学习进阶

美国《K-12科学教育框架》中,生物学科是以提问导入的方式引出核心概念,旨在激发学生的学习热情,强调联系学生的兴趣和经验。此外,核心概念贯穿整个基础教育阶段,基于同一个核心概念但对不同年级学生设置不同的学段标准。这有助于学科核心概念学习的连贯性,同时又遵循了青少年的身心发展规律。例如,在低年级课程中会介绍与呈现以概括日常现象为主的课程内容,而随着年级的增长,当学生接受能力增强后,再逐步设置与现象发生机制相关的课程内容。这样既能顺应学生学习能力的发展天性,又能保持学生对科学的兴趣,并逐步修正学生对自然现象的偏差或错误理解,最终构建起科学的、正确的生物学核心概念[111]。这种学习进阶的教学理念对我国生物学的教学是具有启发作用的。

2. 地方课程设置关注学生学习需求

美国在国家课程标准的研制过程中是先有框架,再有标准。不同于我国课程标准统一化的现象,美国国家层面上的科学教育课程尽管有《美国新一代科学教育标准》,但具体到州和学区仍会依据自身实际情况在国家课程标准和框架的指导下自行制定,其自由性与灵活性较大。结合美国中小学实行学分制与选课制的实际情况,各州在具体课程标准制订时,会在国家课程标准大框架下,侧重于使覆盖面更广,课程设置的科目更多样,以尽可能满足学生基础教育之后就业或升学的多方面需求,做到基础教育与职业发展或者高等教育相接轨。

3. 强化课程理念的贯彻

密西西比州在《K-12科学教育框架》和《美国新一代科学教育标准》的指导下,其课程标准关注科学教育实践的推进,即以核心概念为主线,促进科学与工程实践、跨学科概念与核心概念的结合。在密西西比州课程标准中,其绩效目标融合了《K-12科学教育框架》中的八种科学与工程实践:提出与确定问题,建立与使用模型,设计和实施调查,分析和解释数据,运用数学与计算思维,构建(科学)解释和设计(工程)实施方案,从事基于证据的辩论,获取、评价和交流信息。尽管美国弗吉尼亚州仍未受到国家统一课程的影响,但其课程标准中也单独列出一个主题以阐释科学的本质以及科学推理思维与技术。这种强化课程理念的课程内容设置观念会向学生传达这样的理念:科学教育需要科学知识与科学实践的结合,即科学不仅是人类用于认识世界的知识体系或者对现象发生机制的剖析,还意味着提炼、深化这一知识的实践活动。

第十三章 国际生物学课程内容设置的趋势

在"谋求科学世界向生活世界的回归,实现科学世界与生活世界的融合"背景下[112],国际课程理念的变革也经历了由20世纪70年代的学会生存、80年代的学会关心和90年代的学会生存、学会求知、学会做事和学会共处[113],到21世纪的学会求知、学会做事、学会共处、学会发展和学会改变的发展过程[114],这五个"学会"是培养未来公民核心素养的主要支柱,其涉及人生命的全程与各种生活领域。在此大趋势下,当代国际课程正朝向整合化、人性化、生活化、弹性化、未来化等方向发展[113]。就本书关注的高中生物学课程内容设置现状而言,主要表现在以下特点。

一、坚持学科核心知识的基础性

继19世纪的工业革命、20世纪的信息革命后,21世纪被认为是生命科学革命的时代,今天生命科学与认知科学、纳米科学、信息科学一起被科学界认定为是当前发展最迅速的四个领域,就连著名的历史学家尤瓦尔·赫拉利也认为未来生物技术将与算法一起给人类带来第二次认知革命[8],①。海量的科研成果能证实生命科学的发展实力和潜力,自20世纪后半叶生命科学蓬勃发展,进入本世纪后全球生物学和医学发表的论文数量处于持续上升态势,占自然科学总论文数量的近50%,甚至有超越50%的势头;此外,通过对著名期刊《科学》(*Science*)每

---

① 认知革命一词源于以色列历史学家尤瓦尔·赫拉利所著的《人类简史》。该书认为:"第一次认知革命,让人类拥有了虚构的能力,创造了宗教、国家、企业等虚无的概念并将人类组织起来,使人类成为地球的统治者,其核心观点认为:共同想象是人类发展的基石"。

年公布的年度十大科学突破进行统计可以发现，自跨入 21 世纪之后约超过 50% 的年度科学突破来自于生命科学或与其密切相关的领域。生命科学领域中系统生物学、合成生物学、脑科学、结构生物学、干细胞生物学、表观遗传学等学科主题及基因组编辑、分子影像、生物传感和生物材料等生物技术主题已成为研究的热点；此外，生命科学在人口、健康、环境、能源、粮食等国际重大社会问题的解决中也发挥着重要的作用。总之，当今生命科学研究表现活跃、发展方向更加多元。

在上述背景下，本书在对本轮课程改革中各国及部分国家辖区的高中生物学课程内容进行比较后发现，国际生物学课程越来越注重对生物学基础知识的设置。众所周知，今天的生命科学正朝着宏观和微观两个方向发展，领域内的学科分化越来越频繁，不断有新的学科方向产生，但作为现代生命科学基石的进化论、细胞学、遗传学等则是学科方向细化和研究深化的支撑，因此相关学科的基础知识在国际高中生物学课程的设置中处于核心地位。此外，在关爱自然、关爱自身，谋求人与自然的可持续发展的课程发展理念的驱动下，对生态学和人体生理学学科研究前沿的关注度早已超越了生命科学领域的界线，成为全人类各领域瞩目的焦点，因此相关学科的基础知识也是国际生物学课程内容不可或缺的组成部分。本书研究的结果也证实，生态学、人体生理学、细胞学、分子生物学，及遗传学和进化生物学等学科的基础知识均为各国及部分国家辖区基础教育高中学段生物学课程设置的核心内容，仅在课程内容的呈现方式及侧重点方面存在差异。以高中生物学课程设置的生态学知识为例：芬兰、法国、韩国、加拿大不列颠哥伦比亚省、英国苏格兰等国家与地区侧重于从生态系统与环境保护角度组织课程内容；中国、日本、加拿大阿尔伯塔省、德国北莱茵-威斯特法伦州、英国威尔士和英格兰及北爱尔兰、新加坡等国家与地区侧重于从环境与生物间的关系视角组织课程内容；而澳大利亚、德国巴伐利亚州等国家与地区会从生态系统的演替视角组织课程内容。尽管课程组成形式多变，但涉及的生态学基础知识大体一致。

二、加强学科知识体系的结构化

随着生命科学发展方向日渐细化导致的知识量激增，生物学课程结构正悄然发生着变化,最突出的特点是课程结构已由传统的内容本位转向内容与能力多样化结合的方向,目的是借助生物学的育人功能促使学习者在知识、能力、思维和情感等全方位得到有效提升。此外,生命科学领域内表观遗传学、干细胞生物学、生物信息学等新兴学科发展过程涌现出的新知识也对现存生物学课程的知识体系产生了冲击,以生物学领域内动物学、植物学、生理学、进化生物学等各科知识体系为主构建的传统生物学课程内容已无法承载量增质不增之重,因此课程内容结构化是当前国际生物学等课程发展的趋势。本书纵观世纪之交启动的本轮课程改革,许多国家及一些国家辖区在生物学课程结构化方面都进行了有意义的探索。表13-1给出了部分案例。

表13-1 部分国家及地区高中生物学课程内容组成

区域	内容组成	区域	内容组成
美国	1. 从分子到生物体:结构和过程 2. 生态系统:相互作用、能量和动力系统 3. 遗传:世代间性状的遗传和变异 4. 生物演化:统一性和多样性	中国	1. 分子与细胞 2. 遗传与进化 3. 稳态与平衡 4. 生物与环境 5. 生物工程与技术
新加坡	1. 细胞与分子生物学 2. 遗传学与遗传 3. 能量与平衡 4. 生物进化	澳大利亚	1. 生物多样性和生命的相互联系 2. 细胞和多细胞生物 3. 生物遗传和延续性 4. 内环境的维持
韩国	1. 生命科学与人类生活 2. 生物的结构与能量 3. 稳态与体内调节 4. 生命的延续 5. 环境与生态系统	英国苏格兰	1. DNA和基因组 2. 代谢和生存 3. 可持续性和相互依存
芬兰	1. 生命与进化 2. 生态与环境 3. 细胞与遗传 4. 人类生物学 5. 生物学应用	德国巴伐利亚州	1. 人体生态系统 2. 人体物质和能量转换 3. 人类的过去和未来 4. 遗传学和基因工程 5. 进化 6. 行为生态学——行为的进化和适应 7. 神经信息的传递 8. 细胞的代谢生理学 9. 生态学和生物多样性
法国	1. 地球、生命与生命的组成 2. 当代地球问题 3. 人体和健康		

不仅对同一学段的生物学课程内容进行了结构化处理，而且一些国家的生物学课程还实现了跨学段重构。本书由于将工作重心聚焦在高中生物学课程，因此仅对日本生物学的跨学段课程内容设置进行了分析，结果见表13-2。在基础教育阶段，日本的生物学课程覆盖了从小学三年级到高中多个学段，但课程仅围绕"生物的结构与功能""生命的连续性"和"生物与环境的关系"三块内容开展设置，以"生物的结构与功能"为例，经分析会发现，随着学生认知能力的提升，日本在小学（四和六两年级）、初中（初一和初二）和高中三个学段围绕该主题分别设置了不同的内容（具体细节可参见本书表6-5及表6-6），总体呈现由宏观生物学到微观生物学，课程知识越来越具体和深入的设置趋势。若关注当前我国从小学、初中到高中的生物学课程内容设置，会发现类似的规律。

表13-2 跨学段生物学课程内容设置案例：日本

学段	学年	生物学知识类型及内容设置		
		生物的结构与功能	生命的连续性	生物与环境的关系
初等教育	小学校 三	身边的生物		
	四	人的身体构造和运动	季节和生物	
	五	/	植物发芽、生长与结果 动物的诞生	/
	六	人的身体构造和工作 植物养分和水的通道	/	生物与环境
中等教育	中学校 一	生物的观察和分类方法		
		生物体的共同点和不同点	/	/
	二	生物和细胞		
		植物的结构和功能 动物机体的结构和功能	/	/
	三	/	生物的生长和繁殖方式 遗传规律与基因 生物多样性和进化	生物与环境 自然环境保护和科学技术利用
	高级中学校 生物学基础	生物的特征		
		神经系统和内分泌系统的调节 免疫	基因及其作用	植被与演替 生态系统及其保护

三、突出科学探究活动的重要性

生物学的本质是自然科学,其不仅仅"是一个结论丰富的知识体系",而且"也包括了人类认识自然现象和规律的一些特有的思维方式和探究过程"[9],以科学探究为特点的教学可直接影响学科思维的形成,并促进学生了解科学研究的过程和掌握研究的方法,因此在学科育人方面发挥着不可替代的作用。基于课程设置与课堂教学相匹配的观点,目前各国和地区的课程体系均注重针对科学探究活动相关内容的设置。我国2018年颁布的生物学课程标准中,尽管每个模块"内容要求"中没有明确设置探究内容,但"教学提示"中常出现"应开展下列实验""还应开展下列活动"等的建设性表述。再如,日本的"理科"总目标中明确要求"加深对自然事物·现象的理解,掌握科学探究所必要的观察、实验等相关技能""进行观察、实验等,培养科学探究的能力"和"主动参与自然事物·现象,培养科学探究的态度"等,同时日本又在与生物学相关的"科学与人类生活""生物学基础"和"生物学"三个科目中设置了有关科学探究的分目标。类似我国通过"教学提示"及日本设置"课程目标"来突出科学探究在课程中重要性的做法,在目前许多国家和地区的生物学课程的设置中十分常见。

还有一些国家会将探究活动直接设置在其课程内容中,以强调其重要性。例如,芬兰国家核心课程中设置有"与生物学相关的小型研究或实验项目""生态或环境现状研究,或环境开发项目""细胞生物学实验室或电子资源的使用""测量研究人体的活动"和"生物学领域的实验或研究"等探究内容;在加拿大不列颠哥伦比亚省课程的生物学11和12两项中分别都设置有"科学过程"主题,其中涵盖"在每种实验过程中演示安全和正确的操作技术""使用科学方法设计一个实验"和"解释各种文本提供的和视觉观察到的数据"等探究内容;俄罗斯则将"在显微镜下观察动植物细胞,比较细胞结构""研究洋葱根尖细胞有丝分裂阶段""比较有丝分裂和减数分裂的过程""制定遗传病的解决方案""动植物变异性的研究,变异系列的构建和曲线,植物表型研究"和"确定生物体对环境的适应"等实验活动直接设置在其"生物学计划"的课堂主题内容中。

四、关注学科前沿知识的渗透性

生物学是当今自然科学领域发展最为迅速的学科，在国际课程走向未来化的趋势下，各国和地区在注重生物学基础性知识设置的同时，也逐渐加强了学科前沿知识的渗透，例如，中国、新加坡和芬兰在其高中生物学课程中均设置有表观遗传现象相关内容；德国北莱茵-威斯特法伦州除了设置有表观遗传现象的内容，还关注了"研究并介绍退行性疾病当前的科学发现"和"描述并评估生物技术的最新发展"等学科前沿议题；法国则将生物信息学的研究方法和手段作为课程内容的重要组成部分设置于高中生物学课程中，韩国和澳大利亚的高中生物学课程中也关注或渗透了生物信息学相关内容等。在提及的上述学科前沿知识设置中，法国高中生物学课程对生物信息学方法和手段的设置相对较系统，且与高中生物学中遗传和进化相关知识的融合性较好，值得借鉴。

众所周知，"Bioinformatics（生物信息学）"一词于20世纪90年代被提出[115]，由于生物信息学跨生物学、数学、物理、化学、计算机科学等领域，其交叉学科的特征符合课程结构综合化的发展趋势，因此被认为是能对中学科学教育产生深远影响的课程内容[116]，美国促进科学协会（AAAS）甚至认为生物信息学有望在各个层面影响科学教育的发展[117]。尽管我国于2018年颁布的生物学课程标准在选修模块"学业发展基础"中设定了"生物信息学与人类基因组"主题，但却缺乏具体课程内容的支撑；同样，韩国2009年修订后的高中生物学课程标准也明确表述了生物信息学内容，但缺乏系统性的设置，所以有学者认为需努力尝试和完善；相对而言，法国高中的教学大纲中对生物信息学知识的设置较为全面，值得借鉴。在法国高中教学大纲中，生物信息学方法手段几乎贯穿在生物遗传与进化的方方面面，例如，会要求借助计算机软件，了解并分析核型、理解半保留复制的机制、对n个核酸序列的比对并量化物种内或物种间等位基因的变异、研究活性位点上酶与底物的关系、理解自然选择和遗传漂变，以及通过对数据库进行分析后探究突变与产生的表型之间的关系等内容，相关内容不仅涉及生物信息的获取、处理、存储、分发、分析和解释等方面，而且可以促进学生对某些生物学概念的理解，强化生物学的理科特性。

五、注重学科实用价值的引导性

生物学课程的价值主要体现育人价值和对社会经济发展的实用价值两个方面。目前就全球各国及部分国家辖区对生物学课程内容的设置看，部分国家突出生物学的实用价值。例如，芬兰在其国家高级课程中设置有"生物学应用"主题，其中涉及生物技术的应用和意义、微生物学的应用和重要性、基因技术的应用和意义、动植物生产及育种等内容；韩国高中"生命科学Ⅱ"的"生命科学与人类生活"主题下设置有生物工程技术在疾病治疗、粮食生产等人类生活相关领域的应用等内容；德国巴伐利亚州在"遗传学和基因工程"主题下设有人类疾病遗传学和DNA分析等内容；日本的生物学课程设置有"科学与人类生活"主题，下设有"人类生活中的科学"和"未来的科学与人类生活"等内容；我国在选择性必修中专门设置有"生物技术与工程"模块。除上述将生物学学科价值以主题形式进行专门设置外，更多国家和地区会将生物学实用价值的相关内容渗透到与之相关的学科概念和知识部分，这里不再逐一列举。总之，其体现的是当代课程走向生活化的国际改革趋势。

相对于生物学的实用价值，目前国际生物学课程在育人价值方面的强调显得不足。我们知道生物学在学生的世界观和人生观形成方面具有重要的育人价值，例如，细胞学将人类和整个生物界统一起来，进化论和分子生物学进而又将生物界与非生物界统一起来，从而使人类可以正确看待自己在自然界中的地位；而生态学又促使人类了解我们身边的环境，教会人类与大自然和谐相处，互利共生；同时，遗传学又可以教会人类认识生物多样性及其产生的内在规律，促使人类潜移默化地感悟到本质与现象的对立统一关系。因此生物学引导人类形成的进化思想、生态学观念、遗传学认知等是辩证唯物主义自然观的重要基础，进而是科学世界观的重要基础。但就本书对国际高中生物学课程内容进行分析后发现，仅少数国家关注到了生物学的哲学价值，其中，韩国高中除开设有以生物学科知识为主体内容的生命科学Ⅰ和Ⅱ外，还设置有与生物学相关的综合科目"科学史"，其以科学历史和科学哲学为基本框架，并作为韩国的高考选考科目；德国和法国设置有独立于各学科的"哲学"科目。在育人价值方面，生物学知识还有助于人类了解自身，培养人类形成积极向上、珍爱生命，及顺应自然的人生观，相关内容的设置一般渗透到与之密切相关的学科概念和知识部分，较少体现在课程标准内，因此本书未对此进行深入的挖掘。

参考文献

[1] 刘坚,魏锐,等.WISE研究报告 面向未来的教育:培养21世纪核心素养的全球经验[M].//杨东平.中国教育发展报告-2017.北京:社会科学文献出版社,2017.

[2] 朱婕.中小学课程标准修订的国际比较研究[D].上海:华东师范大学,2019.

[3] 李学书,范国睿.未来全球教育公平:愿景、挑战和反思[J].比较教育研究,2016,313(2):6-11.

[4] 景云,牛俊伟.核心素养诉求下我国基础教育现实环境分析[J].中学政治教学参考,2018(6):40-42.

[5] 中华人民共和国教育部.教育部关于全面深化课程改革落实立德树人根本任务的意见[EB/OL].(2014-04-08)[2018-02-19].http://www.moe.gov.cn/srcsite/A26/jcj_kcjcgh/201404/t20140408_167226.html.

[6] 林崇德.21世纪学生发展核心素养研究(修订版)[M].北京:北京师范大学出版社,2021.

[7] 尤瓦尔·赫拉利.未来简史[M].林俊宏,译.北京:中信出版集团,2017.

[8] 尤瓦尔·赫拉利.今日简史[M].林俊宏,译.北京:中信出版集团,2018.

[9] 中华人民共和国教育部.普通高中生物学课程标准(2017年版)[S].北京:人民教育出版社,2018.

[10] 张莉娜,王磊.中澳高中化学课程内容和课程评价的比较研究及其启示[J].教育学报,2013,9(5):106-112.

[11] 史宁中,孔凡哲,李淑文.课程难度模型:我国义务教育几何课程难度的对比[J].东北师大学报,2005,218(6):151-156.

[12] 张维忠,陈虹兵.中澳数学课程标准内容深度比较——基于初中学段"统计与概率"的分析[J].教育学报,2012,8(5):29-36.

[13] 洛林·W·安德森,等.布卢姆教育目标分类学 修订版(完整版):分类学视野下的学与教及其测评[M].蒋小平,等,译.北京:外语教学与研究出版社,2009.

[14] 李新翠.澳大利亚基础教育[M].上海：同济大学出版社,2015.

[15] THOMSON S, DE BORTOLI L, UNDERWOOD C. PISA 2015：A first look at Australia's results [R/OL]. Victoria：Australian Council for Educational Research Ltd. (2016 – 10 – 31) [2021 – 08 – 10]. https：// research.acer.edu.au / cgi / viewcontent.cgi?referer = & httpsredir = 1 & article = 1021 & context = ozpisa.

[16] Ministerial Council on Education, Employment, Training and Youth Affairs. Melbourne Declaration on Educational Goals for Young Australians [EB/OL]. (2018 – 12 – 30) [2020 – 08 – 10]. https：// apo.org.au / sites / default / files / resource-files/ 2008-12/ apo-nid29859.pdf.

[17] 蔡娟.新世纪以来澳大利亚学校改进的举措与挑战[J].外国中小学教育,2018(2)：1 – 10.

[18] Nation Curriculum Board. The Shape of the Australian Curriculum：English, Mathematics, Science and History [EB/OL]. (2009 – 05) [2021 – 08 – 10]. http：// www.acara.edu.au/ _resources/ The_Shape_of_the_Australian_Curriculum_May_2009_file.pdf.

[19] NSW Education Standards Authority. NSW Syllabus for the Australian curriculum：Biology Stage 6 Syllabus [EB/OL]. (2017 – 03 – 30) [2021 – 08 – 10]. https：// educationstandards.nsw.edu.au / wps / wcm / connect / 657d2611-c201-49ce-a18e-ef0f786a5de0/ biology-stage-6-syllabus-2017.pdf?MOD = AJPERES & CVID = .

[20] 中华人民共和国教育部.义务教育生物学课程标准(2011年版)[S].北京：北京师范大学出版社,2012.

[21] 陈娜,周谊.澳大利亚新州高中毕业证书考试探析[J].外国中小学教育,2008(12)：40 – 44.

[22] 赵大成.塑造和保障学生的未来——新南威尔士高中教育改革综述[J].外国教育研究,1999(4)：18 – 22.

[23] 蔡培瑜.澳大利亚大学招生考试制度的分析与启示——以新南威尔士大学为例[J].复旦教育论坛,2014,12(3)：37 – 43.

[24] 章勤琼,麦克斯·斯蒂芬斯.澳大利亚"新高考"制度评析及启示[J].外国中小学教育,2015(7)：30 – 35.

[25] 蔡培瑜.澳大利亚大学本科招生制度的特点及启示[J].教育测量与评价,2016(8)：24 – 29.

[26] Kultusministerkonferenz. Bildungsstandards im Fach Biologie für den Mittleren Schulabschluss [S/OL]. München: Herausgegeben vom Sekretariat der Ständigen Konferenz der Kultusminister der Länder in der Bundesrepublik Deutschland. (2004-12-16) [2018-04-10]. https://www.kmk.org/fileadmin/Dateien/veroeffentlichungen_beschluesse/2004/2004_12_16-Bildungsstandards-Biologie.pdf.

[27] OECD (Organization for Economic Co-operation and Development). PISA 2018: Insights and Interpretations [R]. Paris: OECD Publishing, 2019.

[28] 张红梅.德国基础教育发展与改革的趋势[J].世界教育信息,2017,30(20):58-64.

[29] 秦琳.德国基础教育[M].上海:同济大学出版社,2015.

[30] 赵春利.德国职业教育对我们的启示[J].中国现代教育装备,2009(16):156-159.

[31] Statistisches Bundesamt. Bildungsfinanzbericht 2019-Ausgaben für Bildung-Tabellenteil (Letzte Ausgabe-berichtsweise eingestellt) [EB/OL]. (2019-12-12) [2021-08-10]. https://www.destatis.de/DE/Themen/Gesellschaft-Umwelt/Bildung-Forschung-Kultur/Bildungsfinanzen-Ausbildungsfoerderung/Publikationen/Downloads-Bildungsfinanzen/bildungsfinanzbericht-tabellenteil-5217102197005.html.

[32] Ministerium für Schule und Weiterbildung des Landes Nordrhein-Westfalen. Kernlehrplan für die Sekundarstufe Ⅱ Gymnasium / Gesamtschule in Nordrhein-Westfalen: Biologie [EB/OL]. (2014-08-01) [2021-08-10]. https://www.schulentwicklung.nrw.de/lehrplaene/lehrplan/147/KLP_GOSt_Biologie.pdf.

[33] Kultusministerkonferenz. Bildungsstandards im Fach Biologie für die Allgemeine Hochschulreife [EB/OL]. (2020-06-18) [2021-08-10]. https://www.kmk.org/fileadmin/Dateien/veroeffentlichungen_beschluesse/2020/2020_06_18-BildungsstandardsAHR_Biologie.pdf.

[34] 贡和法,沈国新.德国基础教育片羽与断想[J].新课程研究:上旬,2013(8):4-7.

[35] 汝骅.德国普通高中生物学课程内容及特点分析[J].生物学通报,2002,37(7):57.

[36] Department for Education. Participation of young people in education, employment

[36] or training [EB/OL]. (2016-10-20) [2018-03-24]. https://www.gov.uk/government/publications/participation-of-young-people-education-employment-and-training.

[37] Bath & North East Somerset Council. Raising the Participation Age [EB/OL]. (2012-09) [2018-03-30]. https://www.bathnes.gov.uk/sites/default/files/raising_the_participation_age_leaflet.pdf.

[38] National Parent Forum of Scotland. Curriculum for Excellence [EB/OL]. (2016-06-28) [2018-03-13]. https://www.npfs.org.uk/downloads/category/curriculum-for-excellence/.

[39] Education Scotland. Broad General Education [EB/OL]. (2017-09-02) [2018-03-30]. https://education.gov.scot/scottish-education-system/Broadgeneraleducation.

[40] Education Scotland. CfE Briefing 12: Planning for learning: Part 2 - Further learning, training and employment beyond age 16 [EB/OL]. (2016-06) [2018-03-30]. https://education.gov.scot/Documents/cfe-briefing-12.pdf.

[41] Department for Education. National Curriculum in England: framework for key stages 1 to 4 [EB/OL]. (2014-12-02) [2018-04-05]. https://www.gov.uk/government/publications/national-curriculum-in-england-framework-for-key-stages-1-to-4/the-national-curriculum-in-england-framework-for-key-stages-1-to-4.

[42] Wales Government. Curriculum for Wales: Foundation Phase Framework [EB/OL]. (2015-08-03) [2018-04-04]. https://hwb.gov.wales/api/storage/d5d8e39c-b534-40cb-a3f5-7e2e126d8077/foundation-phase-framework.pdf.

[43] Wales Government. Science in the National Curriculum for Wales [EB/OL]. (2008-01-10) [2018-04-05]. https://hwb.gov.wales/api/storage/779c7300-574d-4a12-a518-c873557d6a7a/science-in-the-national-curriculum.pdf.

[44] Council for the Curriculum, Examinations and Assessment (CCEA). Northern Ireland Curriculum: The Statutory Curriculum at Key Stage 3 [EB/OL]. (2007-08-01) [2018-03-29]. https://ccea.org.uk/downloads/docs/ccea-asset/Curriculum/The%20Statutory%20Curriculum%20at%20Key%20Stage%203.pdf.

[45] Education Scotland. What is Curriculum for Excellence? [EB/OL]. (2017-01-01) [2018-03-29]. https://education.gov.scot/education-scotland/scottish-education-system/policy-for-scottish-education/policy-drivers/cfe-building-from-

the-statement-appendix-incl-btc1-5/what-is-curriculum-for-excellence/.2017.

[46] Education Scotland. CfE Briefing1 – Broad general education in the secondary school [EB/OL]. (2012-04-19) [2018-03-20]. https://education.gov.scot/Documents/cfe-briefing-1.pdf.

[47] Education Scotland. Senior Phase [EB/OL]. (2017-12-15) [2018-03-30]. https://education.gov.scot/scottish-education-system/senior-phase-and-beyond/senior-phase.

[48] 李建民.英国基础教育[M].上海：同济大学出版社,2015.

[49] 刘恩山.中小学理科教材难度国际比较研究(高中生物卷)[M].北京,教育科学出版社.2016.

[50] 胡军,刘万岑.加拿大基础教育[M].上海：同济大学出版社,2015.

[51] 龙晓梅.加拿大教育体系一瞥——以阿尔伯塔省为例[J].广州广播电视大学学报,2014(5)：31-36.

[52] 鞠玉翠.尊重个别差异：加拿大阿尔伯塔省教育管窥[J].基础教育,2010,7(1)：32-37.

[53] 张赟,胡兴昌.加拿大BC省高中生物学课程评析[J].生物学教学,2013,38(2)：9-11.

[54] Ministry of Education of Alberta. SCIENCE 10 Program of Studies 2005 (Updated 2014) [EB/OL]. (2016-01-22) [2019-06-03]. https://education.alberta.ca/media/3069384/pos_science_10.pdf.

[55] Ministry of Education of Alberta. BIOLOGY 20-30 Program of Studies 2007 (Updated 2014) [EB/OL]. (2016-01-22) [2019-06-03]. https://education.alberta.ca/media/3069386/pos_bio_20_30.pdf.

[56] Ministry of Education, Province of British Columbia. Science Grade 10 (Intergrated Resource Package 2008) [EB/OL]. [2021-08-10]. https://www2.gov.bc.ca/assets/gov/education/kindergarten-to-grade-12/teach/pdfs/curriculum/sciences/2008sci_10.pdf.

[57] Ministry of Education, Province of British Columbia. Biology 11 and 12 (Integrated Resource Package 2006) [EB/OL]. [2021-08-10]. https://www2.gov.bc.ca/assets/gov/education/kindergarten-to-grade-12/teach/pdfs/curriculum/sciences/2006biology1112.pdf.

[58] 田辉.日本基础教育[M].上海：同济大学出版社,2015.

[59] 文部科学省.国際数学・理科教育動向調査(TIMSS2015)のポイント[EB/OL].(2016-12-27)[2021-08-10].http://www.mext.go.jp/component/a_menu/education/micro_detail/__icsFiles/afieldfile/2016/12/27/1379931_1_1.pdf.

[60] 高畑進一.入試科目数の違いが及ぼす成績への影響について[J].情報研究,2015(4)：3.

[61] 岡田郁.入試科目数の軽量化は就活を阻害するか[J].教育學研究,2014(3)：21.

[62] 文部科学省.高等学校学習指導要領2018年[EB/OL].(2018-07-11)[2021-08-10] http://www.mext.go.jp/component/a_menu/education/micro_detail/__icsFiles/afieldfile/2018/07/11/1384661_6_1_2.pdf.

[63] 马娜.PISA测试:新加坡学生协作解决问题能力最强[J].世界教育信息,2017,30(24)：76-77.

[64] 王丽.新加坡中小学教育分流政策内容分析[D].兰州：西北师范大学,2010.

[65] 张传军,汪际.贵州省基础教育信息化现状分析及对策[J].贵州师范学院学报,2014,30(6)：77-80.

[66] 王艺璇.上海与新加坡高中生物课程标准比较研究[D].上海：华东师范大学,2009.

[67] 李大光,等.今日新加坡教育[M].广州：广东教育出版社,1996.

[68] 戴家毅.新加坡分流制的教育评价原则解读[J].中国成人教育,2012(1)：135-136.

[69] 崔键.新加坡的小学教育[J].辽宁教育,2014(12)：90-91.

[70] Ministry of Education, Singapore. Biology Syllabus Pre-University Higher 2 Syllabus [EB/OL]. (2016-12) [2021-08-10]. https://www.moe.gov.sg/docs/default-source/document/education/syllabuses/sciences/files/preuniversity_h2_biology_syllabus.pdf.

[71] 人民教育出版社,课程教材研究所,生物课程教材研究开发中心.生物2：遗传与进化[M].北京：人民教育出版社,2004.

[72] 王慧.携手合作共同创造可持续发展的未来《新加坡宣言》之中国立场[J].资源与人居环境,2008(1)：46-47.

[73] 吕君,韩大东."核心素养"理念下的韩国新一轮基础教育课程改革述评[J].基

础教育,2019,16(1):93-100.

[74] 姜英敏."核心素养"成为韩国教改主调[N].光明日报,2016-06-05(08).

[75] 王涛,朴宣运.韩国2015课程方案及其对中国课程改革的启示[J].全球教育展望,2018,47(11):3-13.

[76] 陶西平.均衡发展的实质是全面提高教育质量[N].中国教育报,2016-02-25(01).

[77] 黄渊水,马延灯.芬兰教育的启示[J].青年教师,2011(11):58-59.

[78] 康建朝,李栋.芬兰基础教育[M].上海:同济大学出版社,2015.

[79] 左兵,傅兴淙.芬兰教师教育的发展、特点及其启示[J].广东第二师范学报,2020,40(2):16-23.

[80] 贺佐成.没有排名的高质量职业教育——亲临芬兰职业教育的感受[J].职业技术教育,2019,40(36):73-80.

[81] UITTO A, JUUTI K, LAVONEN J, et al. Secondary school students' interests, attitudes and values concerning school science related to environmental issues in Finland [J]. Environmental Education Research, 2011, 17(2): 167-186.

[82] 钱文丹.这就是芬兰教育[M].北京:中国人民大学出版社,2020.

[83] HERNESNIEMI E, RÄTY H, KASANEN K, et al. Students' achievement motivation in Finnish and Chinese higher education and its relation to perceived teaching-learning environments [J]. Scandinavian Journal of Psychology, 2020, 61(2): 204-217.

[84] 孙小倩,刘鹃,张元元.多模态教学下的多元识读能力培养实证研究[J].辽宁省交通高等专科学校学报,2019,21(5):80-83.

[85] 严文法,张瑶,李彦花.芬兰教育热的冷思考:基于PISA测验的分析[J].内蒙古师范大学学报(教育科学版),2020,33(1):9-17.

[86] 胡玉华.芬兰基础教育核心素养框架及实施[J].教学与管理,2020(1):80-82.

[87] HOLM G, LONDEN M. The discourse on multicultural education in Finland: education for whom? [J]. Intercultural Education, 2010, 21(2): 107-120.

[88] Opetushallitus Utbildningsstyrelsen. Lukion Opetussuunnitelman Perusteet 2015 [M/OL]. (2015-10-27) [2019-10-01]. https://www.oph.fi/sites/default/files/documents/172124_lukion_opetussuunnitelman_perusteet_2015.pdf.

[89] 张艳.当代俄罗斯基础物理教育改革研究[D].上海:华东师范大学,2018.

[90]　李静.俄罗斯学前教育制度及若干启示[J].欧亚经济,2019(1):108-124,126,128.

[91]　王婧.俄罗斯高校招生考试制度研究[D].厦门:厦门大学,2017.

[92]　王凤英.21世纪俄罗斯学前教育发展及特色探析[J].外国教育研究,2011,38(5):57-61.

[93]　付玉红,周霖.俄罗斯文科中学精英教育发展与启示——以圣彼得堡第二文科中学为例[J].外国中小学教育,2019(11):29-38.

[94]　杨进.马克龙时代的法国教育观察(2018辑)[M].北京:高等教育出版社,2019.

[95]　朱小玉.法国现行教育管理体制之一[J].法国研究,1995(2):143-151.

[96]　ROSENWALD F, et al. Repères et références statistiques 2018:enseignements·formation·recherché[EB/OL].(2018-07-28)[2021-07-20]. https://cache.media.education.gouv.fr/file/RERS_2018/28/7/depp-2018-RERS-web_1075287.pdf.

[97]　Ministère de l'Éducation nationale, de la jeunes. Annexe 1:classe de seconde générale et technologique – liste et volumes horaires des enseignements.(2018-07-19)[2021-08-10]. https://cache.media.education.gouv.fr/file/29/61/5/ensel610_annexe1_ok_984615.pdf.

[98]　王晓宁,张梦琦.法国基础教育[M].上海:同济大学出版社,2015.

[99]　张俊勇,张玉梅.法国高中会考及其课程改革新趋向[J].世界教育信息,2018,31(22):59-63.

[100]　Ministère de l'Éducation nationale. Programme de sciences de la vie et de la Terre de seconde générale et technologique[EB/OL].(2019-01-22)[2021-08-10]. https://cache.media.education.gouv.fr/file/SP1-MEN-22-1-2019/00/8/spe647_annexe_1063008.pdf.

[101]　Ministère de l'Éducation nationale. Programme de sciences de la vie et de la Terre de première générale[EB/OL].(2019-01-22)[2021-08-10]. https://cache.media.education.gouv.fr/file/SP1-MEN-22-1-2019/54/2/spe648_annexe_1063542.pdf.

[102]　何亚琼,王民.法国高中"地球科学"课程的设置及其对我国的启示[J].中学地理教学参考,2014(Z1):32-34.

[103] 张民选,朱兴德,吕杰昕,等.公平而卓越:世界教育发展的新追求[J].教育发展研究,2008(19):22-25.

[104] National Research Council. A Framework for K-12 Science Education: Practices, Crosscutting Concepts, and Core Ideas [M]. Washington, DC: The National Academies Press, 2012.

[105] SNYDER T D, DILLOW S A. Digest of Education Statistics 2012 (NCES 2014-015)[M]. Washington, DC: National Center for Education Statistics, Institute of Education Sciences, U.S. Department of Education, 2013.

[106] 赵章靖.美国基础教育[M].上海:同济大学出版社,2015.

[107] Department for Education. Participation of young people in education, employment or training - Statutory guidance for local authorities [M/OL]. (2016-10-20)[2018-03-24]. https://assets.publishing.service.gov.uk/government/uploads/system/uploads/attachment_data/file/561546/Participation-of-young-people-in-education-employment-or-training.pdf.

[108] Department for Education. National Curriculum in England: framework for key stages 1 to 4 [EB/OL]. (2014-12-02)[2018-04-05]. https://www.gov.uk/government/publications/national-curriculum-in-england-framework-for-key-stages-1-to-4/the-national-curriculum-in-england-framework-for-key-stages-1-to-4.

[109] 李建民.英国基础教育[M].上海:同济大学出版社,2015.

[110] 王磊,黄鸣春,刘恩山.对美国新一代《科学教育标准》的前瞻性分析——基于2011年美国《科学教育的框架》和1996年《国家科学教育标准》的对比[J].全球教育展望,2012,41(6):83-87.

[111] 杨文源,刘恩山.美国K-12科学教育框架中对生物学核心概念的关注及其启示[J].生物学通报,2013(8):51-55.

[112] 张华,钟启泉.课程与教学论[M].上海:上海教育出版社,2000.

[113] 辛西娅·露娜·斯科特,和茜茜,盛群力.21世纪需要哪一类学习?——总体愿景与"四个学会"新解[J].数字教育,2016,2(04):79-86.

[114] Learning Metrics Task Force-Unesco. Toward Universal Learning: What Every Child Should Learn [R/OL]. (2013-02)[2021-03-16]. https://reliefweb.int/sites/reliefweb.int/files/resources/LMTFRpt1TowardUnivrslLearning.pdf.

[115] 郑国清,张瑞玲,段韶芬,等.生物信息学的形成与发展[J].河南农业科学,

2002(11): 4-7.

[116] PEVZNER P, SHAMIR R. Computing Has Changed Biology – Biology Education Must Catch Up [J]. Science, 2009, 325(5940): 541-542.

[117] WEFER S H, SHEPPARD K. Bioinformatics in High School Biology Curricula: A Study of State Science Standards [J]. CBE-Life Sciences Education, 2008, 7(1): 155-162.